고려대학교
파안연구총서
공감 02

법적 이슈
공감하기
2018

명순구 · 김태진 · 박경신 · 박세민 · 박정연 · 안효질
이대희 · 이상돈 · 이제우 · 정승환 · 조영선

세창출판사

머리말 ───────

사회현상의 다양화·복잡화의 경향 속에서 다른 사람과 공감하려는 노력은 때에 따라서는 기대 이상의 효용을 가져올 수도 있습니다. 어쩌면 법이 추구하는 평화라는 것도 공감을 향한 의지를 공유하는 태도에서 비롯되는 것 같기도 합니다. 사회구성원 간의 공감이 중요한 화두로 등장한 이 시기에 고려대학교에서 협업과 융합을 핵심가치로 하는 파안연구총서를 출간합니다. 고려대학교 법학의 이름으로 연구총서를 출간하는 일은 적잖이 새로운 형식의 학문적 성과라고 생각합니다. 연구총서는 과거의 연구 결과의 결산이면서 앞으로도 계속 결과를 내겠다는 희망찬 약속이기 때문입니다.

파안연구총서는 해마다 두 권의 책을 출간합니다. 그 하나는 '공감'이고, 다른 하나는 '개척'입니다. 두 시리즈 모두 여러 학자가 공동으로 집필하는 형식을 취하는데 그 내용과 목적에는 차이가 있습니다. 전문가를 대상으로 하는 전문학술서인 '개척'과 달리, '공감'은 사회적으로 많은 사람들의 관심을 받는 사건을 법률전문가가 아닌 일반시민도 쉽게 이해할 수 있도록 소개하는 일반학술서입니다. 중요한 법적 이슈에 관하여 일반시민이 그것을 정확히 이해할 수 있도록 안내함으로써 법률문화 수준의 전반적 향상을 도모하기 위한 사업입니다. 특정 법적 이슈를 일반시민과 함께 공유한다는 의미에서 '공감'이라는 이름을 달았습니다.

법이 생명력 있게 존재하기 위해서는 국민들이 공감할 수 있는 법이어야 합니다. 국민들이 공감하기 위해서는 법의 내용을 국민 스스로가 알 수 있어야 합니다. 그러므로 법률가들은 일반 국민들과 법을 공감하기 위해서 노력해야 합니다. 고려대학교는 1905년 설립 직후 여러 어려움 속에서 몇 번이나 폐교의 위기를 겪었습니다. 그때마다 고려대학교를 일으킨 것은 국민들이었습니다. 이제 고려대학교는 국민을 넘어 인류에 보은해야 하는 사명을 잘 인식하고 있습니다. 이러한 시각에서 파안연구총서 '공감'의 출범은 매우 특별한 의미를 가집니다. 이번에 출간하는 '공감' 제2권에는 모두 10편의 귀한 글이 실렸습니다.

2009년 법학교육의 중심이 법학전문대학원으로 전환되면서 학문으로서의 법학을 어떻게 수행해야 할 것인가에 대하여 많은 고민이 있습니다. 법학전문대학원이 전문직업인으로서의 법조인을 양성하는 기관이고 보면 학문으로서의 법학의 바람직한 모습을 고민하는 것은 당연해 보입니다. 고려대학교는 법학전문대학원에서 교육을 받은 사람들이 학문으로서의 법학을 수행함으로써 강건한 학문후속세대로 성장할 수 있도록 적절한 프로그램을 개발하고 그들의 미래를 밝히기 위한 사업을 구상하고 있습니다. 파안연구총서는 이러한 프로그램을 견인하는 역할을 할 것으로 기대합니다.

파안연구총서는 파안연구기금으로 이루어지는 연구사업의 하나입니다. 파안연구기금은 파안(坡岸) 명위진(明渭珍) 회장님께서 2016년 5월 고려대학교 법학전문대학원에 지정 기탁한 기부금을 재원으로 조성되었습니다. 명위진 회장님께서는 어느 연설에서 "나이가 들면 들수록 역시 희망은 오직 사람에게서 찾을 수 있다는 생각이 더 간절합니다. 우리 세대가 대한민국을 가난의 굴레에서 벗어나도록 하기 위해 일했다면, 앞으로의 세대는 세계의 평화와 희망을 위해 일해야 한다고 생각합니다."라고 밝혔습니다. 고려대학교 법학전문대학원은 이 말씀을 마음을 깊이 새기고자 합니다. 파안연구기금을 계기로 교수님들이 학식과 지혜가 모여 훌륭한 성과물을 만들고, 이것이 교육으로 이어지는 선순환의 좋은 본보기를 보여 줄 것으로 믿습니다. 건전한 학문·교육 생태계 조성에 큰 힘이 되어 주신 명위진 회장님의 귀한 뜻에 감사와 존경의 마음을 드립니다.

　고려대학교 법학은 사회에 믿음을 주고 사람들로부터 사랑받는 "높고(高) 우아한(麗) 학문공동체"를 지향합니다. 파안연구총서의 출간은 高大法學이 더 높고 우아해지는 계기가 될 것으로 믿습니다.

2018. 12.
고려대학교 법학전문대학원장
고려대학교 파안연구기금 기획운영위원장
명 순 구

차 례 ─────────

나카모토 사토시(中本哲史)가 구상한 비트코인의 체계와 약간의 법적 고찰
—"Bitcoin: A Peer-to-Peer Electronic Cash System"(2008) 논문을 중심으로 _ 김태진

요양병원 간병비 급여화 방안 고찰 _ 명순구 · 박정연

'한국영화'시장 독과점을 어떻게 해소할 것인가? _ 박경신

자율주행자동차의 상용화와 부수되는 문제점 _ 박세민

'악의적이거나 현저히 상당성을 잃은 공격'과 민사상 명예훼손 _ 이제우

한국 감옥의 현실과 '열린 감옥' _ 정승환

법윤리와 집행유예의 양형

이상돈[*]

Ⅰ. 재벌 양형의 사이성

1.

우리나라에서 2000년대 넘어오면서 재벌회장이 횡령이나 배임 또는 (특히 역외 조세피난처를 활용한) 조세포탈범죄의 혐의로 형사재판을 받는 사건들이 언론에 자주 보도되고 있다. 피의자로 소환된 재벌회장들이 종종 휠체어를 타고, 마스크로 입을 가린 채 검찰청사에 들어가거나, 법정에 출석하는 모습들은 우리나라에서 매우 낯익은 광경이다. 이러한 광경에 대한 시민들의 반응은 대체로 냉담하다. 그런 모습의 피의자 출석은 거의 도식화된 의례라고 생각하고, 그렇기에 그런 재벌회장에 대한 대중들의 처벌욕구는 오히려 더 커지기도 한다. 피의자·피고인도 이 점을 모르지 않는다. 그럼에도 그러한 모습의 출석 장면을 애써 피하지 않는 것은 진정으로 그렇게 아파서일 수도 있고, 그렇게까지 아픈 것

---

[*] 고려대학교 법학전문대학원 교수.

은 아니지만 어쨌든 여론과 거리를 두어야 하는 법원의 재판에서는 그것이 더 유리하게 작용할 수 있다는 계산이 있기 때문이다. 하지만 피고인의 기대와는 달리 법원이 여론과 거리를 두지 못하는 경우가 점점 더 많아지고 있다. 재벌회장의 경제범죄에 대한 형사재판은 정치적 맥락에서 기대되는 사회정의의 실현이라는 이념의 목소리가 점점 더 강해지고 있기 때문이다.

여론과 사회정의의 정치적 요구 앞에서 법관은 개별사안의 질감(texture)을 고려한 양형을 하기가 매우 어렵다. 기업인이 행한 범죄뿐만 아니라 부분적으로 그 범죄를 통해 촉진된 기업성장의 효율성과 성과 그리고 그 성과물에 대한 사람들의 (비록 적고 불공평하지만) 공동향유의 이익을 양형의 요소로 고려하는 것은 과거보다 점점 더 어려워지고 있다. 하지만 이런 추세가 법적 정의를 더 많이, 더 철저히 실현하는 것이라고 단선적으로 생각하는 것은 지양해야 한다. 그런 추세는 정반대로 법적 정의를 더 적게 더 느슨하게 실현하는 것이 될 수도 있다. 개별 사안의 질감은 법적 정의 밖의 인간적인 요소가 아니라 법적 정의의 새로운 지평인 미학적 정의(aesthetic justice)를 구성하는 요소이기 때문이다. 또한 사안의 질감을 고려하는 것은 언어와 규칙으로 표현될 수 없는 정의를 법적 정의 속에 밀어 넣는 방법이기도 하다는 점도 간과해서는 안 된다. 특히 양형에서 개별사안의 질감을 고려하는 것은 행위자에게 고유한 양형요소로서 매우 중요한 것이며,[1] 형사정의실현의 마지막 디테일임을 간과해서는 안 된다.

2.

그러므로 재벌회장의 경제범죄에 대한 양형에서 법원은 정치적인 맥

---

1 이에 관해 자세히는 이상돈, 법미학(법문사, 2010), 120면 아래 참조.

락에서 제기되는 사회정의의 요청과 법(미)학적 맥락에서 제기되는 개별사안의 질감미를 고려해야 하는 법적 정의의 요청, 그 둘 '사이'에 위치하게 된다. 2000년대 후반을 풍미했던 징역 3년과 집행유예 5년이라는 속칭 3.5의 공식은 이런 '사이성'(inbetweenness)의 재판을 대표하는 현상이었다. 특히 우리나라를 대표하는 S 그룹이나 H 그룹의 회장에 대한 재판에서 이 3.5의 공식이 확고하게 정립되었다고 할 수 있다. 물론 3.5의 공식을 따른 법관들은 정치적 맥락의 사회정의와 질감미를 수용한 법적 정의의 균형을 크게 깨뜨리지 않으면서도 약간 더 질감미의 법적 정의 쪽으로 기울어져 있었다고 평가할 수 있다.

이런 법관들의 태도가 2010년대에 들어와서, 그러니까 대체로 재벌 3세의 경영이 본격화된 시대에 들어와서는 상당한 변화를 보여 주었다. 즉 법원은 재벌회장들의 횡령과 배임, 조세포탈의 범죄에 대한 양형에서 3.5의 공식을 깨고, 가령 징역 4년 이상을 선고하고, 집행유예도 배제하고 실형을 선고하는 경향을 보여 준다. 이는 부의 심화되는 불평등에 대한 사회적 불만과 분배적 정의에 대한 강한 요구, 집단지성(collective intelligence)이라고 불리는 비동질적이고 다양한 시민들의 (탈이념적인) 연대가 더 큰 정치적 힘을 발휘한 결과로 해석할 수 있다.

하지만 이런 양형의 경향은 3.5의 공식이 보여 주는 사회정의와 법(미학)적 정의의 불균형성을 정반대의 방향으로 뒤집어 놓는다는 점에서 또 다른 불균형성을 보여 준다. 다시 말해 법관들이 개별사안의 고유한 질감을 섬세하게 고려하기보다는 사회정의에 대한 외침에 더 많은 귀를 기울이고 있는 것이다. 형사책임의 양정(양형)은 일반인의 평균적 요소가 아니라 피고인 개인의 고유한 삶에 대한 직관적 평가를 필요로 하는 작업이라는 점에서 이러한 추세는 자칫 책임원칙이 추구해 온 법의 정신에 어긋날 수 있다.

3.

하지만 재벌회장에 대한 그와 같은 양형이 책임원칙에 위배된다고 단정할 수는 없다. 양형 자체가 법관의 인격적 요소가 작용하는 평가적인 작업이며, 법은 그러한 작업영역에서 법관에게 어느 정도의 재량공간을 줄 수밖에 없기 때문이다. 그럼에도 불구하고 양형에서 법관의 재량이 사실상―행정법학의 이론용어처럼― 영(零)으로 수축되는 경우도 있을 수 있다. 재벌회장에 대한 양형에서 가장 중요한 쟁점이 되는 집행유예의 선고가 예외적이긴 하지만 법관의 법윤리적 의무(rechtsethische Pflicht)가 되는 경우이다. 그런 경우의 대표적인 예는 피고인의 건강상태가 수형생활을 할 경우 생명에 대한 중대한 위험에 처하게 된다고 객관적으로 예측·판단되는 경우이다. 휠체어와 마스크를 사용하여 대중의 동정심을 유발하기 위한 일종의 코스프레가 여기에 해당하지 않음은 설명이 필요하지 않다. 교도소가 아무리 수형자 인권을 보호하는 방향으로 변화해 왔어도, 열악한 의료시설 등으로 인해 피고인의 중대한 질병을 돌보기 어렵고, 그로 인해 수형생활이 생명에 중대한 위험을 초래할 수 있고, 아울러 형집행정지의 제도만으로 그런 위험에 대처하기 어려운 경우가 있을 수 있다. 그럴 경우 3년 이하의 자유형을 선고하면서 집행유예를 선고하는 것은 법에 내재된 윤리적 요청일 수 있다.

여기서 법에 내재된 윤리적 요청을 일단 법윤리(Rechtspflicht)라는 개념으로 규범화할 수 있다. 그러나 법윤리라는 개념은 우리나라 법학계나 법조계에서 아직까지 거의 논의되지 않았다.[2] 수형생활이 피고인의 생명에 대한 중대한 위험을 야기할 가능성이 예측되는 경우에는 집행유예가 필요하고도 정당한 것임을 성공적으로 논증할 수 있다면, 법윤리

---

2 이 개념을 처음 본격 주장하는 이상돈, 법의 깊이(법문사, 2018), 369면 아래 참조. 본문에서 법윤리의 개념은 이 글에서 전개한 짧은 설명을 더욱 발전시킨 것임을 밝혀 둔다.

는 재벌회장에게 적용되었던 3.5 공식의 '원칙적' 해체에 대한 '예외의 허용'규칙을 마련해 줄 수 있다. 이와 같은 법윤리적 의무를 외면하는 법관의 양형은 결코 법관이 법원조직법상 지향해야 하는 "합리적인 양형"(법원조직법 제81조의6)이 될 수 없으며, 인도주의적 관점에서도 결코 정당한 것이라고 할 수가 없다.

II. 법윤리의 개념

이상의 논의에서 직관적으로 정의한 법윤리의 개념을 집행유예의 양형에 대한 적용(즉 3.5. 공식의 원칙적 해체의 예외허용의 규칙)을 통해 그 개념을 더욱 구체화하고, 실천화해 보자.

1.

법윤리의 첫 번째 개념적 요소는 윤리(ethics)이다. Frann Bydlinski에 의하면[3] 법윤리라는 개념은 ① 법형성이나 법적용의 행위에서 실현해야 할 윤리적 최소한(ethischer Mindestgehalt)으로서 ② 아직 실정법에 제도화되지 않았지만, ③ 실정법이 그에 위배되는 경우에는 정당성을 잃어버리게 되는 윤리라고 설명된다. 이러한 개념설명에서 '윤리적 최소한'이나 '정당성' 등의 개념은 법관이 단순 확인이 가능한 법외재적인 요소로 이해되어서는 안 된다. 그렇게 되면, 법윤리는 다시금 법에 외재적이며, 법과 충돌하기도 하는 윤리규범이거나 은폐된 자연법적 내용을 전제하게 되기 때문이다. 가령 여호와 증인의 병역거부와 관련한 종교윤리는 병역법의 울타리 밖에 위치하는 것으로서, 법이 그런 종교윤리에

---

3 Frann Bydlinski, Fundamentale Rechtsgrundsätze: Zur rechtsethischen Verfassung der Sozietät (Springer Verlag, 1988), 256-257면.

대해 어떤 관계를 설정해야 하는지는 법에 외재하는 윤리의 문제이다.

그러므로 법윤리(Rechtsethik)의 개념에서 윤리는 법 자체의 윤리적 요소를 가리킨다고 보아야 한다. 가령 (당사자들을 포함하여) 법관은 증인신문을 할 때 "위협적이거나 모욕적인 신문"(형사소송규칙 제74조 제2항 제1호)을 하여서는 안 된다. 증인에 대한 위협적인 질문이나 다소 모욕적인 질문을 통해 증인의 진술동기에 영향을 주거나 위증의 가능성을 차단할 수도 있다는 점에서 형사소송규칙이 금지하는 "위협적이거나 모욕적인 신문"은 진실발견을 위해서는 전략적으로 때때로 매우 필요한 것일 수도 있다. 그러나 법이 이처럼 진실발견이라는 목적의 달성에 효과적일 수도 있는 방법을 금지하는 것은 법의 위엄(dignity)과 권위(authority)를 거시적인 관점에서 유지하기 위함이다. 법이 정의의 이름으로 부정의를 행하는 것은 법의 정당성을 흔들며, 법에 대한 사람들의 존중심도 약화시킨다. 그런 점에서 그와 같은 법윤리라는 개념으로 논의되는 금지나 의무의 내용들은 법이 법다워지기 위해 그리고 미래에도 계속 법으로 남기 위해 법이 스스로 지켜야 하는 윤리만을 가리키게 된다. 위협적이거나 모욕적인 증인신문의 금지는 진실발견을 통한 정의실현과 함께 법에 내재된 윤리가 된다. 이런 점에서 위협적, 모욕적 증인신문의 금지는 법윤리에 속한다고 볼 수 있다.

그런데 법 자체의 윤리적 내용이란 형이상학적 종교적 윤리에 대한 국가의 중립성 요청을 고려하면 실천적으로는 실정법상 구체적인 권리로 제도화되지 못한 인권을 발견하고 이를 실현하는 것이기 쉽다. 헌법 제10조 제2문은 "국가는 개인이 가지는 불가침의 기본적 인권을 확인하고 이를 보장할 의무를 진다"고 규정하여 이와 같은 법윤리적 의무를 이미 헌법적 의무로 삼고 있다. 물론 이런 헌법규정에 의해 실정법적 권리로 제도화되지 않은 인권의 실현도 다음에 설명하는 법윤리 개념의 비실정성 요건을 충족하는 것일 수도 있다. 왜냐하면 인권은 헌법에 이미 완결된 내용으로 들어와 있는 것이 아니라 헌법규범 '밖'에서 시민사회안에서 주장되고, 생성되고, 공론경쟁력을 확보하고, 의회의 입법으로 권리가 됨으로써 비로소 헌법규범으로 승인되는 것, 바꿔 말해 헌법규범 안으로 들어오는 것이기 때문이다.

2.

법윤리의 두 번째 개념적 요소는 비실정성이다. 즉, 법윤리라는 개념은 윤리가 아직 실정법에 제도화되지 않은 경우에 한정되어 사용되어야 한다. 앞서 예시한 모욕적인 신문의 금지는 그 본래적 성격은 법윤리이지만 이미 형사소송규칙이라는 법규범에 실정되었으므로 더 이상 굳이 법윤리라고 개념화할 필요가 없다. 물론 그런 금지가 실정법에 규정되지 않았다면, 법윤리로서 법관을 구속할 수 있을 것이다. 하지만 법윤리라는 개념의 실천적 의미를 높이기 위해서 법윤리는 그것이 실정법에 규정되지 않은 경우에 한정할 필요가 있다. 그리고 여기서 말하는 실정법은 실정법 규정들뿐만 아니라 법문화적으로 형성되고 전승되어 오고, 현재는 헌법적 지위를 갖고 있는 법원칙과 법적 규칙들을 포함한다. 가령 위협적 모욕적 증인신문금지와 같은 실정화된 법윤리는 많은 경우 법치국가를 형성해 온 법원칙(legal principle)에 의해서도 설정될 수 있다. 즉, 모욕적인 신문의 금지는 증인의 인격권에 대한 보호와 증인신문의 효율성 실현 사이의 균형, 즉 형사소송작용의 비례성(Verhältnismäßigkeit) 원칙에 의해서도 근거 지을 수 있다. 여기서 비례성과 같은 법원칙은 비실정적 규범으로 이해해서는 안 된다. 비례성원칙은 이미 헌법 제37조 제2항의 "권리의 본질적인 내용을 침해할 수 없다"는 조항에 의해 실정화된 법원칙이기 때문이다.

하지만 법원칙은 법적 규칙(legal regeln)으로 더 구체화될 수 있고, 그 구체화 중에는 상당한 정도의 의미론적 공간이 입법자에게 주어진다. 이를 입법재량 또는 형성의 자유라고 표현하기도 한다. 여기서 의미론적 공간이란 고정된 크기의 면적이 아니라 입법과 해석을 통해 끊임없이 변해 가는 유동적인 공간을 가리킨다. 그러므로 여기서 법원칙 이외에 법윤리라는 개념이 독자적으로 필요한 것인가라는 의문이 등장한다. 다시 말해 증인에 대한 모욕적인 신문의 금지는 형사소송의 목적 달성을 위해 필요하더라도 형사소송법이 침해할 수 없는 증인의 인격권의 본질적 내용에 속한다고 '해석'한다면, 모욕적 신문금지는 비례성이라는 법원칙으로 이미 정당화되고, 법윤리라는 개념은 굳이 필요하지 않게 되기 때문이다.

그러나 법원칙은 고도로 추상적이고 일반적인 원리명제이어서 법관에게 어떤 윤리적 내용의 법적 관철을 의무지우는지를—법원칙의 의미론적 공간이 있다고 보고, 그 안에서 법관이 법발견을 하는 경우에도—명확한 언어로 말해 주지 못할 수 있다. 바로 그와 같이 법원칙의 의미론적 불명확성이 제거되지 않는 영역에서는 어떤 법윤리의 내용을 법원칙에서 직접 도출하기가 어렵다. 바로 그런 영역에서 법윤리는 비실정적인 규범으로서 자리 잡을 수 있다. 가령 위협적, 모욕적 증인신문이 형사소송규칙에 의해 금지되지 않는다고 가정한다면, 증인에 대한 위협적인 신문태도의 금지가 비례성원칙을 설정한다고 하더라도 구체적으로 어떤 태도를 금지하는 것인지는 여전히 불명확할 수 있다. 왜냐하면 위협적 신문태도와 '위엄 있는' 신문태도 사이에는 때때로 종이 한 장의 차이도 나지 않을 수 있기 때문이다. 이런 점에서 보면 위협적, 모욕적 증인신문의 금지가 형사소송규칙에 실정화되지 않았다면, 비례성원칙의 일반적인 효력에도 불구하고, 그 적용여부가 불명확한 사안에서 그런 금지는 여전히 실정법규범이라고 말할 수 없게 된다.

3.

법윤리의 세 번째 개념적 요소는 법의 반성적 변화에 관한 법관의 직업윤리이다. 법관은 끊임없이 현실의 법을 반성하고, 더 나은 법을 실현하기 위해 법을 변화시키는 책무를 직업윤리로 갖고 있다. 이런 책무는 법관이 정치체계에서 행위하는 정치인들이나 국가기능의 효율성을 도모하는 행정관료와 달리 '사법'(司法) 기관으로서 갖는 본질적인 것이다. 지금 여기의 법은 언제나 불완전하다. 현실의 법이 갖고 있는 불완전한 모습만을 바라보면 법은 온전하게 정당할 수 없다. 하지만 자연법의 확실성이 사라진 현대사회, 특히 터 잡힌 민주적 법치국가에서 법의 정당성은 민주적 입법의 절차와 과정에 의해 확보되지만, 입법과정이 충분히 민주적이기 어려운 정치현실의 제약 속에서는 한계가 있는 정당성일 뿐이며, 실정법은 다수(결)의 힘에 의해 지금 여기에서의 잠정적 정의로 승인된다. 그런 제한적인 정당성을 합법성(legality)[4]이라고 개념화할 수 있다. 이러한 합법성은 종결적인 정당성이 아니기 때문에 지속적으로 법의 반성적 변화와 발전을 요구한다. 법의 반성적 변화는 기본적으로 민주적인 의사형성과 공론을 통한 입법에 의해 이루어진다. 그러나 민주적 입법기제는 언제나 불완전하고, 공론마저도 당파적이며 편협한 이념이 주도하는 여론에 포획되기도 하는 등 법의 발전을 온전하게 기약해 주지 못한다.

여기서 법윤리는 그와 같은 민주적 법치국가의 기능적 한계영역에서 법관에게 주어지는 법발전에 대한 직업윤리로서 등장한다. 그런 한계영역에서 법관이 법윤리를 실현하는 방법은 크게 두 가지로 나누어 볼 수 있다. 그 첫 번째는 법관의 이성에 의거하는 방법이다. 법관은 아직 실정법규범이 되지 못했지만 마치 민주적 법치국가의 입법기제가 제대로 작동했을 경우에 정립될 수 있을 규범을 이성적 통찰을 통해 '예료' (anticipation)하고, 그렇게 예료된 규범을 실정법(률)의 해석을 통해 구체적인 실정법규범으로 정립할 수 있다. 다시 말해 법관은 민주적 의사형

---

4 이런 합법성 개념으로 J. Habermas, "Wie ist Legitimität durch Legalität möglich?", Kritische Justiz(1987), 1-16면 참조.

성과 입법이 아직 이루어지지 않은 상황에서 그런 민주적 입법의 이성을 선취하여 재판에서 법으로 정립할 수 있다. 물론 법관에게 고도의 지적능력, 마치 지성계의 헤라클레스나 할 수 있는 능력, 이를테면 미래 공론의 향방과 민주적 의사형성에서 정치적 다수의 향방을 예측하여 법의 흠결을 보완하는 입법자 역할까지 할 것을 기대할 수는 없다. 하지만 법관은 정치체계의 고유한 권력싸움이나 정치적 이데올로기 또는 미디어의 여론형성(때로는 여론조작)에 거리를 두고, 문화사적 전통과 학문적 논의의 담론에 귀 기울인다면 적지 않은 문제영역에서 민주적 입법의 기제에 버금가는 보충적인 법형성을 할 수 있다.

법윤리를 실현하는 두 번째 방법은 법관의 감성에 의존하는 것이다. 감성이란 감정(feeling)과 직관(intuition)을 포함하는 개념이다. 감정이 법이 되는 현상은 이미 '법감정'이라는 개념에서 확인할 수 있고, 직관은 상표의 혼동가능성 판단에서처럼 법관의 인지방법으로 종종 활용되는 것이다. 그런데 여기서 법윤리가 법관의 감성에 의해 실현된다는 것은 법이 주관적인 것으로 형성될 위험성을 초래한다. 이 위험성은 무엇보다도 감성에 의한 법형성이 미학적 정의(aesthetic justice)를 실현하는 한계 안에서 기능함으로써 줄어들 수 있다. 게다가 감성에 의한 미학적 정의는 그 감성적 판단이 공감(empathy)을 얻는 경우에는 보편성, 정확히는 주관적 보편성(subjective universality)을 획득할 수 있다. 감성에 의한 미학적 정의는 특히 이성법적 규율의 한계를 넘어서지 않으면서 사안의 질감(texture)을 느끼고, 사안에 대한 정의감정(sense of justice)을 고려함으로써 실현될 수 있다. 여기서 법관의 법윤리적 의무(rechtsethische Pflicht)는 사안의 질감을 고려한 미학적 정의의 실현의무로 재해석될 수 있다.

Ⅲ. 법윤리적 의무로서 집행유예

이상과 같은 법윤리(적 의무)의 개념과 이론을 앞서 제기한 재벌회장의 배임·횡령·조세포탈에 대한 양형, 특히 집행유예의 선고문제에 적용해 보기로 한다. 이 적용을 통해 법윤리(적 의무)의 개념은 더 세밀한 구체성을 얻을 수 있고, 거꾸로 집행유예규정의 해석은 더 심화된 기준을 얻을 수 있게 된다. 이런 상호작용 속에서 집행유예와 관련한 형법은 한 단계 더 변화하고 발전하게 된다.

1.

재벌회장에 대한 집행유예라는 양형의 법윤리적 의무를 이해하는 데 가장 적합한 사례는 피고인의 건강상태가 실제로 심각하여 행형생활을 할 경우에 생명이 위태로워질 수 있는 경우이다. 그런 사례의 대표적인 예로 다음과 같은 사건을 들 수 있다.

> 피고인 갑은 횡령, 배임, 역외 조세포탈을 범해 기소되었지만, 전과가 없고 초범이며, 피해회복조치(예: 세금납입, 회사손해의 완전한 전보 등)를 완전하게 이행하였다. 또한 갑은 범죄에 대한 반성과 후회를 하고 있다. 그런데 갑은 2~4년의 형기가 다 지나도 지속될 중증의 유전질환을 갖고 있었고, 신장이식을 받기까지 하여 엄격한 식이요법이나 집중치료가 필요한 상태였다. 하지만 교도소 내의 시설은 엄격한 식이요법이나 집중치료를 적절하고 신속하게 제공할 수는 없다. 따라서 갑은 실형을 받아 수형생활을 할 경우에 지속적으로 생명의 심각한 위험에 노출될 것으로 예측되었다.

이런 사안에서 만일 법원이 피고인에게 가령 징역 2년 6월을 적정형량으로 선고한다고 할 때, 추가로 집행유예(형법 제62조 제1항)를 선고할 법윤리적 의무가 있는 것일까? 이런 사안의 양형에서 피고인이 그의 생명에 대한 위험을 배려받는 것은 의심 없이 인권에 속한다고 보아야 한다. 이는 구금시설 수용자의 건강은 국가인권위원회법 제30조 제1항 제1호의 구금보호시설의 업무수행과 관련한 인권에 속한다고 본 국가인권위원회의 결정,[5] 즉 수용자의 건강은 구금시설이 각별히 주의를 기울여야 하고 수용자에 대한 진료상의 주의의무를 소홀히 하면 인권침해가 된다는 입장에 의해서도 뒷받침된다. 또한 이러한 생명의 위험을 배려할 의무는 국가의 인권보장의무(헌법 제10조 제2문)에 속한다.

형사소송법은 이미 수형자의 생명인권을 보호한다. 가령 "형의 집행으로 인하여 현저히 건강을 해하거나 생명을 보전할 수 없을 염려가 있는 때"(형사소송법 제471조 제1항 제1호)에는 형집행정지사유를 인정한다. 비슷하게 미결구금 중에도 '구속집행정지사유'(형사소송법 제101조 제1항의 "상당한 이유가 있는 때")를 인정한다.

이에 반해 법원이 양형을 하는 단계에서 실형의 선고가 생명인권을 침해할 위험이 있는 경우에 실형선고를 유예하는, 즉 선고유예나 집행유예를 하게 하는 명문규정은 없다. 다시 말해 형사소송법 제101조 제1항과 제471조 제1항 제1호와 제도적 취지를 같이하면서 그 취지를 집행유예선고라는 양형의 단계에서 실현하는 법은 흠결되어 있는 것이다. 집행유예를 하지 않고, 실형을 선고할 경우에 피고인의 생명을 보전할 수 없을 염려가 있는 때에 '실형의 선고'를 정지시키는 형의 유예(선고유예, 집행유예)를 법관의 의무사항으로 정하는 실정법은 아직 흠결되어 있는 것이다.

---

5 이러한 인권해석은 국가인권위원회 2004.1.16.자 03진인399 결정; 국가인권위원회법 해설집(국가인권위원회법 해설집 발간위원회, 2005).

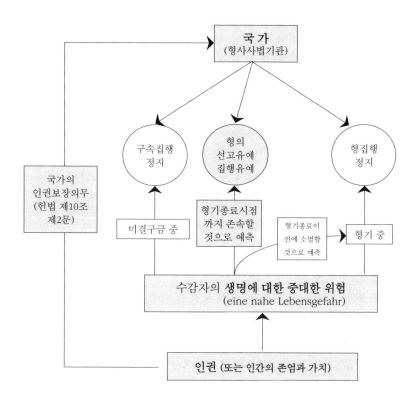

하지만 형사사법체계는 수감(收監)생활이 — 그것이 수사 또는 재판 중의 미결구금이든 형집행 단계의 수형이든 간에 — 수감자의 생명에 대한 중대한 위험을 초래하거나 지속시키거나 강화시키는 경우에는 형사절차의 각 단계에서 인권보호조치로서 (수사단계에서) 구속집행정지, (재판단계에서) 형의 선고유예나 집행유예, (형집행단계에서) 형집행정지를 취해야 한다.

2.

이렇게 생명인권의 침해 위험이 진지하게 등장해 있고, 그 위험을 차단하는 법규정이 흠결되어 있는 상태에서 바로 법관의 법윤리적 의무가 등장한다. 즉, 법관이 양형에서 피고인의 생명위험을 고려하고 피고인의 생명인권을 돌볼 의무는 법윤리적 의무라고 볼 수 있다. 이 법윤리적 의무는 위 사안에서 실형선고 없이는 갑이 재사회화되기 어렵다는 예측(재사회화예측)을 할 수 있고, 실형을 선고하는 양형이 책임주의에 위배되지 않는 경우에도 발생한다. 법관은 집행유예에 관한 형법 제62조 제1항을 해석 · 적용할 때 이와 같은 법윤리적 의무를 이행하여야 한다. 이 법윤리적 의무는 물론 헌법상 인권확인보장의무(헌법 제10조 제2문)를 실현하는 것이며, 이러한 의무의 실현은 지금까지 실정법규범에 침전되지 않은 새로운 법규범을 보충적으로 형성하는 것이기도 하다.

하지만 이런 법윤리적 의무가 언제 발생하는지를 구체화하지 않고는 집행유예가 법관의 자의적 판단에 좌우될 여지도 있다. 그런 자의적 판단을 배제하기 위해 집행유예를 할 법윤리적 의무의 발생요건을 정형화할 필요가 있다. 그런 요건으로 다음 세 가지를 생각할 수 있다. 첫째, 당연한 것이지만 집행유예의 일반적 요건을 충족하여야 한다. 둘째, 중대한 생명위험(eine nahe Lebensgefahr)이 자유형의 형기종료시점까지 지속할 것으로 예측되어야 한다. 그렇지 않다면 형집행정지사유만 인정하는 것으로도 충분하기 때문이다. 그리고 셋째, 집행유예를 배제시켜야 할 특별한 공익(예: 국가안전보장에 대한 중대 위험 등)이 존재하지 않아야 한다. 생명위험이 있다는 것은 반드시 피고인이 수형생활에서 죽게 된다는 것을 의미하는 것이 아니라 죽게 될 확률이 상당하다는 것일 뿐이어서, 그런 생명위험의 관리상 리스크보다 더 중대한 공익이 있는 경우라면 집행유예를 불허할 수 있기 때문이다. 그런 제한은 국가안전보장 등의 특별한 공익을 위해 개인의 희생을 요할 수 있는 한계 안에 있다고 보인다.

이상의 세 가지 요건을 충족하는 경우임에도 법원이 자유형을 선고하면서 집행유예를 선고하지 않는 것은 위법한 양형이 된다. 이런 경우 양형은 재량이 영으로 수축되는 셈이다. 또한 그와 같은 양형은 "판결에 영향을 미친 헌법의 위반이 있을 때"(형사소송법 제383조 제1호)에 해당한다.

IV. 맺음말

기업총수의 횡령·배임·조세포탈에 대한 사회의 비난과 법적 책임은 결코 가벼운 것일 수는 없다. 기업총수도 평범한 시민들과 같이 형사정의에서 비켜설 수 없다. 하지만 첫째, 기업범죄의 경우 그 기업이 사회에 기여한 바와 그런 기업의 성장과 기여에 기업총수가 보여 준 리더십, 그리고 그 기업의 다양한 사회공헌활동 등 다른 양형요소들도 충실하게 고려되어야 한다. 이는 개별사안의 질감미(texture)를 법적 정의의 하나로 고려하라는 미학적 정의의 요청이다. 하지만 양형에서 이와 같은 질감미의 고려는 여전히 법관의 재량사항으로 남아 있다. 비록 '합리적 양형'이라는 이념에 기속되어 있긴 하지만, 합리적 양형의 틀을 넘어서거나 깨지 않는 한 그러하다. 둘째, 기업총수이든 평범한 시민이든, 누구든지 수감생활이 생명의 중대한 위험을 초래한다고 예측되는 상황에서는 국가로부터 그 생명의 위험을 배려받을 인권이 인정되어야 한다. 이러한 인권은 단지 형의 집행 단계에서뿐만 아니라 수사나 재판의 단계에서도 보호되어야 한다. 집행유예의 일반적 요건을 충족하고 있고, 집행유예를 할 수 없는 특별한 국가적 공익이 대립하고 있지 않는 한, 생명의 위험을 배려받을 인권은 집행유예의 선고를 법관의 법윤리적 의무로 만든다. 이러한 법윤리는 생명배려를 위해 집행유예를 의무화하는 실정법이 제정되기 이전까지는 존속하며, 인권보호기능을 수행한다.

AI와 발명, 그리고 특허제도의 미래*

조영선**

Ⅰ. 글 머리에

근래 '인공지능(Artificial Intelligence)'이라는 단어처럼 우리에게 복잡한 생각을 가지게 하는 주제도 없을 것으로 생각한다. 인공지능 자체의 개발과 관련되는 공학 분야는 말할 것도 없고, 인문학이나 사회과학의 관점에서도 인공지능은 실로 다양한 고민과 논의들을 촉발하고 있다. 실제로 한국 연구재단의 국내 학술지 인용 색인에서 '인공지능'을 주제어로 검색해 보면 2018년 한 해에만 10월 초까지 145건의 논문이 나와 있음을 알 수 있다. 매우 흥미로운 것은 그 가운데 자연과학·공학·의약학에 관한 것은 합계 17건인 데 비해 인문학·사회과학 논문이 98건으

---

* 이 글의 많은 부분은 필자가 고려법학 제90호(2018.9)에 게재한 "인공지능과 특허의 법률문제"라는 논문에 근거한다. 총서의 성격에 맞도록 일반인이 이해하기 쉬운 서술방식을 취하고, 필요한 내용을 추가하거나 지나치게 전문적인 내용은 빼는 등 손을 보았으나, 원문의 표현을 그대로 살린 부분도 많다. 그에 대해 일일이 인용 표시를 하지 않으며 각주 또한 필요 최소한으로 하였다. 관련 주제에 대한 학술적 참고가 필요한 독자라면 위 논문을 참조하는 것이 좋다.
** 고려대학교 법학전문대학원 교수.

로 압도적으로 많다는 점이다. 철학, 윤리, 종교, 교육, 언어, 법학 등 다양한 분야에서 인공지능이 야기할 문제에 대해 저마다의 고민과 대안 모색이 이루어지고 있음을 알 수 있다. 어쩌면 이런 현상은 인공지능과 함께할 미래사회에 대한 일종의 '불안'의 반영이라고 해야 할지도 모른다.

　법학 분야 중 '인공지능과 지적재산권'이라는 주제에 관해서도 그동안 많은 이슈들이 발굴되고 소개되어 왔다. 한편, 이들은 대체로 인공지능으로 인해 현재 빚어지고 있는 문제보다 장래 상황에 대한 '예측'을 기반으로 한다. 이처럼 아직 등장하지 않은 현실에 대한 담론은 미래학이나 정책론에서라면 모를까, 법률 분야에서는 그동안 매우 생소한 것으로 받아들여져 온 게 사실이다. 그렇지만 기술발달의 속도가 파괴적(disruptive) 수준에 다가가고 있는 오늘의 상황을 생각하면, 법 이슈에 대한 논의 역시 이제는 이미 나타난 현상만을 따라가는 것만으로는 부족하고 일정 한도에서 예측을 기반으로 한 논의도 필요한 세상이 되었다. 한편, 인공지능과 지적재산권 이슈 가운데, 저작권이나 디자인 분야는 그동안 대중적으로 많은 주목의 대상이 되어 왔다. 생활 속에서 간단한 사실 기사(記事)나 주가 분석 등 창작성이 낮은 작업을 인공지능이 대신한 지 오래고, 인공지능의 도움을 받거나 인공지능이 스스로 창작한 소설, 시, 음악, 상업적 디자인 역시 이미 흔한 일이 되어 가고 있기 때문이다. 그에 비해 인공지능과 특허의 관계는 상대적으로 덜 조명을 받아 온 것이 사실이다. 이는 대체로 발명이나 특허가 저작물이나 디자인에 비해 대중에게 덜 가까운 것에 기인하기도 하고, 적어도 아직까지는 발명이나 특허에서는 위 분야보다 인공지능이 인간을 대신하는 속도가 더디기 때문이기도 하다. 그러나 이는 시간의 문제일 뿐, 발명과 특허 분야라고 해서 예외일 수는 없다. 특히 이 분야에는 '특허명세서'라고 하는 합법적이고 방대한 선행기술의 데이터베이스가 전 세계적으로, 그것도 무료로 제공되고 있다는 점을 주목해야 한다. 무릇 특허란 자신의 발명 내용을 대중에게 공개하는 패러다임 위에 구축된 시스템이다. 인공지능을 이용하여 이런 선행발명들을 분석하여 기술적 특징을 추출하거나 새로운 아이디어의 단서가 되는 내용을 조합해 내는 작업들이 이미 광범위하게 이루어지고 있다. 발명과 특허가 가지는 막대한 재산적 가치라든지, 특허제도로 인해 기술의 진보가 야기되기도 하고 좌절되기도 하는 이치를 감안하면 지금까지의 고요는 확실히 태풍전야의 것이라고 해야 한다. 특허발명이 기술의 진보를 "좌절시킬 수 있다"는 표현은 생소하게 들릴 수 있지만, 이는 사실이다. 특허제도는 발명을 장려하기 위한 수단으로 탄생하였고 유지되고 있지만, 현실에서는 원천기술을 통해 특허를 선점한 기업이 특허침해 소송 등을 무기로 경쟁자나 후속 발명자를 억누르면서 시장에서 독점을 유지하는 바람에 결과적으로 유용한 후속기술의 등장을 막아 기술 발전이 좌절되는 일 역시 매우 흔하기 때문이다.

이 글에서는 인공지능과 지적재산권 사이에 생길 수 있는 법적 이슈들 가운데 특허 부분을 중점적으로 들여다보기로 한다. 구체적으로는 1) 인공지능에 대한 발명이 특허를 받는 문제, 2) 인공지능에 의해 이루어진 발명이 특허를 받는 문제, 3) 인공지능이 타인의 특허를 침해하게 되는 문제이다. 통시적(通時的)으로 보면, 1)은 현재 또는 가까운 미래의 현실과 관계되고, 2)는 상대적으로 더 먼 미래와 관계될 수 있다. 3)은 1)과 2) 모두에 적용될 수 있는 주제라 할 것이다. 아울러 이 글은 인공지능의 발달이 초래할 특허제도의 미래 모습을 생각해 보고 제도개선의 필요성도 언급하고자 한다. 다만, 뒤에서 보는 대로 강한 인공지능이 등장하여 보편화되면 특허제도가 현재의 모습을 유지하기는 어려우리라는 것이 필자의 소견이므로 제도개선의 필요성에 대한 언급 역시 그 이전의 시기, 즉 강한 인공지능이 인간의 관여 없이 스스로 발명을 계획하고 실행하는 단계 전까지에 대해서만 유효하다.

II. 인공지능에 대한 분류

인지, 학습, 추론 등 인간의 사고능력을 모방하는 인공지능 관련 기술은 이미 자율주행 자동차, 지능형 로봇, 스마트 팩토리 등 제조업 분야나 의료, 교육, 금융 등 서비스업 분야, 재생에너지 분야 등에서 본격적으로 사용되고 있거나 사용이 임박한 상태이다. 한국은 인공지능 기술의 특허출원 건수가 미국, 일본, 독일에 이어 4번째로 높지만, 특허등록 건수로 보면 미국의 1/47, 일본의 1/10, 독일의 1/2 수준이라고 하며, 특허지표를 기준으로 한 분석결과 지식처리 시스템, 신경망, 기계학습 등 인공지능 구현을 위한 알고리즘 위주의 기술개발이 중점적으로 진행되었고,[1] 행동인식 기술, 음성처리 기술, 시각지식 기술, 공간이해 기술 및 지식표현 기술 부분에 강점을 보이고 있다고 한다.[2]

인공지능에 대한 분류는 여러 형태가 존재하나, 가장 널리 쓰이는 것은 미국 버클리 대학의 John Searle 교수에 의해 1980년 제안된 '약한 인공지능'과 '강한 인공지능'의 분류라고 할 수 있다. 전자는 스스로 사고하며 문제를 해결하는 능력은 없는 인공지능으로서, 입력받은 알고리즘과 데이터, 규칙을 반복 학습함으로써 필요한 추론을 도출해 내는 매커니즘을 가진다. 특정 기술 분야에서 제한된 목적과 범위의 역할을 하는 소프트웨어들이며, 현재의 인공지능은 대체로 이 범주 내에 있다. 후자는 분야에 관계없이 빅데이터를 기반으로 인간처럼 스스로 사고하고 결론을 낼 수 있는 단계에 이른 인공지능을 말한다.[3] 강한 인공지능의 등장 시기에 대해서는 당연히 견해가 엇갈리지만, 미래에 반드시 등장하

---

1 정명석 외 2, "국내외 특허데이터 기반의 인공지능 분야 기술 동향 분석", 디지털 융복합연구, Vol.16, No.16(2018), 189면.

2 곽현 외 3, "이슈페이퍼, 인공지능(AI) 기술 및 정책 동향", 한국지식재산연구원, 2016, 33면.

3 "A Holistic Approach to AI", 〈https://www.ocf.berkeley.edu/~arihuang/academic/research/strongai3.html〉.

리라는 점에는 이견이 없는 듯하다.

 필자는 편의상 현재의 인공지능을 특정한 물리적 결과를 얻기 위해 개발·사용되는 데 그치는 인공지능(이하 '기능형 인공지능'이라고 한다)과, 그를 넘어 스스로 발명을 수행할 수 있는 인공지능(이하 '창작형 인공지능'이라고 한다)으로 분류하고자 한다. 이는 모두 '약한 인공지능'에 해당할 것이지만 후자가 전자보다 '강한 인공지능' 쪽에 가까운 모델이라 할 수 있다. 현재는 창작형 인공지능도 인간의 지시나 개입을 기반으로 창작 활동을 하는 상태이지만, 장래에 스스로 발명을 계획하고 수행하는 단계에 이를 수 있을 것이며 먼 미래에 등장할 강한 인공지능 내지 초인공지능(Super AI)은 이런 창작형 인공지능의 궁극적 모습이 될 것이다.

 기능형 인공지능: 특정한 물리적 효과를 목표로 창작·운용되고, 소프트웨어가 하드웨어와 결합되어 구동하는 특징이 있는바, 지능형 사물인터넷이 그 대표적 예이다. 인공지능이 탑재된 자율주행 자동차·드론, 사용환경을 스스로 판단하여 가장 적합한 서비스를 제공하는 생활가전, 대화형 비서, 공통 사물인터넷 플랫폼을 기반으로 하는 스마트 홈이나 스마트 시티 등이 모두 이런 지능형 사물인터넷의 구현형태이다. 지능형 사물인터넷은 '인공지능'이라는 소프트웨어가 '사물'이라는 하드웨어와 결합하여 작동하는 것이다. 뒤에서 보는 것처럼 컴퓨터 프로그램이 '발명'이 되기 위해서는 '하드웨어와 연동하여 자연법칙을 이용'해야 하는데, 기능형 인공지능은 대체로 이 조건을 잘 만족하여 발명으로 취급받는 데 문제가 없다.

 창작형 인공지능: 1994년 미국의 컴퓨터과학자 Stephen Thaler는 마치 신경망처럼 스스로 on/off 스위치를 연결하여 인간의 개입 없이 창조적 결과물을 도출해 내는 소프트웨어 "Creativity Machine"을 개발하여 특허를 받았고, 실제로 이를 이용하여 일주일 만에 11,000여 곡의 음악을 작곡해 내었다. 한편, Thaler는 "Neural Network Based Prototyping System and Method"라는 명칭으로 1998년 두 번째 특허(U.S. Pat. No.

5,852,815)를 받았는데, 이는 위 인공지능 소프트웨어인 Creativity Machine 에 의해 완성된 것이었으며,[4] 이는 인공지능이 한 발명에 특허가 부여된 최초의 예로 알려져 있다. 스탠포드 대학교수인 John Koza는 컴퓨터프로그램이 문제해결을 위해 스스로 진화하는 이른바 '유전형 프로그램(genetic program)'이라는 분야를 개척하였다. 그 핵심이 되는 '진화 알고리즘(evolutionary algorithm)'을 활용하면 기존의 발명을 역분석하여 가능한 모든 방법을 수행해 본 뒤 이를 우회하는 다른 발명을 해내는 것도 가능하다고 한다. 그 밖에도 인공지능에 의해 이루어진 발명은 다양한 산업분야에 이미 많은 수가 존재하는 것으로 알려져 있다. 무엇보다, 인공지능의 도움을 받아 발명을 완성하고도 출원 시에는 자신들을 발명자로 표시하는 일이 대부분임을 감안하면, 지난 10여 년 동안 관련 기술의 발달과 더불어 인공지능에 의한 발명은 이미 폭발적으로 증가하여 존재하고 있으리라는 분석도 있다.[5] 이처럼 인간의 지시에 따라, 또는 그를 단서로 한 딥러닝을 통해 스스로 일정한 수준의 창작행위를 하는 인공지능의 비중은 앞으로 점점 더 높아질 것이다. 창작형 인공지능은 대부분 순수 소프트웨어 유형에 속하며, 현재의 약한 인공지능이 강한 인공지능으로 발전해 나가는 초기의 모습이라고도 할 수 있는바, 그 잠재적 영향력은 기능형 인공지능에 비길 바가 아니다.

---

4 그러나 Thaler는 이런 배경사실을 밝히지 않은 채 자신을 발명자로 하여 특허를 출원 · 등록받았다고 한다.
5 Ryan B. Abbott, "I Think, Therefore I Invent: Creative Computers and the Future of Patent Law", *Boston College L. Rev.*, Vol.57(2016), pp.1088-1089. 예컨대, 컴퓨터/소프트웨어 기술의 개발과 교육에 관한 범세계적 네트워크로 잘 알려진 ACM(Association for Computing Machinery)의 한 분과인 SIGEVO는 진화형 알고리즘 기반 인공지능을 이용한 발명에 관하여 매년 대회를 개최하고 있는데(http://sig.sigevo.org/index.html/tiki-index.php?#&panel1-3), 참가자들이 그 결과물을 자신의 이름으로 특허출원하는 일이 흔하다고 한다.

III. 인공지능에 특허를 부여하는 문제

인공지능에 특허를 부여할지 여부에 대한 철학적 · 윤리적 논의는 이 글의 대상이 아닐뿐더러, 적어도 인공지능 개발의 초기 단계에 있는 현재에는 다분히 비현실적인 것이기도 하다. 따라서 인공지능도 특허요건을 갖춘다면 당연히 특허받을 수 있어야 한다. 그래야만 새로운 인공지능 기술개발의 인센티브가 생기고, 발명의 내용이 대중에게 공개되어 검증을 받으며, 더 나은 인공지능 기술이 등장할 수 있기 때문이다.[6] 문제는 인공지능이 그 속성상 '컴퓨터프로그램'이라는 데 있다. 컴퓨터프로그램 기술은 인류 문명을 이끄는 핵심 기술 중 하나이지만, 특허법에서는 그것이 과연 '발명'에 해당하는지를 두고 적지 않은 논란이 있어 왔고, 나라마다 제도운영에도 차이를 보인다. 따라서 이 문제를 먼저 살펴보아야 한다.

1. 컴퓨터프로그램은 발명인가

특허는 발명에 대해서만 주어지는데(특허법 제29조), 발명은 자연법칙을 이용한 기술적 사상의 창작을 말한다(특허법 제2조 제1호). 여기서 말하는 자연법칙이란 자연현상의 이면에 존재하는 인과율을 의미하고 이런 인과율을 응용하여 특정한 기술적 결과를 가져오는 행위만이 '자연법칙의 이용'으로서 발명이 될 수 있다. 따라서 수학적 공식 등 추상적 아이디어는 결과적으로 유용한 쓰임새가 있더라도 발명이 될 수 없다. 이 기준으로 보면 컴퓨터프로그램 자체는 자연법칙을 이용하는 것이 아니다. 프로그램은 컴퓨터라는 기계장치에 주어지는 명령의 함수체계로

---

6 인공지능에서 비롯되는 사회적, 윤리적 문제는 별도의 영역에서 고민되고 사회적 합의를 통해 해결되어야 마땅하지만, 적어도 이를 특허의 영역으로 끌어들이는 것은 신중할 필요가 있다. 이에 대한 구체적인 언급은 뒤에서 따로 한다.

서, 본질상 추상적 아이디어에 가깝지 어느 모로 보더라도 자연계에 존재하는 물리법칙의 인과율을 응용하는 것이 아니기 때문이다.[7] 한편, 컴퓨터프로그램은 인간의 사상을 코딩이라는 방법으로 표현한 것이기 때문에 창작성이 인정되는 한 저작물이 될 수 있으며, 실제로 각국은 컴퓨터프로그램의 저작물성을 인정하는 것이 보통이다. 그러나 저작물은 '아이디어'가 아닌 '표현'만을 보호 대상으로 하기 때문에, 프로그램의 원시코드를 분석하여 아이디어를 알아낸 뒤 표현만 다른 방식으로 한다면 침해가 아니게 되는 치명적 약점이 있다. 반면, 특허는 표현을 불문하고 기술적 아이디어 자체를 보호하는 제도이기 때문에, 기업으로서는 프로그램을 저작권보다 특허로 보호받는 편이 훨씬 유리한 면이 있다. 또한 저작권 보호는 저작자 사후 70년까지로 매우 길기는 하지만, 소프트웨어 분야처럼 기술의 생명주기가 짧은 분야에서 그런 장기간의 보호는 별다른 매력요소가 되지 않으며 기업으로서는 '짧더라도 강력한 보호'를 선호하기 마련이다. 컴퓨터프로그램의 저작물성 여부와 관계없이 특허성 여부가 여전히 문제 되는 이유가 여기에 있다.

가. 각국의 입장

그렇다면, 세계 각국은 컴퓨터프로그램을 특허법적으로 어떻게 다루어 오고 있는가? 각국은 컴퓨터프로그램 산업을 보호하고 기술개발을 장려하기 위해, 산업상 이용가능성 있는 프로그램을 특허의 영역으로 끌어들이려고 지속적으로 노력해 오고 있다. 그 논리 구성은 나라마다 같지 않지만, 인공지능 분야의 비약적 발전을 특허법이 수용하기 위해서는 컴퓨터프로그램을 발명으로 인정하는 데 지금보다 한층 유연한 기준이 필요하다는 점은 분명하다. 구체적으로 각국이 컴퓨터프로그램을 어떤 기준 아래 특허의 영역으로 끌어들이고 있는지 살펴본다.

---

7 그렇기 때문에 유럽 특허협약(EPC)처럼 컴퓨터프로그램을 명시적으로 발명의 대상에서 제외하는 예도 있다(EPC Art. 52(2)).

우선, 우리나라나 일본에서는, 컴퓨터프로그램은 그 자체만으로는 추상적 아이디어에 불과하여 발명이 될 수 없지만, 그것이 '일정한 하드웨어와 연동하여' 작동하면서 자연법칙을 이용하는 결과를 낳는다면 발명이 될 수 있다고 한다. 자동차의 엔진에 장착되어 출력을 조절하는 프로그램 등 다양한 유형의 임베디드 소프트웨어가 대표적 예이다. 사물인터넷 기반의 인공지능 프로그램들도 이 요건을 잘 만족한다. 프로그램의 구동을 통해 하드웨어가 작동하면서 자연법칙을 이용하는 결과를 실제로 창출하기 때문이다. 반면, 특정 하드웨어와의 연동이 없이 범용 컴퓨터에서 작동하는 데 불과한 프로그램이라면 여전히 '자연법칙의 이용'이라는 요건을 만족하지 않아 발명이 되기 어렵다.

유럽에서는, 유럽특허협약이 명시적으로 컴퓨터프로그램과 영업방법을 발명이 아닌 것으로 규정하고 있음에도, 실무는 오래전부터 이른바 '기술적 특성(technical character)'을 가지는 컴퓨터프로그램은 발명이라고 본다. 여기서의 '기술적 특성'이라는 개념은 반드시 명확한 것은 아니나, 우리나라나 일본처럼 프로그램이 일정한 하드웨어와 연동되어 구동되는 경우 기술적 특성이 있다고 본다. 아울러 이 개념은 점점 더 유연하게 적용되는 추세여서 프로그램이 컴퓨터, 컴퓨터 네트워크 또는 유형의 저장매체를 이용하는 것 자체가 기술적 특성을 만족한다고 보기도 하고,[8] 컴퓨터가 읽을 수 있는 전자기적 신호라면 일정한 요건 아래 기술적 특성을 만족하여 발명이 될 수 있다고도 한다.[9] 그에 의하면 사안별로 범용컴퓨터에서 구동되는 소프트웨어도 발명으로 인정될 여지가 있게 된다.

미국에서는 당초 컴퓨터프로그램은 추상적 아이디어이지 자연법칙을 응용하는 것이 아니므로 발명이 아니라고 하였다.[10] 그러다가 1970년대

---

8 EPO Examination Guideline(2017) Part G. Chapter. II. 3.6; G3/08.
9 T 0163/85 [미국에서는 발명의 성립성을 부정: In re Nuijten, 500 F.3d 1346 (Fed. Cir. 2007)].

후반 들어 소프트웨어 산업이 크게 발달하고 미국이 세계적으로 해당 산업의 주도적 위치를 점하는 등 소프트웨어를 특허로 보호받고자 하는 산업계의 욕구가 팽배하자 법원은 컴퓨터프로그램이라도 "특정한 기계 장치와 연동되거나 그 구동의 결과 대상물의 변화를 야기한다면 발명이 될 수 있다"고 하여 일정한 조건 아래 컴퓨터프로그램을 발명으로 인정하기 시작했다.[11] 1990년대 말에 이르러 미국의 법원은 아예 "유용하고 구체적이며 유형(有形)의 결과를 낳는 한 컴퓨터프로그램도 발명이 될 수 있다"고 하였으며, 심지어 자연법칙의 이용과는 아무런 관련이 없는 온라인 영업방법마저도 발명으로 인정하기에 이르렀다.[12] 그러나 그 뒤 10여 년이 지나는 동안 영업방법 발명 특허가 지나치게 범람하고 그로 인한 분쟁과 심사의 적체가 급증하는 한편, 특허권을 악용하여 부당한 이익을 추구하는 특허괴물(Patent Troll)이 발호하는 등 사회적 비용이 임계치에 이르자, 연방대법원은 급기야 태도를 바꾸어 영업방법은 발명이 아니라고 하기에 이르렀고,[13] 2010년대 들어 발명의 성립요건 전반에 대해 보수적 기조로 돌아서면서 소프트웨어 발명에 대해서도 엄격한 태도로 회귀하였다. 2014년 연방대법원은 "범용컴퓨터에서 구동되는 데 불과한 프로그램은 그 자체로는 추상적 아이디어에 가까우며 대상에 어떤 물리적 변형을 가져오는 바 없어 발명으로 볼 수 없다"고 판시하였다.[14] 그러나 이런 보수적 변화의 바람이 불고 있는 와중에, 이번에는 핀테크과 블록체인 관련 기술이 핵심 이슈로 등장하였다. 그런데 대부분

---

10 Gottschalk v. Benson, 409 U.S. 63 (1972).
11 Diamond v. Diehr, 450 U.S. 175 (1981). 이는 현재 우리나라나 일본의 기준과 흡사하다.
12 State Street Bank & Trust Co. v. Signature Financial Group 사건. 그 뒤 영업방법 발명의 개념은 전 세계로 급속히 퍼져나가 수많은 특허출원과 등록이 이루어지게 되었으며, 우리나라도 2000년대 초반부터 많은 영업방법 발명의 특허출원·등록이 이루어져 오고 있다.
13 Bilski v. Kappos, 130 S. Ct. 3218(2010).
14 Alice Corp. v. CLS Bank International, 134 S.Ct. 2347(2014).

의 핀테크과 상당수의 블록체인 기술이 바로 영업방법 발명이거나 컴퓨터프로그램 발명이기 때문에 이들의 위상은 재조명이 불가피해졌으며, 미국의 보수적인 기준은 다시 한번 시험대에 오르게 되었다.

나. 인공지능 프로그램에 대한 특별취급 필요성

생각건대, 인공지능 프로그램을 발명으로 인정할 것인지에 대해서는 지금보다 한층 유연한 자세가 필요하다. 4차 산업혁명의 핵심 기술인 인공지능은, 지금은 주로 사물인터넷처럼 기능형 인공지능을 중심으로 하며, '소프트웨어에 의한 정보처리가 특정 하드웨어와 연동되어 있는' 수가 많다. 그러나 앞으로 기술의 발전에 따라 창작형 인공지능 등 순수 소프트웨어형 인공지능의 비중이 높아질 것이 분명하므로 그에 대한 연구개발을 장려하고 기술의 공개를 유도하기 위해서는 특허의 가능성을 한층 더 보장해 줄 필요가 있기 때문이다. 당장 현실만 보더라도 핀테크나 블록체인 등 중요한 기술들이 모두 그 실질은 영업방법이나 소프트웨어 발명이어서 그에 대한 경직된 기준은 현실을 합리적으로 규율하기 어렵게 만든다. 물론 특허의 국제적 성질을 고려하면 미국이나 유럽, 중국 일본 등 다른 나라들과 비교하여 우리나라만이 낮은 기준을 설정하는 것은 바람직하지 않다. 타국에서 특허를 받지 못하는 인공지능 소프트웨어가 우리나라에 특허 등록되어 국내의 후속 연구나 기술개발에 장애를 주거나 시장을 장악하는 일이 생길 수 있기 때문이다. 그러나 적어도 현재의 미국처럼 엄격한 기준은 시대에 맞지 않는 것임이 분명하다.

2. 인공지능이 한 발명은 누구의 것인가

창작형 인공지능이 개재된 발명은 두 부류로 나눌 수 있다. 첫째는 해당 발명의 과정에 어떤 형태로든 인간이 개입되어 있는 유형이고, 둘째는 발명의 계획과 수행 전부가 오로지 인공지능에 의해서만 이루어진 유형이다. 후자는 아직은 먼 미래인 강한 인공지능 또는 초인공지능 시대에 일어날 수 있는 상황이어서, 그 결론은 차치하고 논의 자체가 비현실적일 수 있다. 따라서 첫째 유형만이 검토의 대상이 되어야 할 것이다. 인공지능 발명에 인간이 개입되는 모습은 천차만별이어서, 발명의 주도권을 인간이 쥐고 인공지능은 단지 보조적 역할만을 하는 경우부터, 인간은 발명에 대한 개략적 지시만 하고 필요한 데이터의 수집과 기술적 과제의 해결 전반을 인공지능이 도맡아 수행하는 경우까지 양극단 사이에 넓은 스펙트럼이 존재할 것이다. 결과물에 대한 권리귀속을 따질 때, 인간의 창의적 노력이 많이 포함된 발명일수록 인간이 그 권리를 향유할 당위가 커지고, 반대일수록 작아지는 것은 사실이겠으나, 인간이 발명의 과정에서 한 공헌이 적다는 것이 곧 인간이 아닌 인공지능에게 권리를 귀속시켜야 함을 의미하지는 않는다. 인공지능이나 로봇이 현재의 규범체계에서 권리주체가 될 수 없음은 분명하고, 가까운 시기 안에 그렇게 다루어야 할 필요 또한 없다고 본다. 오히려 이 문제는 유용한 발명을 장려하여 기술발달을 도모하고 사회 후생을 증진한다는 특허법 고유의 목적에서 접근하는 것이 필요하다. 즉, 인공지능의 도움이나 주도적 역할을 통해 이루어진 발명이라도 그 권리를 인간에게 귀속시켜야만 창작적 인공지능 자체의 개발이나 그를 통한 제2, 제3의 발명이 더욱 촉진되어 사회적으로 유용한 기술이 풍부해질 것이고, 인공지능에 의해 이루어진 발명이라고 해서 권리귀속을 달리 취급한다면 반대의 결과를 야기할 것이다. 현실적으로는 창작형 인공지능을 운용하여 제2, 제3의 발명을 얻은 사람이 그것을 자신이 한 발명인 양 특허 출원한다면 이를 구별해 내기가 매우 어렵다는 점도 생각해 보아야 한다. 문제는 이처럼 인공지능이 개재된 발명에 대한 권리를 인간에게 귀속시키는 논거일 것이다. 생각건대, 창작형 인공지능에 의해 발명이 이루어지더라도 어느 단계에서 발명의 방향을 제시하거나 데이터를 제공하는 등 인간의 개입이 있었다면 그 결과물은 인간에게 귀속되어야 한다. 이는 인간이 최종 발명을 위하여 도구를 이용한 것이며 그 도구가 고도의 지적 능력을 갖춘 것이라고 하여 발명이 도구의 것이 될 수는 없기 때문이다. 발명자가 발명의 과정에서 슈퍼컴퓨터를 이용하여 도저히 인간은 해낼 수 없는 연산을 거쳤다고 해서 그 발명이 슈퍼컴퓨터의 것은 아니듯, 비록 인공지능이 주도적으로 개입하고 사고하여 발명의 결과물을 산출했다고 해서 그것이 인공지능의 발명이라고 해서는 안 된다. 양자 모두 본질적으로는 인간이 만든 알고리듬의 산물이고 그 고도성 여부에만 차이가 있을 뿐이다.

다만, 유의할 것은 이처럼 인간이 개입된 인공지능 발명을 인간의 권리대상으로 하는 것과, 인공지능의 공헌도에 따라 그 특허법적인 취급을 달리하는 것은 별개의 문제라는 점이다. 즉, 인간 개입의 정도가 미약하고 인공지능이 주도적 역할을 담당한 발명과 인간이 주도적으로 이룩한 발명에 동일한 수준의 보호를 부여하는 것은 부적절하다. 전자는 엄격한 특허요건 심사를 거쳐 권리를 부여한 뒤 짧은 기간 보호를 거쳐 공공의 영역(public domain)에 들어가게 하는 편이 합당하다.

3. 특허요건

특허부여를 위한 요건 심사의 단계에서 인간의 창의적 노력만으로 또는 인간이 주도적으로 이룩한 발명과, 인공지능이 주도적 역할을 담당한 발명 또는 인공지능에 의해 이루어진 제2, 제3의 발명을 동일한 기준으로 취급하는 것은 부적절하다. 특허는 발명이라는 '인간의' 창의적 노력을 장려하여 기술의 진전과 공개를 도모하는 제도라는 점을 상기해야 한다. 창작형 인공지능은 정보의 조합과 피드백 등을 통한 논리부여, 예측, 검증과정에서의 기계적 작업을 통해 빠르고 저렴하게 그리고 다양하게 발명을 이룩할 수 있다. 이런 발명과 인간이 주도적으로 개입한 발명은 경쟁력 면에서 비교가 되지 않을 것이므로 양자를 동일한 평면에

두고 특허요건을 판단하거나 보호를 부여하는 경우 인간 스스로의 발명
은 급속히 퇴출될 가능성이 있다. 따라서 인공지능에 의한 발명은 인간
에 의한 발명보다 특허를 받기 위한 요건을 엄격히 하는 것이 마땅하고,
특허를 받더라도 그 독점 기간을 지금처럼 일률적으로 20년으로 할 것
이 아니라 유연하게 단축하여 짧은 기간 동안만 권리를 누리고 그 이후
에는 누구라도 사용할 수 있도록 함이 바람직할 것이다.

IV. 인공지능이 타인의 특허권을 침해하는 경우

인공지능이 타인에게 손해를 가한 경우 그 책임을 어떻게 다루어야
하는지는 어려운 문제이며 이에 대해서도 장차 사회적 합의가 필요하
다.[15] 그러나 적어도 현재나 가까운 미래의 현실에서 인간이 아닌 인공
지능에게 책임을 돌린다는 것은 비현실적이라 생각되며, 인공지능이 개
입된 발명의 권리가 인간에게 귀속되어야 한다면, 인공지능의 운용으로
인한 불법행위 책임 역시 인간이 져야 마땅하다. 인공지능이 타인의 특
허권을 침해하는 행위도 인공지능에 의한 불법행위의 한 종류이지만,
특허권의 침해는 일반적 불법행위에 비하여 다음과 같은 특수성이 있기
때문에 별도의 고려가 필요하다.

---

15 참고로 2017년 2월 유럽의회는, 장기적으로 인공지능 로봇이 자율적, 독립적으로
    인간과 상호작용하는 단계에 이르면 타인에게 가한 손해에 대해서도 책임을 지도
    록 전자인간으로서의 지위를 부여하는 제도설계를 권고한 바 있다. 이 권고안이
    인공지능 로봇 외에도 설계자, 제조자, 운용자 등 인간의 책임, 인공지능으로 인
    한 손해의 담보를 위한 보험이나 기금 등 제도적 보완책도 아울러 담고 있음에도,
    2018년 4월 유럽연합 14개국의 인공지능·로봇 전문가, 법률가, 기업인 등 156명
    은 유럽연합 집행위원회에 인공지능 로봇에게 법적 지위를 인정하는 것에 반대하
    는 공개서한을 보낸 바 있다. 이것만 보더라도 이는 결코 간단히 결론이 도출될
    사안이 아님을 알 수 있다.

1. 특허침해에 대한 특수한 취급 필요

일반 불법행위와는 달리, 특허침해가 성립하기 위해서는 먼저 등록된 특허의 청구범위를 '해석'하여 침해로 주장된 행위가 그 특허청구범위 안에 있다고 인정되어야 한다. 그러나 청구범위의 해석은 다분히 규범적 · 상대적 작업인 데다가, 인공지능이 고도화할수록 더 교묘하게 타인의 특허를 우회하는 방법을 찾아낼 것이기 때문에 일반 불법행위와는 다른 책임 인정의 기준이 필요하다. 따라서, 법원으로서는 특허침해가 인공지능에 의해 이루어진 것으로 확인되면 가능한 해당 특허의 권리범위를 넓게 해석하여 침해 성립을 유연하게 인정해 줄 필요가 있다. 또한, 비록 인공지능이 특허 청구항에 기재된 모든 구성을 그대로 모방하지는 않았다고 하더라도 특허발명의 핵심적 내용을 모방하고 있다면 침해가 성립하는 것으로 보아 줄 필요도 있다. 현재의 특허법 패러다임 아래서는 특허침해가 성립하기 위해서는 침해자가 특허청구범위에 기재된 구성 전부를 빠뜨림 없이 이용해야만 하고, 그중 하나라도 생략하거나 다른 것으로 변경하여 실시하는 경우에는 원칙상 특허침해가 아니다.[16] 그러나 이런 원리를 인공지능에 의한 침해에도 엄격히 적용하는 것은 문제이다. 인공지능은 특허발명의 핵심적 내용을 모방하면서도 권리범위는 벗어날 수 있는 선택지를 인간보다 훨씬 수월하게 찾아낼 것이고, 이처럼 특허권이 인공지능에 의해 손쉽게 우회 침해될 수 있다면 기술의 개발과 공개를 유도하는 특허제도의 기반은 크게 위협받을 것이기 때문이다.

---

16 이른바 구성요소완비의 원칙이라고 한다. 예컨대 甲이 "a+b+c"라는 구성이 결합된 장치로 특허를 받았다면, 그 특허권은 오로지 "a+b+c"가 결합된 형태의 장치에만 미칠 뿐, 만약 다른 사람이 "a+b"만으로 된 장치를 생산하거나 "a+b+d"로 이루어진 장치를 생산한다고 해도 이는 甲 특허의 침해가 아니다. 그 타인은 "a+b+c"라는 유기적 일체로서의 구성을 이용한 바는 없기 때문이다. 이는 "a+b+c" 장치 중에 "a+b"가 핵심적 부분이라고 해도 마찬가지다.

한편, 선행기술을 개량하여 기술적·경제적으로 우수한 효과가 있는 후행발명을 이룩하였더라도 그 개량기술이 선행특허를 이용한 것이라면 선행특허권자의 허락이 없는 한, 그 개량기술은 실시될 수 없다. 이를 실시하면 선행특허의 침해이기 때문이다. 그런데 창작형 인공지능 환경에서는 인공지능이 선행기술들에 대한 빅데이터와 딥러닝을 통해 개량발명을 해 나갈 여지가 매우 많고, 실은 그것이야말로 인공지능을 발명에 투입함으로써 인류가 누릴 수 있는 가장 유용한 혜택이기도 하다. 따라서 인공지능을 동원해 이루어지는 다양한 개량발명의 경우, 필요하다면 선행특허권자의 허락이 없더라도 실시를 보장함으로써 유용한 후속발명이 사장(死藏)되지 않도록 제도를 운용·개선할 필요도 있다. 이때 선행기술의 강제 이용에 대한 보상이 뒤따라야 함은 물론이다. 현재도 특허의 강제실시권 제도가 존재하는 것은 사실이지만, 의약 등 제한된 영역에서 비교적 엄격한 요건 아래서만 활용되고 있는 처지이다. 앞으로는 인공지능에 의한 개량발명 분야에서 이런 유형의 강제실시권을 보다 적극적으로 활용할 필요가 있고, 필요하다면 사회적 합의를 거쳐 그에 고유한 강제실시제도를 마련해도 좋을 것이다. 이로써 인공지능을 이용해 유용한 후속발명이 계속 이루어지는 것을 장려하고 사회적 후생을 증진할 수 있다.

2. 무과실 책임의 인정

인공지능이 기계학습을 통해 스스로 진화하고 활동하는 과정에서 타인의 특허를 침해하는 경우, 인간이 그런 상황을 구체적으로 예측하거나 제때 알아내어 통제를 가하기란 매우 어려울 것이다. 따라서 이런 상황에 대비한 인간의 책임 법리가 필요하다.

인공지능이 자율주행 자동차나 사물인터넷 등 하드웨어와 결합·사용되는 경우에 그 일체를 제조물로 취급하여 제조물 책임법상 책임을 묻는 방법이 흔히 거론되고 있다. 제조물 책임은 제조물의 '결함'에서 비롯되어야 하고 그 결함이란 ① 제조상의 결함: 제조물이 원래 의도한 설계와 다르게 제조·가공됨으로써 안전하지 못하게 된 것 ② 설계상의 결함: 제조업자가 합리적인 대체설계(代替設計)를 채용하였더라면 피해나 위험을 줄이거나 피할 수 있었음에도 대체설계를 채용하지 아니하여 해당 제조물이 안전하지 못하게 된 것, 또는 ③ 표시상의 결함: 제조업자가 합리적인 설명·지시·경고 또는 그 밖의 표시를 하였더라면 해당 제조물에 의하여 발생할 수 있는 피해나 위험을 줄이거나 피할 수 있었음에도 이를 하지 아니한 것 중 하나에 해당해야 한다. 그런데 이것들은 예컨대 인공지능이 자율주행 자동차나 드론, 사물인터넷의 하드웨어와 결합하여 운용되다가 타인의 생명·신체·재산에 구체적 손해를 가하는 상황에는 잘 들어맞는다. 그렇지만 인공지능이 타인의 특허권을 침해하는 형태로 손해를 가하는 상황에는 어울리지 않는다. 어떤 인공지능이 장차 타인의 특허를 침해하게 될 가능성을 일일이 염두에 두고 이를 회피하는 방향으로 인공지능을 제조·설계하는 것은 극히 어려운 일이며, 침해가 머신러닝을 거치는 인공지능에 의해 상당부분 독자적으로 이루어진 경우라면 더욱 그러하다. 따라서 제조물 책임법이 상정하고 있는 제조·설계상 결함을 인공지능의 제조·설계에 그대로 적용하는 것은 부적절하다. 인공지능의 운용과정에서 타인의 특허권을 침해하게 되더라도 그것이 제조물(인공지능)이 원래 의도한 설계와 다르게 제조·가공된 것이라고 할 수도 없고, 타인의 특허침해를 일절 불가능하게 하는 합리적 대체설계가 가능하다고 보기도 어렵기 때문이다. 아니라면 거의 모든 인공지능이 언젠가는 제조물 책임을 야기할 수 있고, 그런 두려움은 결국 인공지능 기술의 발달에 장애를 초래할 수 있다. 비유컨대 인공지능에 의한 특허침해에는 제조물 책임이라는 틀은 마치 '맞지 않는 옷'과도 같다. 따라서 그에 대해서는 보다 적절한 책임의 대안이 필요하다.

  그 결과, 인공지능의 운용과정에서 타인의 특허권을 침해하는 결과가
야기된다면 인공지능의 보유자나 이를 운용하여 이익을 얻는 주체는 과
실의 유무와 상관 없이 그로 인해 야기한 위험에 대해서 책임을 지는 것
이 합당하다. 이런 각도에서 유용하게 참고할 수 있는 것으로 자동차 손
해배상보장법상 운행자의 책임을 들 수 있다. 위 법에 의하면, 자동차의
운행 중 피해자의 생명이나 신체에 발생한 손해에 대해서는 자동차의
'운행자'가 1차적 책임을 진다(제3조). 자동차에 대해 운행지배(자동차의
사용에 있어 사실상 처분권을 가지는 자)와 운행이익(자동차의 운행으로부터
나오는 이익)을 모두 가지는 사람이라면 스스로 과실이 있든 없든, 자신
이 초래한 위험에 대하여 책임을 져야 한다는 것이다. 인공지능을 개
발·사용하는 자 역시 그로 인해 얻는 이익에 상응하여 다른 사람의 특
허권을 침해할 수 있는 추상적 위험 또한 창출한 것이므로 그러한 위험
야기에 대하여 책임을 부담해야 한다. 앞서 본 유럽의 권고안이 인공지
능 로봇에 의한 불법행위 책임을 무과실 책임으로 보면서 그 근거를 위
험관리에서 찾는 점, 충분한 배상을 담보하기 위해 의무보험이나 기금
제도를 마련할 것을 권유하고 있는 점도 자동차 손해배상보장법의 책임
보험제도와 닮아 있다. 국가가 보호하는 지적재산권에서 나오는 소득은
그 일정지분을 국가가 자동으로 획득하는 것이 가능하다는 주장도 있는
바,[17] 침해의 주체가 된 인공지능이 특허받은 발명이라면 국가가 이런
시스템을 통해 구성한 기금을 그로 인한 피해의 구제에 사용하는 것도
가능한 방법이라고 본다.

---

17 클라우스 슈밥 외 26인, 4차 산업혁명의 충격, 흐름출판, 2018, 175면.

V. 특허제도의 미래 예상

　지금의 특허제도의 프레임은, ① 인간이 창작적 노력을 기울여 발명을 하고, ② 특허출원의 명세서를 통해 발명의 내용을 공개하는 한편, ③ 그런 공개의 대가로 자신이 누릴 수 있는 권리의 범위를 청구항을 통해 요구하되, 선행기술의 공격으로 인해 거절이나 무효가 되지 않도록 그 범위를 전략적으로 설정하고, ④ 인간인 심사관이 가상의 인간인 통상의 기술자의 시각에서 출원발명의 특허요건 충족 여부를 판정하는 매커니즘으로 이루어져 있다. 그런데, 최근에는 선행기술에 대한 빅데이터와 기존 특허명세서들의 문맥추출 및 재조합 등을 통해 선행기술의 공격으로부터 가장 안전하면서 상대적으로 가장 강한 권리범위를 가지는 명세서를 작성해 주는 인공지능 프로그램들이 등장하고 있다.[18] 이러고 보면, 머지않아 인공지능이 발명을 수행하는 것은 물론이고 그 발명에 대한 명세서 작성 및 출원까지 하는 때가 올 것으로 보인다. 거기서 나아가 인공지능이 심사나 심판, 궁국적으로는 특허 재판에 사용되기 시작한다면 결국 심사관이나 법관의 인적 판단에 의지하는 현행 특허제도의 기반은 크게 약화될 것이라 예측된다.

　그렇다면 장기적 관점에서 현재와 같은 모습의 특허제도는 인공지능의 고도화·보편화와 함께 사라지게 될지도 모른다. 인공지능이 발명을 수행하는 것이 보편적으로 되면 인간 스스로의 발명은 인공지능이 한 발명과 경쟁하기 어렵다. 앞서 본 대로 현재의 특허 패러다임은 어떤 발

18　예컨대, 미국의 TurboPatent라는 회사는 "RoboReview"라는 이름의 인공지능 기반 클라우드 서비스를 제공하고 있는데, 위 서비스는 미국 특허청에 출원하는 발명에 관하여 선행기술 데이터와 비교한 특허성 여부, 유사한 출원에 대한 심사의 선례, 청구범위 작성의 적절성 여부, 명세서 용어의 적절성 여부 등을 인공지능이 점검해 주는 것을 내용으로 한다. 같은 회사의 "RapidResponse"라는 서비스는 변리사나 특허 변호사가 특허청으로부터 거절이유 통지 등을 받은 경우 앞서의 자료들을 근거로 대응문건을 작성하는 것을 도와주는 프로그램이다.

명이 특허를 받을 자격이 있는지 여부를 판단할 때, 언제나 '통상의 기술자'라는 가공인물을 상정하여 작업을 수행한다. 여기서 통상의 기술자란 해당 기술분야에서 평균적 기술능력을 가진 자연인을 의미한다. 예컨대 어떤 발명이 특허를 받을 수 있을 정도로 기존 기술보다 우수한 것인지(진보성)를 판단할 때, 해당 분야의 통상의 기술자라면 기존 기술을 근거로 그런 발명을 생각해 내는 것이 용이하였겠는가를 추측해 보는 식이다. 그러나 인공지능이 발달하게 되면 이런 판단의 매커니즘은 더 이상 적절하지 않을 것이며, 선행기술들을 근거로 새로운 발명에 이르는 일이 점점 수월해질 것이므로 진보성 판단기준 역시 매우 높아지게 될 것이다. 무엇보다, 창작형 인공지능이 고도로 발달한다면, 특허라는 독점권을 인센티브로 발명의 계속과 공개를 장려하는 현재의 제도적 장치는 기반을 크게 위협받을 수 있다. 그런 인센티브 없이도 인공지능은 '발명 기계'라는 스스로의 속성이나 필요에 의해 저렴한 비용으로 발명을 계속할 것이기 때문이다. 상황이 이렇게 전개된다면, 고도의 창작형 인공지능들 자체나 그들이 창작한 발명들은 공개를 통해 특허권을 획득하기보다는 영업비밀로 유지될 가능성이 점점 많아질 것이다. 어차피 인공지능을 통한 발명은 출원하여도 특허를 받기가 어려워지고, 그 내용이 공개되면 또 다른 인공지능이 이를 데이터로 하여 우회 · 개량발명을 수행할 가능성이 높기 때문이다.

VI. 맺으며

위에서 언급한 내용을 정리하면 다음과 같다.

4차 산업혁명의 총아인 인공지능 기술이 비약적으로 발전하고 있는 현시점에서, 국제적 경쟁에서 뒤처지지 않도록 연구 · 개발을 장려하기 위해서는 인공지능 소프트웨어 자체를 한층 폭넓게 발명으로 인정해 줄 필요성이 크다. 인공지능이 한 발명의 과정에서 어떤 형태로든 인간의 지시나 개입이 있었다면 그 권리는 인간의 것이어야 한다. 다만 인간 개입의 정도가 미약하고 인공지능이 주도적 역할을 담당한 발명과 인간이 주도적으로 이룩한 발명을 동일한 수준으로 보호하는 것은 불합리하므로, 전자는 후자보다 엄격한 특허요건으로 심사를 하고 짧은 기간만 특허권을 부여한 뒤 공공의 영역에 들어가게 할 필요가 있다. 인공지능에 의한 특허침해와 관련하여, 인공지능은 빅데이터와 딥러닝으로 훨씬 더 다양하고 교묘하게 침해를 감행할 것이 예상되므로, 보호 대상이 되는 특허권의 청구범위 해석을 유연하게 하고, 구성요소 완비의 원칙 등 기존의 특허침해 원칙을 완화하여 특허권자를 두텁게 보호하는 것이 필요하다. 반면, 인공지능에 의해 이루어질 수 있는 수많은 유용한 후속발명이 선행특허의 권리행사에 발목을 잡혀 사장(死藏)되지 않도록 강제실시권을 보장하는 등 제도개선의 노력도 병행해야 한다. 인공지능에 의한 특허침해의 책임 주체 역시 인간이어야 하며, 인간의 통제가 미치기 어려운 영역에서 일어나는 침해에 대비하여 무과실책임을 인정하는 것도 필요하다. 흔히 언급되는 제조물 책임은 인공지능에 의한 일반적 불법행위에 유용한 해결책이 되지만 인공지능에 의한 특허권의 침해에는 걸맞지 않는다. 인공지능에 의한 특허침해에는 자동차 손해배상보장법상 운행자 책임 같은 것이 가장 적합하지만, 특허침해의 특수성을 반영한 특별법을 제정하거나 특허법에 규정을 도입하는 것을 생각해 볼 필요가 있다. 장기적으로, 인공지능의 고도화·보편화와 더불어 지금과 같은 특허제도는 사라지게 될 것으로 보이며, 오히려 영업비밀 보호 제도가 한층 중요한 역할을 담당할 것으로 생각된다.

나카모토 사토시(中本哲史)가 구상한 비트코인의 체계와 약간의 법적 고찰*
—"Bitcoin: A Peer-to-Peer Electronic Cash System"(2008) 논문을 중심으로—

김태진**

Ⅰ. 서 설

가상통화 정보업체인 코인마켓캡(coinmarketcap)에 의하면 2018년 6월 19일 현재 가상통화의 합계는 총 1,627개이고, 그 시가총액은 316조 5,468억 원 이상이며 이러한 가상통화는 코인 형태가 832개, 토큰 형태

* 이 글은 2018년 11월 9일 개최된 〈제6회 대한민국 정책컨벤션 & 페스티발〉의 싱크탱크 세션: 연구단체 세션(한국기업법연구소)에서 발표된 글을 수정, 보완한 것입니다. 당시 좋은 의견을 많이 주신 지정토론자분들—최준선 교수님(성균관대 법학전문대학원 명예교수), 심영 교수님(연세대 법학전문대학원), 한석훈 교수님(성균관대 법학전문대학원), 최승노 원장님(자유기업원장)—등 여러분들께 감사드립니다.

** 고려대학교 법학전문대학원 교수.

가 795개라고 한다.[1] 이러한 가상통화의 원조는 비트코인이다. 비트코인과 관련해서는, 2008년 11월 1일 나카모토 사토시(Satoshi Nakmoto; 中本哲史)[2]는 metzdowd.com 내의 암호이론에 관한 메일링리스트에 아래와 같은 이메일을 보내면서 전자통화로서의 비트코인에 관한 논문을 발표하기 시작하였는바,[3] 그 이메일에서 소개한 것이 바로 "비트코인: P2P 방식에 의한 전자적 통화 체계(Bitcoin: A Peer-to-Peer Electronic Cash System)"이라는 제목의 총 9페이지 상당의 논문이다(참고문헌을 제외한 본문은 총 8면임).

[표 1: 나카모토 사토시가 보낸 이메일 원문]

Bitcoin P2P e-cash paper
Satoshi Nakamoto Sat, 01 Nov 2008 16:16:33 -0700
I've been working on a new electronic cash system that's fully
peer-to-peer, with no trusted third party.

The paper is available at:
http://www.bitcoin.org/bitcoin.pdf

The main properties:

---

1 한서희, "ICO의 개념과 규제 상황에 대하여," 법률신문 2018.7.9.자 법률정보 기사. 자세한 내용은, 〈https://www.lawtimes.co.kr/Legal-Info/LawFirm-NewsLetter-view?serial=144637〉
2 나카모토 사토시는 비트코인 프로토콜과 Bitcoin Core/Bitcoin-QT를 만든 인물이 칭한 이름이다. 국적, 성별, 개인인지, 그리고 위 이름이 본명인지 여부도 전부 현재 불명인 상황이다.
3 "Satoshi's posts to Cryptography mailing list". Mail-archive.com(Wikipedia 자료 참조). 〈https://ja.wikipedia.org/wiki/%E3%82%B5%E3%83%88%E3%82%B7%E3%83%BB%E3%83%8A%E3%82%AB%E3%83%A2%E3%83%88#cite_note-1〉
그러나 그 당시 피드백으로 왔던 글들은 "가능성이 보이지 않습니다", "어려울 것 같습니다"라는 회의적인 의견들뿐이었다고 한다.

Double-spending is prevented with a peer-to-peer network.

No mint or other trusted parties.

Participants can be anonymous.

New coins are made from Hashcash style proof-of-work.

The proof-of-work for new coin generation also powers the
network to prevent double-spending.

Bitcoin: A Peer-to-Peer Electronic Cash System (이하 논문의 내용이므로 생
략함)

위 논문은 P2P 시스템을 통해 데이터블록을 연결한 블록체인과 작업
증명(PoW)방식을 활용하여 이중지급 문제를 방지하기 위한 기술적 사
상을 설명한 것으로서, 그로부터 몇 달이 지나지 않아 비트코인의 제네
시스 블록이 생성되었는바,[4] 중앙통제가 없는 방식의 분산형의 암호화
통화가 등장하여 블록체인 기술과 더불어 전 세계적으로 선풍적인 관심
을 받았으며 이제 세계 각국은 이러한 중앙의 결제기관을 요하지 않는
블록체인형 가상통화를 어떻게 규제할 것인지를 고민하게 되었다.

나아가 최근에는 디지털 토큰을 발행하는 대가로 이더리움 등 가상통

---

4 강태욱, "비트코인, 그 10년", 법률신문 2018년 11월 5일자 기사 참조(최종방문일
자 2018.11.5). 〈https://www.lawtimes.co.kr/Legal-Opinion/Legal-Opinion-View?
serial =147969&kind=〉
기존 블록체인 구조는 선형구조로서 암호통화의 이중지급 여부를 검증하기 위한
목적으로 고안된 것인바, 정보변경이 생기면 메인 블록체인에 제네시스블록이 추
가되는 형태가 된다. 나카모토 사토시는 '은행들의 두 번째 구제금융을 앞둔 영국
재무장관'이라는 타임즈 1면 기사 제목(January 3, 2009 (The Genesis Block):
"The Times 03/Jan/2009 Chancellor on brink of second bailout for banks.")을
제네시스블록에 메시지로 담음으로써, 정부가 대형 금융기관을 구제하는 현실을
비판하며 탈중앙화 정신을 강조했다. 이상의 내용을 설명한 블로그(mablue)
〈https://blog.naver.com/windells77/221365001788〉 (최종방문일자 2018.11.5).

화 등으로 투자금을 조달하는 등 마치 외부투자자들로부터 투자금을 조달하는 주식공개상장(IPO: Initial Public Offering)과도 유사한 "ICO"(Initial Coin Offering: 최초코인공개) 역시 많이 이용되고 있어 가상통화를 중심으로 한 법률관계나 규제에 대한 관심이 증가하고 있다.

한편 정부가 가상통화의 화폐기능을 일부 사실상 인정하였다는 보도에 대해서, 금융당국과 정부는 일단 신중한 태도를 보이고 있다. 즉 가상통화는 법정화폐가 아니며 어느 누구도 가치를 보장하지 않음을 밝히고, 대신 기반기술인 블록체인에 대해서는 연구개발투자를 지원하고 육성한다는 방침하에서 G20 등 국제적인 가상통화 규제 논의 동향을 면밀히 보아 가면서 국내 제도화에 대해 검토한다는 입장이며 다만 자금세탁 등 가상통화 거래와 관련한 불법행위의 경우 자금세탁방지 체계하에서 엄격히 규제한다는 점은 분명하게 밝히고 있다.[5] 또한 2017년 9월 금융위원회는 한국에서는 ICO를 전면 금지하겠다는 원칙만을 선언한 후 구체적인 규제안에 대해 현재까지 별도의 입법적 조치나 현행 법률의 개정안을 내놓지 않은 상태이다. 이러한 급변하는 상황 속에서 '기본으로 돌아간다'는 마음가짐으로 가상통화와 블록체인 기술의 원조라 할 수 있는 나카모토 사토시라는 개인인지, 아니면 집단인지 알 수 없는, 그의 견해나 구상을 제대로 살펴보고자 한다.[6]

---

5 금융위원회, "가상통화에 대한 정부입장", 2018.1.15.자 보도자료 및 금융위원회, "머니투데이 5.28.일자 "정부, 가상통화 '화폐기능' 일부 인정" 제하 기사 관련," 2018.5.28.자 보도참고자료 참조. 관련 내용은 아래 금융위원회 사이트 참조(최종방문일자 2018.10.11). 〈http://www.fsc.go.kr/info/ntc_news_view.jsp?bbsid =BBS0030&page=1&sch1=subject&sword=가상통화&r_url=&menu=7210100& no=32257〉 〈http://www.fsc.go.kr/info/ntc_news_view.jsp?bbsid=BBS0030& page=1&sch1=subject&sword=가상통화&r_url=&menu=7210100&no=32491〉

6 컴퓨터 프로그래밍이나 기타 기술적 측면에서 문외한이므로 번역에 따르는 오류 및 부족함은 모두 필자의 몫이다. 또한 이 글에서는 나카모토 사토시의 논문 중 "7. Reclaiming Disk Space, 8. Simplified Payment Verification, 9. Combining and Splitting Value, 11. Calculation" 부분은 생략하였다.

II. 「비트코인: P2P 방식에 의한 전자적 통화 체계」논문의 개요

1. 체계 구상의 주안점

이 논문의 머리말에는 개요가 소개되어 있는데, 그 개요를 보면 나카모토 사토시가 무엇을 고민하였고 이를 해결하기 위해 어떠한 방식을 제안하였는지를 잘 알 수 있다.

우선 위 논문의 전체적인 개요는 다음과 같다:

첫째, P2P(peer-to-peer) 방식을 활용한 전자적인 통화가 실현된다면 금융기관을 매개로 하지 않고 당사자 사이에서 온라인 지급이 가능해진다.

둘째, 전자서명을 활용함으로써 부분적인 해결책이 될 수도 있지만, 그것만으로는 이중사용문제(double-spending)를 방지할 수 없다.

셋째, 그러나 신뢰받는 제3자(예컨대 금융기관 등)가 이중사용문제를 방지하기 위해 개입해야 한다면 전자적 통화의 이점을 대부분 상실하게 되므로, 이러한 이중사용문제는 P2P 방식에 의해서 해결하는 방법을 제안한다.

그렇다면 이중사용문제란 무엇인가?

종이나 금속으로 이루어진 법화(달러, 엔화, 원화를 생각해 보라)와 달리 가상통화는 디지털정보로만 구성되어 이 디지털정보를 복사하기만 한다면 얼마든지 계속적으로 사용할 위험성이 있었고 이것이 바로 이중사용(double spending) 문제이다.

또 금융기관 등 신뢰받는 제3자기관을 매개하게 되면 이러한 기관은 분쟁이 발생하게 되면 발생할 중재비용이 거래 비용보다 높기 때문에 완전하게 비가역적인 거래를 취급하지 않는다. 따라서 상인 스스로 조심해야 하고, 또 고객에게 많은 정보를 요구해야 하는바, 물론 이러한 손실이나 지급의 불확실성은 실물 통화를 사용함으로써 피할 수 있을 뿐 거래당사자들이 제3자기관을 거치지 않고 통신채널을 경유하여 지급할 수 있는 메커니즘은 존재하지 않았던 것이다.

나카모토 사토시의 관점에서 필요하다고 본 것은 바로 거래할 때의 신용이 아니라 암호화된 증명에 근거한 전자거래시스템이고, 이러한 기술을 "블록체인"이라 할 것인바, 블록체인은 우리가 이메일을 보낼 때 이메일 주소, 내용, 첨부파일 등의 정보들을 기반으로 이메일 지문이 뜨면 그 지문을 떠서 옆에 붙여 보내면 받는 사람의 이메일 시스템이 수신 시 그 지문을 대조해 보는데, 이러한 원리를 암호화한 것으로 이해할 수 있다.[7] 이로써 희망하는 양 당사자는 신뢰받는 제3자기관을 거치지 않고 직접 거래할 수 있게 된다.

그리하여 컴퓨터상 사실상 비가역적인 거래를 함으로써 매도인을 사기로부터 보호하고, 용이하게 실시할 수 있는 관습적인 에스크로우(제3자기관에의 예탁) 메커니즘에 의해 매수인 역시 보호된다고 보았다.[8]

따라서 나카무라 사토시는 논문의 개요에서 다음과 같이 밝히고 있다:

> "순수한 P2P 전자통화에 의해 금융기관을 통하지 않고 당사자들이 직접 온라인 거래가 가능하게 된다. 전자서명은 문제의 일부를 해결하지만 신뢰받는 제3자기관에 의한 이중사용 방지가 요구되기 때문에 이러한 혜택을 상실하게 된다. 이 시스템은 P2P 전자통화에 의한 이중사용 문제의 해결을 제안한다. 이 네트워크는 거래에 해시베이스의 계속적인 Proof of Work(*필자 주: '작업 증명' 혹은 PoW으로 번역함) 체인에 해시값[9]으로서 갱신일시

---

7 문영배, "블록체인은 전자화폐로 통하는 열쇠"(제409회 월례강좌─블록체인과 가상화폐의 이해), 고려대 교우회보 No.579, 2018.10.10.

8 Satoshi Nakamoto, "Bitcoin: A Peer-to-Peer Electronic Cash System" (2008.11. 1), p.1.

9 해시값이란 앞의 블록 내용에서 해시함수를 이용하여 계산하여 생성된 일정한 값

를 기록하여 작업증명을 다시 고치지 않는 한 변경할 수 없는 이력을 작성한다. 가장 긴 일련의 체인은 거래이력을 증명할 뿐만 아니라 그것이 CPU 파워의 최대 pool에서 나왔다는 점을 증명한다. 대다수의 CPU파워가 네트워크를 공격하지 않는 노드(네트워크 접속포인트)에 의하여 통제되고 있는 한 가장 긴 체인이 작성되고 공격자를 물리친다. 네트워크 자체는 최소한의 구성으로도 충분하다. 메시지는 최선노력원칙으로 송신되고 노드는 자유롭게 네트워크로부터 이탈하거나 재접속할 수 있고, 이탈한 동안의 이벤트 증명으로서 가장 긴 작업증명 체인을 수신한다."[10]

2. 거래(Transactions)

나카모토의 논문에 의하면, 하나의 전자코인(electronic coin)은 연속하는 디지털 서명의 체인(a chain of digital transaction)으로 정의된다. 전자코인의 각 소유자는 직전 거래의 해시와 다음 소유자의 공개키(public key)를 디지털서명으로 코인의 마지막에 추가함으로써 전자코인을 다음 소유자에게 전송하는데, 수취인은 일련의 서명을 검증함으로써 과거의 소유권을 검증한다.[11] 이처럼 거래이력은 블록의 형태로 기록되고 체인형상으로 꼬아져서 구성된다(이하 위 논문에 사용된 그림을 인용한다).

을 의미한다: 松嶋隆弘·渡邊凉介, 『仮想通貨とめぐる法律·税務·会計』(ぎょうせい, 2018) 35頁。연산속도의 의미로 이해하기도 한다.

10 Nakamoto, *op. cit.*, p.1.

11 Nakamoto, *supra* note 8, p.2.

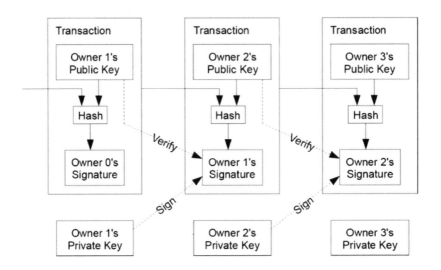

그러나 위 구조에서 나카모토 사토시가 문제점으로 지적한 것은 바로 위에서 나왔던 '이중사용'의 문제, 즉 수취인이 과거의 소유자가 코인을 이중사용하지 않았음을 검증할 수 없다는 점을 들고 있다. 이에 대해 다음과 같이 기존의 집중관리형 시스템과 새로운 분산형 원장기술을 대비시키고 있다:

"일반적인 해결책은 신용이 있는 중앙기관 혹은 조폐기관을 매개로 하여 전체 거래를 감시시키는 것이지만 각 거래 시마다 코인이 조폐기관으로 돌아갔다가 다시 새로운 코인이 발행되고 조폐기관이 직접 발행한 코인만이 이중사용되지 않았다고 믿게 되는데, 이러한 해결방법은 전체 금전 체계(money system)가 조폐기관을 통해서 이루어지기 때문에 은행과 마찬가지로 조폐기관을 운영하고 있는 기업에게 금융시스템 전체의 운명이 좌우된다.

필요한 것은 코인의 수취인이, 여태까지의 소유자들이 이중서명하지 않은 점을 알 수 있는 방법이며, 이러한 목적하에서는 최초의 거래만이 논점이기 때문에 모든 거래에 대해 검토하지는 않기로 한다. 거래가 없었다는 점을 명확하게 하기 위해서는 전체 거래를 알 필요가 있다. 조폐기관 모델에서는 조폐기관이 전체 거래를 알고 있고 가장 먼저 도래한 거래를 파악하고 있다. 제3자기관 없이 이를 행하기 위해서는 거래가 공개되고 참가자들이 받은 순번의 유일한 거래이력에 합의할 수 있는 시스템이 필요하다. 수취인은 거래 시마다 대다수의 노드(node)들이 그 코인이 처음으로 사용되었음에 동의한다는 증명이 필요하다."[12]

그러나 이와 관련하여, 나카모토 사토시가 구상한 대로 향후 이중사용(지급)의 문제가 일체 발생하지 않는다고 단언할 수 있는지는 의문이다.

다만 이러한 시스템을 통해 확인할 수 있는 것은 거래의 존재 사실 및 거래 이력에 대한 것으로 보이는바, 거래의 최초 출발점이 되는 "권리" 자체에 대한 것, 즉 이 권리가 어떠한 것인지, 또 권리 자체가 진실한 것인지, 권리의 내용은 무엇인지 등등의 권리의 내용에 대한 설정 자체는 어떻게 구성해야 할지 의문이 생긴다.

참고로 부동산, 동산, 채권, 주식 등 대부분의 재산권 영역에서 이중양도의 문제가 발생하고 있으며 이를 해결하기 위한 법리가 전개되고 있다. 예컨대 부동산의 이중양도를 살펴보자. 일반적으로 우리 판례는 오랫동안 부동산 매도인이 중도금을 지급받은 이후 목적물을 이중으로 매도한 경우 매도인의 배임행위에 해당하며 제2매수인이 적극 가담하여 이루어진 것이라면 그 토지의 2중매매는 사회정의관념에 위배된 반사회적인 법률행위로서 무효라고 보았다(다만 이 경우 제2매수인이 단순히 매도인의 매도사실을 알았다는 것만으로는 무효가 되지 않는다).[13] 물론 이에 대해 매도인의 계약 자유를 과도하게 제한하며 민사책임의 과도한 형사

12　Nakamoto, *supra* note 8, p.2.
13　대법원 1994.3.11. 선고 93다55289 판결; 대법원 2002.9.6. 선고 2000다41820 판결.

화라는 비난이 있어 최근까지도 논란이 많았으나, 여전히 대법원은 2018년 5월 17일 전원합의체판결을 통해 부동산 매도인인 피고인이 제1매수인 등과 매매계약을 체결하고 제1매수인 등으로부터 계약금과 중도금을 지급받은 후 매매목적물인 부동산을 제3자 등(제2매수인)에게 이중으로 매도하고 소유권이전등기를 마쳐 준 사안에서 부동산매도인의 이러한 행위는 제1매수인 등과의 신임관계를 저버리는 임무위배행위로서 배임죄가 성립한다는 입장임을 밝혔다(다수의견).[14]

그러나 이러한 비트코인, 블록체인 기술과 관련하여, 법적 논의를 전개하기 위해서는 먼저 그 대상의 법적 성질이 무엇인지가 규명되어야 비로소 이후의 법리를 전개할 수 있으므로 그 법적 성질을 분석하는 작업이 가장 선결적으로 해결되어야 한다고 본다.

3. 타임스탬프 서버(Timestamp Server)

또한 위 논문에서는 타임스탬프 서버라는 해결방법을 제안하고 있다. 타임스탬프 서버란 타임스탬프되는 복수의 아이템을 포함한 데이터 블록을 해시로서 처리하고 그 해시를 신문이나 Usenet 포스트[2-5]처럼 광범위하게 공개한다. 타임스탬프에 의하여 그 데이터가 타임스탬프된 시점에 해시가 되기 위해 존재하였음이 증명된다. 각 타임스탬프는 그 해시 중에 직전 타임스탬프를 포함해 감으로써 체인을 형성하고 타임스탬프가 증가할 때마다 이전 타임스탬프를 강화해 간다(이하 위 논문에 인용된 그림을 인용한다).

---

14 대법원 2018.5.17. 선고 2017도4027 전원합의체판결. 다만 위 전원합의체판결의 다수의견에 대해서는, 계약의 일방 당사자가 상대방에게 계약의 내용에 따른 의무를 성실하게 이행하고, 그로 인해 상대방은 계약상 권리의 만족이라는 이익을 얻는 관계에 있더라도 그 의무의 이행이 위와 같은 의미의 '타인의 사무'에 해당하지 않고 '자기의 사무'에 불과하여 배임죄 성립을 부정한 반대의견이 있다(대법관 김창석, 대법관 김신, 대법관 조희대, 대법관 권순일, 대법관 박정화의 반대의견).

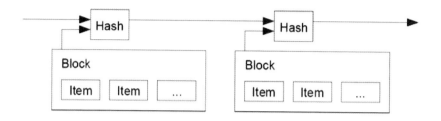

이와 같이 네트워크가 분산된 타임스탬프 서버(timestamp server)가 같이 작동하여 코인을 소비한 첫 번째 거래(transaction)를 기록하, 이는 확산되기는 쉽지만 억제하기는 어려운 정보의 본성을 이용한 것이다.[15]

4. 작업증명(Proof of Work)

(1) 컨센서스(합의) 알고리즘

또한 나카모토의 논문에 의하면 P2P 베이스로 분산형 서버를 실행하기 위해 컨센서스(합의) 알고리즘으로서 작업증명(proof of work)을 제안하고 있다.

만약 네트워크 내 데이터가 불확실하다면 그 가상통화의 가치는 제로라 할 것이므로 바로 합의 알고리즘이란 이러한 블록체인 합의 알고리즘을 통해 블록을 생성할 때 특정한 방식으로 데이터의 무결성, 즉 공유하는 데이터의 정당성을 보증하고 달리 해석될 여지가 없도록 하나의

---

15 따라서 이로 인한 결과로서, 단일실패지점(single point of failure: 시스템 전체를 다운시키는 하나의 고장요소)이 없는 분산화된 시스템을 구축하게 되며, 이중지불을 확인하기 위한 P2P 네트워크의 도움으로 사용자들은 그들의 돈을 소유하고 다른 사람과 곧바로 거래하기 위해 암호 키(crypto keys)를 보유한다. 이상의 내용은 나카모토 사토시가 2009년 2월 11일 P2P foundation에 작성한 글에 소개되어 있다("Bitcoin open source implementation of P2P currency" Posted by Satoshi Nakamoto on February 11, 2009 at 22:27).

뜻으로 확정하는 체계를 뜻한다. 예컨대 비트코인은 일정한 시간에 일어난 거래(transaction)을 이전 블록을 참조하여 검증하고 새로운 블록에 담아 생성한 후 51% 이상의 합의를 얻게 되면 기존 장부에 연결하게 되는바, 이와 같이 절대적인 하나의 장부가 존재함으로써 데이터의 무결성이 유지되는 것이다.

이러한 합의 알고리즘을 통해 분산된 환경하에서 복수의 노드 간에 단일한 결과를 합의를 형성함에 있어서 참가한 관계자가 악의를 가지고 데이터를 조작, 소거, 부인하는 등으로 완결성이 손상되어 버릴 리스크(이것을 '비잔티움장애'라 한다)를 해결한다.[16]

이와 같이 프로세스를 효율화하고 블록체인 콘텐츠를 통제하려는 범죄적 시도를 방지하기 위한 합의 알고리즘에는 크게 두 가지가 있다.

첫째, 나카모토의 논문에서 제안하고 있는, 작업증명(proof of work) 방식이다. 이는 많은 계산량이 필요한 문제를 최초로 풀어낸 자(miner 혹은 채굴자)가 블록을 형성할 수 있는 구조이다. 비트코인의 경우 각각의 블록에 대해 예컨대 SHA-256[17]과 같은 암호학적 해시함수는 해시값에서 원데이터를 역산하는 것이 곤란하도록 설계되어 있어 조건을 충족한 nounce의 값을 찾으려면 P2P 네트워크상에 있는 컴퓨터들이 CPU능력을 소모하여 매우 복잡한 암호화기반 등식을 풀어야만 블록체인 원장에 새로운 데이터를 더할 수 있도록 하는 알고리즘이다. 가장 빨리 등식을 풀어 낸 컴퓨터 노드들은 디지털코인을 보상으로 받게 된다. 이러한 작업증명을 통해 가상통화를 수취하는 방식을 흔히 '채굴(mining)'이라 한다(이하 위 논문에서 인용된 그림을 인용한다).

---

16 松嶋隆弘・渡邊涼介, 전게서, 37頁。

17 SHA-256(Secure Hash Algorithm 256-bit)는 암호학적 해시함수의 하나로서, 미국 국가안전보장국(NSA)이 설계하여 2001년 미국 국립표준기술연구소(NIST)가 표준으로 채택했다.

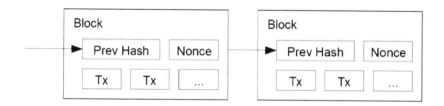

이에 대해 최근에는 지분증명(proof of stake: PoS) 방식이 등장하고 있다. 이는 '자산량(stake)'을 보다 많이 소유한 승인자가 우선적으로 블록을 만들 수 있게 되는 방식이다. 즉 가장 많은 디지털코인을 가진 사람(가장 지분이 큰 사람)이 가상통화 혹은 블록체인 원장을 관리할 수 있게 된다. 작업증명(PoW)에서는 블록 작성에 복잡한 등식을 풀어야 하므로 시간이 걸림과 동시에 전기료와 기자재 취득 비용이 발생하며, 높은 CPU가 있는 제3자에 의해 네트워크가 편취될 우려도 제기되는 반면, 지분증명(PoS)방식의 경우 스스로 자산 가치를 낮추는 일은 없을 것으로 보기 때문에 발행된 전체 자산량에 대한 보유자산비율(즉 지분비율)에 의하여 블록작성의 우선도가 결정되는 방식이다.[18] 최근에는 자산을 보유하는 자가 이를 이용하지 않고 저장해 둘 우려가 있어 블록작성의 우선도를 자산량 및 거래의 크기를 바탕으로 중요도를 산출하여 반영하고자 하는, 이른바 중요도 증명(proof of importance: PoI)도 나오고 있는 등 관련 기술은 나날이 혁신되고 있다.

(2) 작업증명에 관한 나카모토의 구상

이러한 작업증명(PoW)에 대한 나카모토의 구상을 이하 살펴본다:

"이러한 작업증명은 또한 다수결로 의사결정을 할 때 대표자를 선정하는 문

---

18 松嶋隆弘·渡邊凉介, 전게서, 37頁。

제를 해결해 준다. 만약 1IP주소당 1표라고 한다면(one-IP-address-one-vote) 많은 IP주소를 취득할 수 있는 자는 누구라도 시스템을 전복시킬 수 있다. 작업증명은 원칙적으로 1CPU 당 1표이다. 다수에 의한 의사결정은 가장 많은 작업증명의 노력이 투입된 것을 나타내는, 가장 긴 체인에 의해 대표된다. CPU파워의 과반수가 양심적인 노드에 의해 통제된다면, 가장 양심적인 체인은 다른 어느 체인보다도 빨리 성장할 것이다. 과거의 데이터 블록을 수정하기 위해서는 공격자는 그 블록의 작업증명뿐 아니라 그 후 이어지는 후속 작업증명도 수정하고 나아가 양심적인 체인에 따라붙고 이를 능가해야 한다. 더 느린 속도의 공격자가 양심적인 체인을 따라잡을 가능성은 후속 블록이 추가될 때마다 지수함수적으로 감소한다는 점을 뒤에서 입증하기로 한다.

가속하는 하드웨어스피트와 장기적으로 변동하는 이익에 대응하기 위해 작업증명 산출의 난이도는 1시간마다 블록 수를 일정한 평균치를 유지하는 것을 목표로 하는 평균이동에 의해 결정된다. 블록산출 속도가 빠를수록 난이도가 증가한다."[19]

5. 네트워크(Network)

나카모토가 생각한 네트워크 실행 순서는 다음과 같다:[20]

1. 새로운 거래는 전체 노드들에게 송신된다.
2. 각 노드가 새로운 거래를 블록에 반영한다.
3. 각 노드가 그 블록에 작업증명을 산출한다.
4. 작업증명을 하는 대로 각 노드는 그것을 전체 노드에게 알려준다.
5. 노드는 블록에 포함된 모든 거래가 유효하고 이전에는 사용되지 않은 경

---

19 Nakamoto, *supra* note 8, p.3.
20 Nakamoto, *supra* note 8, p.3.

우에만 이를 승인한다.

6. 노드는 승인된 블록의 해쉬를 직전 해쉬로서 사용하고, 체인의 다음 블록 작성을 개시함으로써 블록 승인을 표시한다.

이와 관련하여, 노드는 항상 가장 긴 체인을 정확하다고 판단하고 나아가 여기에 블록을 연장하고자 한다.

그렇다면 만약 두 노드가 동시에 다른 2개의 패턴의 블록을 다음 블록으로서 고지한 경우가 문제될 수 있다. 이 점에 대해 나카모토의 논문에서는, "이 경우 노드에 의해 수신의 순번이 뒤바뀔 가능성이 생기는 바, 만약 노드가 최초 수신한 쪽의 블록을 처리하지만 다른 한쪽의 블록도 보존하고 그 쪽의 체인이 길어질 경우에 대비해 둔다. 다음 작업증명이 발견되고 어느 쪽인지 한쪽의 체인이 길어진 경우 그 쪽이 옳은 체인이라고 인식하고 다른 쪽 체인에 있던 노드는 보다 긴 체인으로 갈아탄다"고 설명하고 있다.

그리고 나카모토의 설명에 의하면 새로운 거래의 고지(broadcast)는 반드시 모든 노드에게 이루어지지 않아도 되며, 고지가 많은 노드(*필자주: 논문에서는 단순히 'many'라고만 되어 있으나 비교우위의 면에서 더 많다는 의미로 이해된다)에게 수신되는 한 블록에 반영할 수 있다. 블록 고지도 또한 메시지 누락을 참을 수 있다. 노드가 블록을 수신하지 않은 경우, 다음 블록을 수신할 때에 그것을 요구하여 한 개를 놓쳤음을 인식하게 된다고 본다.[21]

6. 인센티브(Incentive)

나카모토가 구상한 설계대로라면 비잔티움장애를 방지하기 위해 합

---

[21] Nakamoto, *supra* note 8, p.4.

의 알고리즘으로서 작업증명이 필요하게 되고, 작업증명이 채택됨으로 인하여 채굴자들에게는 막대한 계산량과 더불어 컴퓨터 작업으로 인한 전기료, 기자재 비용 등이 발생한다. 따라서 이러한 많은 계산량에도 불구하고 필요한 문제를 풀도록 하게 하기 위해서, 다시 말하면 비용의 부담을 상회하는 인센티브를 위해 모종의 이익을 부여할 필요성이 있다.

이에 나카모토 역시 코인이 블록작성자의 것으로 귀속되게 함으로써 채굴의 인센티브를 고취시키고 있다:

> "관례에 의해 블록 내 최초 거래는 새로운 코인을 시작하는 특별한 거래이고, 그 코인은 블록작성자의 것이 된다. 이것은 노드에게 네트워크를 지지하는 인센티브가 됨과 동시에 코인을 발행하는 중앙기관 부재에도 최초 코인을 배포하는 방법으로서 기능한다. 새로운 코인을 일정량 안정적으로 추가해 가는 것은 금광의 노동자가 금을 채굴하여 금의 유동량을 증가시키는 것과 유사하다. 우리의 경우에는 이것이 CPU 시간과 전력이다.
>
> 인센티브는 거래수수료에 의해서도 얻을 수 있다. 만약 어느 거래에서 산출되는 가치가 산입되는 가치보다 적은 경우 그 차이는 거래수수료로서 그 거래를 포함한 블록의 인센티브에 가산된다.(중간 생략)
>
> 인센티브는 노드가 계속 양심적으로 있을 수 있도록 해 준다. 만약 탐욕스러운 공격자가 양심적인 노드의 합계를 상회하는 CPU파워를 이용할 수 있다면 그는 다른 양심적인 노드로부터 자신이 지급한 금액을 훔쳐서 다시 빼앗든지, 아니면 새로운 코인을 만들든지의 선택을 해야만 할 것이다. 그는 자신의 자산가치와 이를 지탱하는 시스템을 손상하는 것보다는 규칙에 따라 행동하고 다른 모든 노드를 합친 것보다는 많은 새로운 코인을 만드는 것이 자신에게 더 유리하다는 것을 알아야만 한다."[22]

---

22 Nakamoto, *supra* note 8, p.4.

7. 프라이버시(Privacy)

최근의 개인정보보호의 흐름에 비추어 볼 때 비트코인의 거래와 관련해서도 프라이버시의 문제가 매우 중요하다. 거래 관련 모든 데이터를 공개하는 분산원장 시스템을 적용하게 되면 개인정보보호 내지는 침해의 우려가 있기 때문이다.

이와 관련하여 나카모토 사토시는 10번째 항목으로서 프라이버시 보호 문제를 전통적인 뱅킹 시스템과 비교하여 다음과 같이 구상하고 있다(이하 위 논문에서 인용된 그림도 아래에서 함께 인용한다).

"전통적인 은행 모델은 정보에 대한 접근을 관련된 당사자와 신뢰받는 제3자 기관에 한정함으로써 일정한 수준의 프라이버시를 달성하고 있다. 모든 거래를 공개적으로 선언할 필요성이 있기 때문에 이 경우에는 위 방법을 사용할 수 없지만, 정보의 흐름을 다른 곳에서 분석(break)—퍼블릭키를 익명으로 유지—함으로써 프라이버시는 여전히 유지될 수 있다. 대중은 누가 누구에게 보냈는지를 볼 수 있지만, 그 거래와 링크된 정보는 공개되지 않는다. 이는 개별 거래의 시간이나 사이즈, "테이프"는 공개되지만 구체적으로 당사자는 공개되지 않는, 증권거래소에서 제공되는 정보의 수준과 비슷하다.

추가적인 방화벽(firewall)으로서 일반 소유자(common owner)에게 링크되는 것을 방지하기 위해 각 거래마다 새로운 키 페어가 사용되어야만 한다. 복수의 입력(in-put)이 있는 경우 약간의 링크는 여전히 불가피하고, 필연적으로 동일한 소유자에 의한 입력임이 밝혀질 수밖에 없다. (이때의) 리스크는 만약 그 키의 소유자가 밝혀진다면 그 링크에 의해 동일한 소유자에게 속하는 다른 거래도 노출될 수 있다는 것이다."

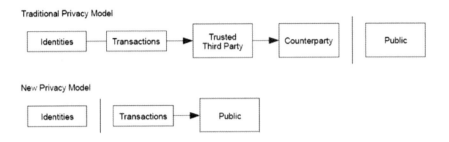

8. 나카모토 사토시 논문의 결론

그렇다면 나카모토 사토시는 이 논문에서 어떠한 결론을 제시하고 있는가를 살펴본다.

이 논문을 통해 제시하고자 한 것은 바로 개방형, 탈중앙화의 '신용에 의존하지 않는 전자거래 시스템'(a system for electronic transactions without relying on trust)이었다.

위 논문에서는, 전자서명으로 만들어진 코인(coin)이라는 통상의 틀(framework)을 시작하였고, 이는 소유권의 강력한 지배를 받는 것으로서, 이중사용문제를 방지하는 데에 불완전하다고 밝히면서, 그에 대한 해결수단으로서, 작업증명을 사용하여 거래들의 이력을 공개하여 기록하는 P2P(peer-to-peer) 네트워크를 제안하고 있는 것이다. 이러한 네트워크는 정직한 노드가 CPU파워의 과반수를 통제하는 한 공개된 거래이력을 변경(변조)하려는 공격자를 컴퓨터적으로 신속하게 무력화할 것으로 보았다.[23] 그 이유로 이 논문에서는 "네크워크는 복잡한 구조가 아니라 단순한 것으로서 견고할 것이며, 모든 노드는 동시에 작동하지만 협조성은 거의 없다"는 점을 들고 있다.[24]

---

23 Nakamoto, *supra* note 8, p.8.
24 Nakamoto, *supra* note 8, p.8.

또한 이 논문에서는 "특정 장소에서 메시지가 전송되는 것이 아니고 최선노력원칙하에서 전달되는 것만으로 충분하므로 노드들은 특정될 필요가 없다. 노드들은 그들이 이탈한 동안의 작업증명 체인을 그동안의 거래 증명으로서 승인함으로써 그 의사에 따라 이탈하거나 접속할 수 있다. 노드들은 블록을 연장함으로써 유효한 블록으로 승인하였음을 표시하고, 이러한 처리를 거부함으로써 무효인 블록은 거절하여 CPU파워를 사용하여 의사를 표명한다(*필자 주: 여기에서 투표한다는 의미의 'vote'를 사용하고 있다). 필요한 규정(rule)과 인센티브는 이러한 합의의 메커니즘으로 실행될 수 있다"고 보아, 기존의 중앙기관에 의한 통제가 아닌 합의의 메커니즘으로 작동하는 시스템을 제안하고 있다.[25]

9. 소 결

이 논문 이후 현재까지 다양한 형태의 블록체인 네트워크들이 경쟁 중인바 네트워크 참가자(노드)의 성격에 따라 구분해 보면 통상적으로 ① 퍼블릭 블록체인(Public Blockchain), ② 프라이빗 블록체인(Private Blockchain), ③ 하이브리드 또는 컨소시엄 블록체인(Hybrid or Consortium Blockchain) 등이 있다.

이 중 이 논문에서 구상한 것은 이른바 1세대라 할 수 있는 "퍼블릭 블록체인"에 속한다고 할 수 있다. 퍼블릭 블록체인 네트워크에서는 누구든지 허가 없이 블록체인의 데이터를 읽고-쓰고-검증할 수 있는 구조로서 누구나 운영의 주체가 될 수 있고, 참여자가 많을수록 코인을 위변조할 수 없다. 그러나 퍼블릭 블록체인 형태는 개방성이라는 장점이 오히려 악용되어 범죄 혹은 자금세탁과 같은 행위에 이용되기도 하였다. 이에 전 세계적으로 이른바 가상자산을 이용한 자금세탁, 테러자금조달

---

25 Nakamoto, *supra* note 8, p.8.

에 대한 대응방안이 진지하게 논의되고 있다.[26]

이에 대해 2세대라 할 수 있는, "프라이빗 블록체인"이 있다. 현 단계에서 프라이빗 블록체인 기술은 퍼블릭 블록체인이 가진 문제점을 없애고, 블록체인의 장점을 가지고자 하는 2세대 기술로 파악할 수 있다. 개방성으로 인한 리스크를 최소화하기 위해 하나의 중앙기관이 모든권한을 가지게 된다. 그러나 이 경우 그 중앙의 특정 기관이 인증된 기관으로서 서비스를 제공한다면, 직접 거래 증명이 가능하여 채굴자를 둘 필요가 없어 전통적 방식과의 차이점이 없어진다는 지적이 가능하다. 따라서 퍼블릭과 프라이빗의 혼합형태로서 하이브리드 또는 컨소시엄 블록체인이 논의되고 있다.

그러나 기술은 앞으로 계속 발전되고 새로운 기술이 등장할 것이므로 기술의 구체적인 부분에 매몰되기보다는 이러한 것들의 법적 성격을 먼저 규명하고, 관련하여 발생하였거나, 아니면 발생할 수 있는 법적 문제점을 검토하여 법리나 해석론을 제시하는 것이야말로 법학에서 관심을 가져야 할 부분이라 할 수 있다.

III. 시론적 문제제기와 법적 고찰: Don't trust, verify[27]

1. 일반적 개념으로서의 정의(定義)

(1) 가상통화/암호화자산

먼저, 그 법적 성질을 규명하는 것이 법학적 관점에서 볼 때 가장 시

---

26 금융위원회, "제29기 제3자 자금세탁방지기구(FATF)총회 결과" 2018.7.2.자 보도자료 참고. 〈http://www.fsc.go.kr/info/ntc_news_view.jsp?menu=7210100&bbsid=BBS0030&no=32561〉

27 블록체인 업계의 격언이라 한다(유신재, "로스차일드 사칭 "ICO 사기"소동", 코인데스크 편집장 칼럼, 2018.10.25.자. 상세한 내용은 www.coindeskkorea.com).

급한 과제라 할 수 있다. 많은 문제들을 해결하기 위해서도 법적 성질을 검토할 필요가 있다.

우선 비트코인을 포함하여 이러한 성질의 코인들을 통·칭하는 용어로서 업게, 학계 등에서는 '가상화폐', '가상통화(virtual-currency)', '암호화폐(cryptocurrency)' 등이 혼재되어 사용되는 등 그 용어조차도 아직 통일되지 못하였다. 통화의 경제적 역할의 원만한 수행은 안정된 구매력을 전제로 한 일반적 수용성(受容性)에 있다.[28] 그러나 대한민국의 화폐단위인 '원'으로 표시되는 원화의 발행권은 한국은행만이 가지므로(한국은행법 제47조), 이러한 법정통화체제하에서 비트코인을 두고 '화폐' 혹은 '통화'라고 부르는 것은 적절하지 않다. 또 현재의 법정통화제도에서는 통화는 무한정 발행될 수 있는 것이어야 하고, 또 발행량 조절이 가능해야 한다. 또한 국가에 의해 강제통용력이 부여되므로 그 가치가 일정하게 유지되는 것이어야 한다. 그러나 비트코인은 채굴량이 한정되어 있고, 또 발행량을 조절할 수 있는 기관이 없고 내재적인 가치가 일정하게 유지된다고도 볼 수 없으므로 화폐로 보기 어렵다. 교환매개 및 가치척도의 수단으로서의 기능을 수행한다고 보기도 어렵고, 금(gold)과 달리 내재적 가치가 유지되는 것도 아니다.

다만 2018년 6월 24일부터 29일에 걸쳐 개최된 제29기 제3차 자금세탁방지기구(FATF) 총회에서는 적절한 하나의 용어가 결정될 때까지는 가상통화를 "Virtual Currencies/Crypto-Assets(가상통화/암호화자산)"로 두 용어를 병기하여 쓰기로 결정하였다.[29] 조만간 권고기준과 가이던스가 개정되면 이 부분 용어는 전 세계적으로 통일될 것으로 생각된다.

사견이지만 비트코인을 현재 상황에서 가장 정확히 표현한 것은 '**암호화 자산**'이라 할 것이다. 물론 '암호'라는 용어를 사용함으로 인해 암

---

28 안법영, "금전사법의 법리에 관한 소고 — 권리대상으로서 금전의 탈유체화에 관해서", 법학논집 제34집, 고려대학교 법과대학 법학연구소, 1998, 190면.

29 금융위, 위 2018.7.2.자 보도자료 2면.

호화 기술로 그 범주가 제한되는 문제점이 있고 가까운 미래에 암호화되지 않은 유사한 존재의 것이 출현하게 되면 이 용어를 더 이상 사용할 수 없다는 단점이 있으나[30] 현재로서는 위 용어가 가장 타당하다고 생각된다.

(2) 지급결제수단인지 여부

비트코인은 2011년 초 실크로드 사건을 통해 음성적인 불법거래의 수단으로 이용되었다는 사실이 밝혀지면서 특히 그 화폐에 갈음한 결제수단으로서의 기능에 관심이 높아졌다. 마치 게임머니처럼 어떤 한정된 영역 내에서는 사적인 교환수단으로서 기능하고 실제 교환가치를 갖는다고도 볼 수 있지만 앞서 본 바와 같이 법정통화제도하에서는 화폐 내지는 통화로 보기는 어렵고, 현행처럼 공인된 제3자 기관을 통해 발행되고 인증을 받아야만 통화처럼 사용할 수 있는 전자화폐나 선불지급수단과도 구별된다.

우선 지급결제수단으로 인정받기 위해서는 법적 근거가 필요하나, 우리나라에서는 일본과 달리 지급결제수단임을 명시한 법률이 존재하지 않으므로 가상화폐를 지급결제의 수단으로 볼 수도 없다. 일본의 경우 자금결제법상 가상화폐를 "대가의 변제를 위하여 불특정인에 사용할 수 있으며, 또한 불특정인을 상대방으로 구입 및 매각할 수 있는 재산적 가치"로 규정하고 있으나 그렇다고 하여 가상통화를 법정화폐로서 인정한 것은 아니다. 오히려 자금결제법상 규정을 둔 이후 일본 내에서 자금결제법상 요건을 갖추면서 ICO를 행하는 예는 거의 없어졌다는 시장의 평가도 있다. 한편 금융위원회의 「가상화폐 관련 자금세탁방지 가이드라인」에 따라 가상통화를 매개한 거래가 의심거래의 경우에는 각 은행들이 신고의무를 부담하기는 하나, 이는 의심거래를 감독하기 위한 목적

---

30 배승욱, "가상통화 법제 구축방안에 관한 연구", 한국외국어대학교 대학원 법학박사학위논문, 2018.2, 9면.

에 불과한 것이고 가상통화를 지급결제수단으로 인정한다는 뜻으로는 해석하기 어렵다.

마찬가지로 미국의 경우 재무부 산하의 FinCEN이 가이드라인을 통해 가상통화를 "일부 환경에서만 통화로 사용되고 진정한 통화의 모든 속성을 가지고 있지는 않은 교환수단으로, 특히 가상화폐는 어떤 법정 관할지역에서도 법정화폐로 받아들여지지 않는 것"이라고 정의하면서 가상화폐 중개기관을 자금세탁방지법상 자금서비스업자에 해당하는 것으로 규정하고 있지만 이러한 FinCEN의 가이드라인 역시 자금세탁방지법 적용을 위해 일종의 '자금'에 해당한다고 규정한 것일 뿐 지급결제수단이라는 의미로는 해석하기 어렵다.

2. 암호화자산을 둘러싼 법적 검토

(1) 재산적 가치 인정

일응 경제적 가치 있는 이익을 누리는 것을 목적으로 하는 권리를 재산권이라 한다면, 오늘날 거래 현실을 종합하면 비트코인의 경제적 가치 내지는 재산적 가치를 부정하기는 어렵다. 인터넷 포털사이트를 통해 검색해 보면 금방 암호화자산의 시세를 검색할 수 있으므로 재산적 가치를 부정한다는 것은 너무나 비현실적이다. 이미 일본의 자금결제법에서는 가상화폐를 "대가의 지급을 위하여 사용될 수 있는 것으로서 재산적 가치가 존재하는 것"임을 인정한 바 있고(제2조), 미국의 상품선물거래위원회(CFTC)에서도 일종의 Commodity 즉, 상품에 해당되는 것으로 보아 선물거래를 허용하고 있다고 한다.

특히 한국원화는 비트코인 거래가 이루어지는 통화 중 엔화, 미국 달러, 유로화 다음으로 세계 4위의 규모를 차지하고 있는 실정이다.[31]

---

31 오소라, "가상통화 관련 거래의 회계처리", 월간공인회계사(2018.7.30), 한국회계기준원(〈자료실〉 기고자료), 2018.8.31. 〈http://www.kasb.or.kr/fe/bbs/NR_vi

　암호통화는 별도의 청산 및 결제 절차를 거치지 않고 교환의 매개물로 제한된 범위 내에서 사용된다는 점에서 통화는 아니지만, 경제적으로 금전과 유사하게 볼 수 있는지 문제될 수 있다. 그러나 이러한 암호통화를 금전으로 보기는 어렵다고 생각한다(사견).

　우리 민법 학계의 지배적 견해는 금전은 그 소재성에 주안점을 두어 민법상 유체물로서 동산이라고 본다. 다만 다른 일반 유체동산과 달리 '보통 물건이 가지는 개성을 갖고 있지 않고 가치 그 자체' 또는 '보통 물건이 가지는 개성을 가지지 않고 일정액의 가치를 표상하는 것이므로 다른 동산과 다른 특수성'이 있어 특수한 동산으로 취급하고 있다.[32] 마찬가지로 T머니와 같은 경우에도 유체물로서의 '카드'가 존재하므로 이 카드 자체의 소유권을 인정하면 될 것이다.

　따라서 금전의 특성상 특정한 금전을 반환한다는 것은 무의미하므로 타인의 점유에 돌아간 금전에 대해서는 채권적 반환청구권을 인정하는 것으로 족하다는 견해가 제시되고 있다.[33] 이렇듯 금전을 단지 동산으로 분류한 이유는 그것이 그 소재인 금속이나 종이의 물질적인 유체성을 가진다는 속성에 기인한 것이므로 일부 가치적 기능성은 제한된 범위 내에서 유사할 수는 있지만 암호화자산을 금전과 동일시하기는 어렵다. 다만 제한된 범위 내에서 금전대용적 성격을 가지는 점 자체는 부인하기 어렵다고 생각되는바, '금전대용물'로서의 성격을 인정할 수 있다(사견). 그리고 금전대용물로 이해한다면 그 성질 또한 금전(특수한 동산)과 유사하다고 볼 수 있으므로 먼저 관련된 권리로서 물권의 성립 여부를 검토한다.

---

ew.do?bbsCd=1041&bbsSeq=24774〉
32　안법영, 앞의 논문, 197면.
33　예컨대 곽윤직, 민법총칙, 박영사, 1989, 312면 등. 이에 대한 유력한 반론으로서, 안법영, 앞의 논문, 200-206면.

(2) 비트코인과 소유권

암호화자산이 재산적 가치를 가진다는 데에 국내에서 크게 이견은 없으므로, 재산적 가치를 전제로 하여 비트코인에 대한 채굴자 내지는 이를 매입한 자가 갖는 권리의 측면을 생각해 보자.

권리란 일정한 이익을 누리게 하기 위하여 법이 인정한 힘이다. 그리고 권리가 성립하려면 그 힘의 대상이 되는 객체가 존재해야 한다.

권리의 객체는 권리의 종류에 따라 다르다. 물권에 있어서는 물건, 채권에 있어서는 특정인(채무자)의 행위(이를 '급부'라고도 부른다), 권리 위의 권리라면 해당 권리, 형성권에 있어서는 대상이 되는 법률관계, 지식재산권에 있어서는 저작, 발명 등의 정신적, 지능적 창조물, 인격권에 있어서는 생명, 신체, 자유, 명예 등의 인격적 이익, 친족권에 있어서는 친족법상의 지위, 상속권에 있어서는 상속재산 등이 각각의 권리의 객체라 할 수 있다.[34]

특히 우리 민사법체계에서 재산권의 종류로서 이러한 물권, 채권, 지식재산권 등을 전제할 때 과연 암호화자산에 대한 권리를 인정할 수 있다면 그 권리의 성격을 어떻게 파악할 것인지는 아직 확립된 이론은 없다. 따라서 갑이 비트코인을 가지고 있다고 할 때 단순히 블록체인을 통해 구현되는 분산원장에 기록된 전자적 기록(내지 정보)에 불과한 그 자체와 매개하여 갑이 과연 어떠한 권리를 갖는 것인지가 검토될 필요가 있다.

그렇다면 우리는 주위에서 혹은 직접 '비트코인을 샀다(투자했다)'든가, '내 것'이라는 표현을 듣고, 사용하고 있는데, 이처럼 비트코인에 대해서도 이른바 '소유권'을 인정할 수 있을까?

소유권은 법령의 제한 내에서 자유롭게 그 소유한 물건을 사용, 수익, 처분할 수 있는 권리로서, 소유권 등 물권은 바로 물건 기타의 객체를

---

34 송덕수, 신민법강의(제10판), 박영사, 2017, 437면.

직접 지배해서 배타적으로 이익을 얻는 권리라 할 수 있다. 여기서 소유권 등 물권의 대상은 법적으로 "물건"일 것을 요구하고 있으며 민법 제98조는 "본법에서 물건이라 함은 유체물 및 전기 기타 관리할 수 있는 자연력을 말한다"라고 규정하여 물건에 관하여서는 일반적인 규정을 두고 있다.

우선 법적인 개념포섭이 아니라 일반적으로 물건에는 유체물과 무체물이 있을 수 있다. 유체물은 형체가 있는 물건(고체, 액체, 기체)이고, 무체물은 형체가 없는 물질이다. 대개의 물건은 유체물이며, 전기, 열, 빛, 음향, 에너지, 전파, 공기 등의 자연력은 무체물로 이해되며, 권리도 전형적인 무체물이다.[35]

물건이 되려면 관리가능할 수 있는 것이어야 하는바, 관리가능하다는 의미는 배타적인 지배가 가능하다는 뜻이다. 민법 제98조는 이 요건을 자연력에 관하여만 요구하지만, 유체물에서도 필요하다는 데에 이견이 없다. 배타적 지배를 할 수 없는 것은 물권의 객체로 될 수 없기 때문이다(물론 이 점에 대해서도 최근에는 우주공간이나 달 등의 권리에 대해 논의되고 있어 반드시 배타적 지배가 요건인지에 대해서도 도전하는 견해가 있기는 하다).[36] 또 독립한 것이어야 한다. 일물일권주의(하나의 독립한 물건 위에 하나의 물권이 성립)가 원칙이기 때문이나, 독립한 물건인지 여부는 물리적인 모습을 기초로 하여 판단하되, 궁극적으로는 사회통념에 의하여 결정되어야 할 것이다.

유체물 중에는 크게 부동산, 동산을 구별할 수 있는데, 부동산이라 함은, '토지 및 그 정착물'을, 그리고 동산은 '부동산 이외의 물건'을 뜻하는 것으로서 법적 개념을 포섭하고 있다.[37] 다만 선박, 자동차, 항공기, 일

---

35 송덕수, 앞의 책, 438면.

36 다만 바다의 경우는 인위적으로 일정한 범위를 정하여 배타적으로 지배할 수 있게 하는 경우에는 어업권의 객체가 될 수도 있다. 그러나 통상 공기, 전파 등은 자연력이지만 배타적 지배가 불가능하므로 물건은 아니다.

37 토지의 정착물은 모두 부동산이지만, 그중 건물과 같이 토지와는 별개의 부동산

정한 건설기계는 동산이기는 하나, 부동산처럼 다루어진다. 현행법상 무기명채권(상품권, 승차권, 입장권, 무기명 국채)은 물건이 아니어서 동산에 해당할 수 없다고 본다.[38] 이와 관련하여 우리 민법은 '동산'의 개념을 유체물로만 한정한 것이 아니라 '관리할 수 있는 자연력'을 포함하여 정의하고 있다.[39] 토지에 부착하고 있는 물건도 정착물이 아니면 동산에 속한다. 다만 학계의 통설적 입장은 금전은 특수한 동산으로 취급하고 있다.

금전은 보통의 동산과 달리 물질적인 이용가치는 거의 없고, 그것이 나타내는 추상적 가치(금액)만이 의미가 있으며 그 추상적인 가치에 의하여 재화의 교환을 매개한다고 본다.

따라서 금전은 특정한 물건이 아니고, 그것이 나타내는 금액만큼의 가치라고 인식되어야 하며, 그 결과 금전의 소유권은 언제나 그것의 점유자에게 있다고 본다(불법으로 점유하여도 그 소유권은 점유자에게 있고, 처음의 소유자는 그 금액만큼의 채권적인 반환청구권만 가지며 물권적 반환청구권은 없다).[40]

여기서 말하는 '유체물'이란 액체, 기체 및 고체 등 공간의 일부를 점하고 있는 것이며, 채권이나 저작권 등의 권리 기타 자연력(전기, 열, 빛등)과 같은 무체물에 대비되는 것이다.[41] 그러나 우리 민법은 유체물뿐

이 되는 것도 있고, 토지의 일부에 불과한 것(다리, 돌담, 도로의 포장)도 있다. 건물 이외에도, 토지와 별개로 독립된 물건이 되는 것으로서, 건물, 수목의 집단(본래는 토지의 정착물로서 토지의 일부에 지나지 않지만 입목에 관한 법률상의 수목의 집단이나 명인방법을 갖춘 수목의 집단은 판례에 의하여), 미분리 과실(이 경우도 본래는 수목의 일부이지만 명인방법을 갖춘 때에는 독립한 물건으로서 거래의 대상이 될 수 있다고 판례가 본다), 농작물(단 정당한 권원에 기하여 타인의 토지에서 경작, 재배한 경우)등은 별도의 독립된 부동산이 된다.

38   그러나 일본 현행 민법 제86조 제3항에 의하면 무기명채권은 동산으로 간주한다고 규정하고 있다.

39   안법영, 앞의 논문, 199면.

40   다만 수집의 목적으로 특정 금전을 매매한 경우(한국은행이 발행한 기념주화 등)에는 예외적으로 그 금전 자체가 물건으로 다루어질 수도 있다.

만 아니라 무체물도 그 배타적 지배와 관리가 가능하다면 '물건'의 개념
에 포함시켜 거래의 실제적 필요에 상응한 입법태도를 취하고 있다.[42]

그렇다면 기존의 관념에 비추어 분석하면, 비트코인이라는 것 자체는
디지털로 암호화된 코드 내지는 데이터정보에 불과하므로, 유체물은 당
연히 아니며, 전기와 같이 배타적으로 지배가능한 자연력(에너지)이라고
보기도 어렵기는 하다.

그러나 민법상 원칙적으로 소유권을 포함한 물권의 객체를 유체물 및
기타 관리가능한 자연력으로 한정한 취지에는 바로 소유권은 객체인 물
건에 대한 타인의 이용을 배제할 수 있는 권리이므로 배타적인 지배가
능성이 요구된다는 점이므로 여기서의 관리할 수 있는 자연력의 범위를
합목적적으로 해석하여 비트코인 등과 같은 데이터정보도 소유권의 객
체가 되는 물건의 범위에 속한다고 넓게 해석할 수는 없을까?

이에 대해 2015년 8월 5일 동경지방재판소는 '권리의 소유권'을 승인
하는 것이 되어 물권과 채권을 준별하는 일본 민법에 반하는 점과 더불
어 (원고가 주장하기를, 법적으로 보호할 재산성이 있다면 유체물로 보아야 한
다는 점에 대하여) 법적으로 보호할 가치는 유체물이든, 무체물이든 모두
있으므로 일본 민법 제85조에서의 '物(물건)'에 해당하는지 여부의 기준
이 될 수 없다는 점을 들어 비트코인에 대한 소유권 성립을 부정한 바
있다.[43]

이처럼 동경지방재판소는 배타적 지배가능성을 부정하였는데, 비트
코인의 거래과정의 기본 구조에서 그 논거를 찾았다. 즉 비트코인 거래
에서는 보내는 사람과 받는 사람 쌍방의 계좌를 암호화하여 거래하며

---

41 鈴木尊明, 「ビットコインを客体とする所有権の成立が否定された事例」, 新・判
    例Watch Vol.19(2016.10), 59頁。
42 안법영, 앞의 논문, 198면.
43 東京地方裁判所 平成27年8月5日 平成26年IX(ワ)第33320号 ビットコイン引渡等
    請求事件(判例集未登載) 다만 일본 현행 민법은 "이 법률에 있어서 물건이라 함은
    유체물을 의미한다"고 규정하고 있다(민법 제85조).

그 과정에서 네트워크상의 불특정다수의 참가자(*필자 주: 노드)가 일정한 계산행위를 하고, 그 거래와 계산행위 모두를 기록한 블록체인이 형성되어 인터넷상 공개되므로, 비트코인 거래는 "송부되는 비트코인을 표상하는 전자적 기록의 송부에 의하여 이루어지는 것이 아니라, 그 실현에는 송부하는 당사자들 이외의 관여가 필요하다"는 점에 주목한 것이다. 그러므로 특정한 참가자가 작성, 관리하는 비트코인 계좌에서의 '비트코인 잔고'는 블록체인상 기록된 같은 address(*필자 주: 계좌)와 관계하는 비트코인의 모든 거래를 차감계산한 결과 산출되는 수량이고, 당해 비트코인 address에 잔고에 상당하는 비트코인 자체를 표상하는 전자적 기록은 존재하지 않는다는 점을 지적하고 있다. 그 결과 동경지방재판소는 위에서 살펴본 바와 같은 기본 거래구조를 볼 때 비트코인 계좌의 관리자가 당해 address에서의 당해 잔고물량의 비트코인을 배타적으로 지배하고 있다고 인정할 수 없다고 본 것이다.

물론 이에 대해 일본 내에서도 비판하는 견해가 적지 않았으며, 비트코인의 채굴행위를 통해 비트코인을 취득하므로 이러한 계산행위는 방대한 계산에 의한 지적 영위(營爲)로서 지적재산권(*필자 주: 지식재산권)이 성립한다는 견해도 제기되었다.[44]

그러나 사견으로서, 앞서 본 바와 같이 이러한 가상공간에서의 생산물 역시 민법상 '물건'의 개념 속에 포섭할 여지가 있다고 본다.

우리 민법은 일본 민법과 달리 관리할 수 있는 자연력 즉 무체물에 대해서까지 법률의 규정에서 명시적으로 포섭가능성을 열어 두고 있다. 이때의 '관리할 수 있는 자연력'의 예시로는 대체로 전기, 빛, 열 등을 들고 있으나, 역사적으로 볼 때 전기, 빛, 열에 대한 소유권이라는 개념조차 생소한 시절도 과거에 있었다.

따라서 이른바 제4차 산업혁명시대를 살고 있는 우리들에게 이러한

44　土屋雅一,「ビットコインと税務」, 税大ジャーナル23号(2014年), 81-82頁。

네트워크상 나의 계정에 보관되어 있는 많은 것들(게임머니, 게임 아이템, SNS상 아바타 등)이 실제로는 데이터정보의 형태로만 존재한다고 하더라도 오프라인이 아닌 온라인의 세계에서는 충분히 관리가능하며 또 배타적으로 지배하고 있다고 볼 여지가 있으므로 관리가능한 자연력의 의미를 넓게 포섭하는 방안을 생각해 볼 수 있다. 인터넷상 게임머니, 혹은 인터넷 게임상 희귀한 아이템 그리고 SNS에서의 아바타 등도 굳이 그 실체를 기술적으로 분석하면 그저 전자적 기록에 불과하겠지만, 이것들 역시 개인의 계좌에 보관하면서 관리가 가능하다면 충분히 배타적으로 지배가능하다고 보아 물건으로 인정할 수 있다면 민법상의 소유권도 인정할 수 있을 것이다(사견). 게임머니에 대해서는 민법 학계에서도 게임머니 자체의 거래를 허용해야 한다는 의견이 지배적이며, 현재 게임머니 관련한 많은 법률관계의 근거는 결국 당사자들의 합의, 즉 약관에 의하여 해결되고 있다.

이 점과 관련해서는 비록 세법상의 판결이기는 하나, '게임머니'도 재산적 가치가 있는 모든 유체물과 무체물을 의미하는 구 부가가치세법상의 '재화'에 해당한다는 대법원의 판결이 있다.[45]

물론 이러한 전자적 데이터의 산물을 물건으로 보는 데에 현행 법리에 맞지 않으며 민법상 무체물은 어디까지나 관리가능한 '자연력'에 국한되고 비트코인 등은 관념상의 개념에 불과하다는 점을 들어 물건의 범위에 포섭하려는 시도에 대해 비판하는 견해 역시 충분히 수긍이 간다. 탈중앙화 내지는 분산형하에서는 필연적으로 관여하는 제3자의 존재가 있기 마련이어서 종전의 법리에 따르면 배타적 지배가능성이 부정될 가능성을 배제하기 어렵고, 또 전자적인 형태에서 그 잔고가 '나'만의 계좌에 기록되는 것이 아니므로 종전의 은행 예금과 같은 형태로는 이해하기 어렵기 때문이다. 또 물건의 범위에 포섭되면 민사적인 측면뿐

---

45   대법원 2012.4.13. 선고 2011두30281 판결.

아니라, 형사적으로도 횡령이나 절도의 객체로도 검토할 여지가 생기므로 이는 재물이 아니라 그저 '재산상 이익'에 불과하다는 의견도 충분히 설득력이 있다.

나아가 근래에는 유가증권을 무체화 즉 전자화하는 추세이므로 무형의 유가증권으로 볼 여지가 있다는 주장도 가능할 것이다. 경제적 관점에서 당사자 사이의 특정 경제적 거래와 관련하여 상호 신뢰, 약속을 바탕으로 한 신뢰적 통화로서 어음제도가 발생하였듯이 비트코인 역시 수행하는 경제적 기능이 이와 유사한 측면이 있다고 볼 여지도 있기 때문이다.

따라서 단정적인 결론보다는 향후 이 점과 관련한 더 많은 논의가 필요하다고 보여진다.

참고로 한국회계기준원은 2018년 2월 비트코인, 이더리움 등 이른바 가상통화가 기업재무제표에서 '유동자산'으로 분류된다고 판단하였다.

즉「주식회사 등의 외부감사에 관한 법률」('외감법')의 적용을 받는 기업인 가상통화 취급업소인 빗썸[46]이 제기한 회계기준 질의에 대한 회신으로서 회계기준원이 회계처리 관련 공개초안을 발표하면서, 유동자산은 현금성 자산, 금융자산, 매출채권, 기타 자산으로 구성되고, 가상통화는 환급성이 높은 당좌자산 중 기업의 판단에 따라 분류를 지정하되, 기업이 가상통화를 1년 이상 보유하면 기타 자산, 1년 내에 처분할 경우에는 기타 유동자산으로 분류하면 된다는 입장을 취하였다. 다만 가상통화의 가치는 가격변동성이 크기 때문에 취득원가보다는 시장 가치를 반영하게 된다. 그러나 이것 역시 국제회계기준(IFRS)에 따른 것이 아니라, 임시적인 방편에 불과하므로 향후 전개되는 논의에 관심을 가지고 주목할 필요가 있다.

---

46 빗썸 이외에도 코빗, 코인원이 외감법의 적용을 받는다. 12월 결산법인일 경우 외감법에 따라 익년 3월 말까지 감사보고서를 제출해야 한다.

(3) 비트코인과 채권성 여부

만약 위 (2)의 논의와 관련하여, 암호화자산을 민법상 물건으로 보기 어렵다는 입장을 취할 경우, 이것이 디지털로 암호화된 코드에 지나지 않으나, 환금성(換金性)을 가지고, 재산 혹은 재산적 가치를 가지는 이상, 민법 373조(금전으로 가액을 산정할 수 없는 것이라도 채권의 목적으로 할 수 있다)를 근거로 암호화자산을 목적물로 한 작위, 부작위 급무의무로 구성하여 일종의 채권의 목적이 된다는 입장도 있을 수 있다.[47]

채권의 목적이란 '채권자가 채무자에 대하여 일정한 급부행위를 구하는 것'인데, 가액을 산정할 수 없는 급부를 목적으로 하는 채권도 그 효력에 있어서는 보통의 채권과 다를 바가 없고 채무자의 이행이 없으면 채권자는 이행판결을 구할 수 있고 그 판결에 의하여 강제집행을 할 수 있으며, 강제집행과 함께 그것에 갈음하여 손해배상을 청구할 수 있으므로(단 민법 제394조에 의해 손해배상은 금전에 의하는 것이 원칙) 가상화폐를 목적물로 한 작위, 부작위 급부의무로 구성하여 재산권을 가진 채권의 목적이 된다고 본다.

그러나 비트코인의 경우 누구에게 어떤 행위를 요구하는 것인지가 명확하지 않다.

그러나 현실에서 비트코인을 채권집행의 방법으로 다루지 못하는 것은 현행법상 '채권'의 개념 속에 과연 '전자지갑의 주인이 비트코인의 네트워크에 대해 송금지시를 내릴 권리'까지 포섭할 수 있는지 등의 여러 쟁점이 명확하지 않기 때문이다.[48]

(4) 금융투자상품 혹은 증권인지 여부

「자본시장과 금융투자업에 관한 법률」(이하 "자본시장법")에서는 금융

---

47 윤배경, "가상화폐에 대한 민사강제집행", 2018.4.26.자 법률신문 제11면.
48 전승재 · 권헌영, "비트코인에 대한 민사상 강제집행 방안—암호화폐의 제도권 편입 필요성을 중심으로", 정보법학 제22권 제1호(2018), 87면.

투자상품을 "이익을 얻거나 손실을 회피할 목적으로 현재 또는 장래의 특정(特定) 시점에 금전, 그 밖의 재산적 가치가 있는 것(이하 "금전 등"이라 한다)을 지급하기로 약정함으로써 취득하는 권리로서, 그 권리를 취득하기 위하여 지급하였거나 지급하여야 할 금전 등의 총액(판매수수료 등 대통령령으로 정하는 금액을 제외한다)이 그 권리로부터 회수하였거나 회수할 수 있는 금전 등의 총액(해지수수료 등 대통령령으로 정하는 금액을 포함한다)을 초과하게 될 위험(이하 "투자성"이라 한다)이 있는 것"을 의미한다(동법 제3조 제1항). 자본시장법상 금융투자상품은 크게 증권과 파생상품으로 구분되며(동법 제3조 제2항), 증권의 경우 채무증권, 지분증권, 수익증권, 투자계약증권, 파생결합증권, 증권예탁증권 등 6가지 유형으로 규정하고 있다(동법 제4조 제2항). 또 우리가 흔히 주식 투자와 유사하게 느끼면서 이른바 "비트코인에 투자한다"는 식의 표현을 종종 접하게 되는데, 자본시장법상 주식은 증권에 해당하며, 증권이란 "내국인 또는 외국인이 발행한 금융투자상품으로서 투자자가 취득과 동시에 지급한 금전등 외에 어떠한 명목으로든지 추가로 지급의무(투자자가 기초자산에 대한 매매를 성립시킬 수 있는 권리를 행사하게 됨으로써 부담하게 되는 지급의무를 제외한다)를 부담하지 아니하는 것"을 의미한다(동법 제4조 제1항) 따라서 주식처럼 증권은 발행자(발행회사)를 전제로 하는 반면, 퍼블릭 블록체인을 통해서 채굴되는 비트코인의 경우 특정 발행자가 있는 것이 아니어서 증권이라고 보기는 어렵다고 생각한다.

물론 가상통화 그 자체의 증권성 인정 여부는 ICO(Initial Coin Offering: 최초코인발행)를 통해 발행된 토큰 등을 증권으로 볼 수 있느냐에 대한 논의와는 또 다른 측면이다. ICO는 이른바 IPO(Initial Public Offering: 기업공개)에서 유래한 용어인데, 기업공개의 경우 대상이 되는 것이 회사의 주식이고 주식을 중심으로 한 법률관계는 법률적으로도 정비가 되어 있는 반면, ICO의 경우 발행되는 코인, 토큰의 법적 성격이 무엇인지에 대해 법적으로 아직 정비되지 못한 상태이다.[49] ICO에 의해 자금을 조달한 사례로서 텔레그램, 카카오, 라인, 라쿠텐 등의 사례가 있다.[50] 다만 ICO 시에는 투자계약증권으로서 증권성을 인정할 여지도 있고 또 실제로 미국에서는 ICO에 대해 증권발행에 따르는 규제를 부과하고 있다 (ICO에 관한 깊은 논의는 이 글에서는 생략한다).[51]

그렇다면 파생상품으로 볼 여지는 없는지가 문제될 수 있으나, 가상통화 그 자체로 어떤 기초자산의 가치를 평가하여 장래의 채권계약을 성립시키는 효력을 갖는 계약은 아니므로 자본시장법에서 규정하고 있는 파생상품이라고도 보기 어렵다.

IV. 결: 새로운 법적 논의의 시작

이미 현실적으로는 비트코인에 대한 민사상 강제집행을 어떤 방식으

---

49 김홍기, "최근 디지털 가상화폐 거래의 법적 쟁점과 운용방안―비트코인 거래를 위주로," 증권법연구 제15권 제3호(2014) 참조.

50 이근우, "텔레그램, 카카오, 라인, 라쿠텐, 그리고 ICO", 법률신문 2018.4.9.자 오피니언 기사. 자세한 내용은, 〈https://www.lawtimes.co.kr/Legal-Opinion/Legal-Opinion-View?serial=141949〉

51 금융위원회는 2018년 10월 24일 보도자료를 통해, 일명 "가상통화펀드" 관련 투자자 유의사항을 밝히면서, 최근 일부 업체가 불특정 다수의 투자자로부터 모은 가상통화를 ICO 및 기존 가상통화에 운용하고 만기에 그 수익을 배분하는 형태의 상품을 판매하면서, 여기에 "펀드(일명 가상통화펀드)"라고 지칭하고 있으나 자본시장법에 따른 펀드가 아니며 자본시장법 위반 소지가 있어 투자에 각별히 유의할 것을 명시하고 있다(금융위원회, "일명 "가상통화펀드" 관련 투자자 유의사항" 2018.10.24. 보도참고자료. 원래 자본시장법상 모든 펀드는 금융감독원에 등록하여야 하고 공모펀드는 증권신고서를 제출하여야 하며, 펀드를 운용하는 자산운용사와 이를 판매하는 펀드판매회사는 요건을 갖추어 금융위원회의 인가를 받아야 하고 투자자 보호를 위해 건전성규제와 영업행위 규제를 준수하여야 하는 반면, 이러한 가상통화펀드는 집합투자업의 외형구조를 갖추고 펀드라는 명칭을 사용하고 있으나 자본시장법에 따라 설정된 펀드가 아니어서 자본시장법 위반의 소지가 있다. http://www.fsc.go.kr/info/ntc_news_view.jsp?bbsid=BBS0030&page=1&sch1=&sword=&r_url=&menu=7210100&no=32742.

로 할 것인지, 형사상 범죄수익으로서 몰수할 수 있는지 여부가 이미 문제되었다.

　민사집행법의 편제는 먼저 실현될 권리가 금전인지 여부에 따라 금전집행과 비금전집행으로 분류한다. 금전집행은 집행대상의 종류에 따라 부동산에 대한 집행, 선박 등에 대한 집행, 동산에 대한 집행으로 구분되고, 동산집행은 다시 '유체동산에 대한 금전집행', '채권과 그 밖의 재산권에 대한 금전집행'으로 구분된다. 비금전집행은 물건의 인도를 구하는 청구권의 집행과 작위(대체적, 부대체적 작위), 부작위, 의사표시를 구하는 청구권의 집행으로 나뉜다. 이처럼 집행의 대상이 되는 재산의 종류에 따라 동산집행과 부동산집행으로 나뉘는데, 동산집행에는 민법과 달리 채권과 그 밖의 재산권도 포함된다.

　금전집행의 경우 그 강제집행은 동산집행 중 채권과 그 밖의 재산권에 대한 집행으로 분류되는바 금전집행은 ㉠ 압류, ㉡ 현금화, ㉢ 배당의 절차를 거친다. 비금전집행의 경우(예컨대 당사자 사이에 특정일자에 채굴한 비트코인 등 특정 가상통화의 수수가 직접적인 목적일 경우)라면 대상물인 암호화자산은 특정한 동산이나 대체물의 일정한 수량이 아니므로 동산인도청구의 집행(민사집행법 제257조)의 대상이 될 수 없고 상대방의 협력을 요하는 비대체적 작위채권의 집행으로 분류할 가능성이 있는바, 이 경우에는 간접강제의 방식(민사집행법 제261조)을 취하게 된다고 보고 있다.[52]

---

[52]　윤배경, 앞의 글, 11면. 단 이때의 문제는 압류명령을 통하여 채무자가 가상화폐 거래에 필요한 지갑 및 키 파일(key file) 등에 대한 처분금지까지 가능한지 여부다. 이론적으로, 가상화폐 보유자가 블록체인을 통하여 P2P 방식으로 가상화폐를 제3자에게 이전하는 것을 거래소가 관여할 수 없기 때문이다(거래소 이용약관은 이를 '자율거래'라고 하는데, 가상화폐를 전달하는 과정에서 거래소의 참여 없이 판매자와 구매자가 서로 지정한 방법을 통해 거래하는 것으로 정의하고 있다). 현재로서는 거래소가 압류명령에 의하여 채무자의 가상화폐 거래 정보에 대한 접근이나 처분을 금지, 정지하여야 할 법적 근거는 희박해 보인다. 다만, 거래소가 채무자와 체결한 이용약관에 기하여 채무자에게 개설된 거래계정 전체를 포함한 거

따라서 민사상 강제집행을 어떠한 방식으로 할 것인지조차 고민스러운 부분이다. 특히 종국적으로는 현금화가 필요한데 속칭 거래소라는 취급업체를 통해 이를 매각할 수 있다고 보기 위해 먼저 이 점에 대한 법적 근거를 둘 필요가 있는바 시급히 법제를 정비할 필요가 있다. 아직 정부 당국에서 가상통화 관련된 법제조차 정비하지 않은 상황이어서 거래소를 통한 매각에 의한 현금화 방식을 허용하기에는 시기상조가 아닐까 싶다.

나아가 형사적으로도 많은 논점이 있을 수 있는바, 음란물유포 인터넷사이트를 운영하면서 정보통신망 이용촉진 및 정보보호 등에 관한 법률(이하 '정보통신망법'이라 한다) 위반(음란물유포)죄와 도박개장방조죄에 의하여 비트코인(Bitcoin)을 취득한 사안에서는 비트코인이 범죄수익은닉의 규제 및 처벌 등에 관한 법률에서 규정하고 있는 '재산'에 해당하여 몰수할 수 있는지가 크게 다투어졌었다.

이에 2018년 5월 30일 대법원은 다음과 같이 판시하면서, 비트코인도 일종의 무형 재산으로 보아 그 몰수를 허용한 바 있다.[53]

"가. 피고인으로부터 압수한 비트코인(Bitcoin)을 몰수할 수 없다는 주장에 관한 판단

래를 정지할 수 있다면 이에 따른 금지명령이 수용될 여지가 있다. … (생략) 대부분의 거래소 이용약관이 거래소의 '운영정책', '관리자의 판단'에 맡기고 있고 그 이유도 타인의 서비스 ID 및 비밀번호 도용, 타인의 명예 훼손, 컴퓨터 바이러스 유통, 정보의 무단 복사 등 공공질서 및 미풍양속의 저해 등으로 제한되어 있다. (윤배경, 앞의 글, 11면 참조).

53 대법원 2018.5.30. 선고 2018도3619 판결[아동·청소년의 성보호에 관한 법률 위반(음란물제작·배포등)·국민체육진흥법위반·전자금융거래법위반·정보통신망이용촉진 및 정보보호 등에 관한 법률위반(음란물유포)·도박개장방조]. 그 밖에도 피고인이 범죄수익은닉규제법에 정한 중대범죄의 범죄행위에 의하여 비트코인 형태로 취득하였다가 현금으로 환전한 2억 원에 대해서도 범죄수익으로 인정하여 이를 추징한 원심의 판단에 법리 오해가 없다고 지지하였다.

1) 범죄수익은닉의 규제 및 처벌 등에 관한 법률(이하 '범죄수익은닉규제법' 이라 한다)은 국제적 기준에 맞는 자금세탁방지 제도를 마련하고 범죄수 익의 몰수·추징에 관한 특례를 규정함으로써 특정범죄를 조장하는 경 제적 요인을 근원적으로 제거하여 건전한 사회질서의 유지에 이바지함 을 목적으로 제정된 법률이다. 특정범죄를 직접 처벌하는 형법 등을 보 충함으로써 중대범죄를 억제하기 위한 형사법 질서의 중요한 일부를 이 루고 있다.

2) 범죄수익은닉규제법은 "중대범죄에 해당하는 범죄행위에 의하여 생긴 재산 또는 그 범죄행위의 보수로 얻은 재산"을 범죄수익으로 규정하고[제 2조 제2호 (가)목], 범죄수익을 몰수할 수 있다고 규정한다(제8조 제1항 제1호). 그리고 범죄수익은닉규제법 시행령은 "은닉재산이란 몰수·추 징의 판결이 확정된 자가 은닉한 현금, 예금, 주식, 그 밖에 재산적 가치 가 있는 유형·무형의 재산을 말한다."라고 규정하고 있다(제2조 제2항 본문).

3) 위와 같은 범죄수익은닉규제법의 입법 취지 및 법률 규정의 내용을 종합 하여 보면, 범죄수익은닉규제법에 정한 중대범죄에 해당하는 범죄행위 에 의하여 취득한 것으로 재산적 가치가 인정되는 무형재산도 몰수할 수 있다.

4) 한편 범죄수익은닉규제법 [별표] 제1호 (사)목에서는 형법 제247조의 죄 를, [별표] 제24호에서는 정보통신망 이용촉진 및 정보보호 등에 관한 법 률(이하 '정보통신망법'이라 한다) 제74조 제1항 제2호의 죄를 중대범죄 로 규정하고 있다. 따라서 피고인의 정보통신망법 위반(음란물유포)죄와 도박개장방조죄는 범죄수익은닉규제법에 정한 중대범죄에 해당한다.

5) 피고인이 범죄수익은닉규제법에 정한 중대범죄에 해당하는 정보통신망 법 위반(음란물유포)죄와 도박개장방조죄에 의하여 취득한 비트코인은 재산적 가치가 있는 무형의 재산이라고 보아야 한다. 그 이유는 다음과 같다. ① 비트코인은 경제적인 가치를 디지털로 표상하여 전자적으로 이

전, 저장 및 거래가 가능하도록 한, 이른바 '가상화폐'의 일종이다. ② 피고인은 음란물유포 인터넷사이트인 "ㅇㅇㅇㅇㅇㅇㅇ.com"(이하 '이 사건 음란사이트'라 한다)을 운영하면서 사진과 영상을 이용하는 이용자 및 이 사건 음란사이트에 광고를 원하는 광고주들로부터 비트코인을 대가로 지급받아 재산적 가치가 있는 것으로 취급하였다.

6) 이 사건 몰수의 대상인 비트코인은 특정되어 있다.

7) 따라서 피고인이 범죄수익은닉규제법에 정한 중대범죄에 의하여 취득한 비트코인을 몰수할 수 있다고 본 원심의 판단은 앞서 본 법리에 따른 것으로서 정당하고, 원심의 판단에 상고이유 주장과 같이 몰수의 대상에 관한 법리를 오해한 잘못이 없다."

한편 앞서 본 동경지방재판소의 위 판결로 인해 가상통화 전반에 대한 규제가 논란이 되자 일본은 매우 신속하게 2016년 5월 25일 자금결제법을 개정하면서 가상통화를 '통화'로 자리매김하였고, 새로이 거래소 등록제를 도입하고 고객 자산과 거래소 자산의 분별관리를 의무화하여 더 이상 이 건과 같은 논란이 없도록 하였다.

따라서 정부당국(금융위원회)에서 이제는 이 문제에 대한 답을 제시할 때가 되었다고 본다. 소유권의 법리를 통해 규율하더라도 전통적 인식체계에 근거한 것이 아니라 과학기술에 기반을 둔 전자화시대에 맞는 법리를 고민하여 적합한 법 논리를 개발할 시점이다. 나아가 이러한 논의가 나오게 된 배경을 충분히 이해할 필요가 있다.

기존의 법정통화체제에서는 국가는 통화발행으로 인한 경제적 이익을 누린다(즉 세뇨리지 효과). 더구나 최근의 미국의 서브프라임모기지 사태로 야기된 국제적인 금융위기 사태에서 국가의 엄청난 세금이 대형 금융기관의 생명을 연장하기 위하여 투입되어 '대마불사(too big to fail)'라는 신조어가 만들어지고, 성실하게 생활하는 대다수의 국민들은 그에 대해 심각한 박탈감을 경험하였다. 나카모토 사토시는 이러한 세뇨리지 효과에 대한 저항과 금융기관에 대한 불신을 바탕으로 비트코인과 전자적 통화체제를 구상한 것으로 이해된다.

사견으로서 암호화자산에 대한 소유권 법리의 적용가능성을 제시해 보았으나, 물건에 포섭되기 위한 대전제로서 '배타적 지배가능성'을 판단하는 기준과 관련해서는 블록체인이라는 P2P 시스템의 특징을 고려하여, 정밀하게 재구성할 필요가 있고 논란을 불식시키기 위해 궁극적으로는 입법적으로 해결되어야 한다고 본다.

구체적으로 소유권이나 권리성이 인정된다고 하여 모든 것이 해결되는 것이 아니다. 이 글은 향후 전개될 거대한 법적 담론의 도입부일 뿐, 그 시작에 불과하다. 또한 비트코인의 기반기술인 블록체인에 대해서는 국가가 아닌 사적 거래의 영역에서는 얼마든지 활용될 여지가 크기 때문에 현재의 대리인 이론(주주와 경영자)을 토대로 한 회사법이 아니라 앞으로는 대리인 없이 블록체인기술을 바탕으로 하여 주주들이 회사를 직접 운영하는 것도 가능하게 할 수 있다고 본다.

그러므로 전통적 시스템을 토대로 전개된 종래의 법리에 머물 것이 아니라, 이를 지속적으로 발전시켜 시대에 맞는 합리적이고도 타당한 법리를 연구하는 것은 법학을 공부하는 우리 모두의 숙제이자 책무이다. 현재 통용되는 법률의 내용이 무엇인가만 탐구할 것이 아니라, 시대와 사회가 요구하는 정의로운 법률이 무엇인지를 탐구하는 것, 그리고 이 세상을 어떻게 하면 정당한 세상으로 만들 것인가를 고민해야 한다. 이것이 정의이고, 법은 정의이기 때문이다.

요양병원 간병비 급여화 방안 고찰

명순구* · 박정연**

I. 서 론

보건의료영역에서 국가의 책임과 공적 보장의 대상은 지속적으로 확대되고 있다. 최근 정부는 3대 비급여 항목의 급여화를 포함한 건강보험제도 개혁안을 제시하면서, 간병비 급여화 대책으로서 간호간병통합서비스제도를 확대 · 실시하고 있다. 의료 수요의 증가와 환자의 간병비 부담 및 메르스 사태를 통해 나타난 한국식 간병문화의 문제점 등이 그 원인이 되어 우리나라도 이제 의료기관 내 간병을 사회보장 영역의 문제로 받아들이기 시작한 것이다.

전체 의료비 중 65세 이상인 노인의 의료비가 약 40%를 차지하고 요양병원 입원환자의 80% 이상이 65세 이상인 현실을 고려할 때, 간병비 급여화는 요양병원 내 간병에 대한 대책과 연계하여 다루어져야 한다. 그럼에도 불구하고 지금의 간병비 급여화 정책은 간호간병통합서비스

---

*　고려대학교 법학전문대학원 교수, 법학박사.

**　고려대학교 법학전문대학원 연구교수, 법학박사.

제도의 수가·운영체계 등의 문제에만 집중하고 있을 뿐, 간병서비스의 주된 수요자인 노인의 간병 문제에 대해서는 충분한 공론화마저 이루어지고 있지 않다. 요양병원 입원 환자의 경우에는 사적 간병 비율이 90% 가까이에 이를 정도로 간병인에 대한 의존도가 높고, 저가의 공동간병 형태로 낮은 질의 간병서비스를 받고 있는 경우가 많다.[1] 이러한 점을 고려할 때 일반 급성기 병원에서와 마찬가지로 요양병원에서도 입원 환자의 간병문제를 해결하기 위한 현실성 있는 정책과 법적 개선방안에 대한 논의가 이루어져야 한다.

따라서 이 글에서는 먼저 간병 문제의 사회화 현상을 살펴보고, 최근 간병비 급여화에 관한 현행 제도와 그 한계를 분석하도록 한다. 그리고 현행 제도의 한계와 현실에 기초하여, 요양병원 간병비 급여화의 필요성을 논하고 요양병원형 간호간병통합서비스 실시를 통한 간병비 급여화 방안을 제안하고자 한다. 나아가, 이를 실현하기 위한 전제로서 요양병원의 기능 재정립과 사회적 입원 문제의 해소 방안 등을 검토한다.

II. 간병비 급여화에 관한 현행 제도와 그 한계

1. 간병 문제의 사회화

간병에 대한 일의적 정의는 어려우나, '환자의 식사, 배설, 목욕, 옷입기 등과 같이 기본적이고 일상적으로 수행하는 동작에 장애가 있는 자

---

1 고령화에 따른 노인 환자의 증가는 의료비뿐만 아니라 의료기관 내 간병 수요의 증가로 이어지고 있다. 정확한 공식 통계는 확인되지 않으나, 2012년 보건복지부는 활동 중인 간병인력을 55,663명으로 추정하여 발표했으며, 고령화 진행 속도와 가족간병의 경우까지 고려하면 현재 실제 간병 수요는 이를 훨씬 상회할 것으로 판단된다. 임준, "요양병원 간병노동의 현실과 질 향상방안", 월간 복지동향 제174호, 참여연대사회복지위원회, 2013, 50면 참조.

에게 직접적인 신체 접촉을 통하여 자립적인 생활을 영위하도록 도와주는 행위'를 의미하는 것으로 이해할 수 있다.[2] 또한 그 자격과 업무에 관한 사항이 법령에 명시되어 있거나 표준화되어 있지 않지만, 한국표준 직업분류에서는 '간병인'에 대하여 의료보조 서비스직으로, 병원, 요양소 기타 관련 기관에서 환자를 돌보는 업무를 수행하는 자(Caregivers for the sick)로 정의하고 있다.[3] 간병은 서비스 장소 및 대상에 따라 다양하게 유형화할 수 있지만, 이 글에서는 의료기관에서 이루어지는 입원 환자들에 대한 신체수발이나 위생관리 등의 간병업무에 한정하여 논하기로 한다.

의료기관에서의 간병은 노인장기요양보험법상 요양시설이나 재가서비스 기관에서 이루어지는 장기요양급여와는 달리 현재 제도화되어 있지는 않다. 다만, 의료기관에서 이루어지는 입원환자에 대한 간병 역시 요양보호사나 간병사자격증[4] 소지자에 의해 수행되는 경우가 많다.[5]

종래 간병은 주로 가족구성원(특히 여성)에 의해 수행되는 사적 영역의 문제로 인식되어 가족에 의한 간병이 주를 이루었다. 그러나 산업화에 따른 가족구성의 변화, 여성의 사회진출 확대, 가치관의 변화 및 간병 수요의 증대로 고용 형태의 간병이 급격히 증가하게 되었다. 특히 우리나라는 건강보험의 낮은 보장성으로 인해 의료기관 입원환자의 경우에도 사적 간병에 의존할 수밖에 없는 구조였다.

---

2 선우덕 외, 간병전문인력의 제도화방안, 한국보건사회연구원, 2001, 41면.

3 통계분류포털―한국표준직업분류〈https://kssc.kostat.go.kr:8443/ksscNew_web/index.jsp#〉

4 한국자격개발원에서 주관하여 발급해 주는 민간자격증으로서(민간자격등록번호 제2012-1203호), 1차 필기시험과 2차 직무교육 이수 시 발급받을 수 있다. 5년마다 보수교육을 통해 자격을 갱신하도록 하고 있다. 한국자격개발원 홈페이지 참조〈https://www.kqda.or.kr/CQ/patient/regulation.html〉

5 전체 의료기관의 간병인 중 요양보호사 비중은 확인되지 않으나, 대한노인요양병원협회가 2016년 전국 요양병원을 대상으로 한 실태조사에 의하면 요양병원의 경우 간병인의 약 50% 정도가 요양보호사 자격을 갖추고 있는 것으로 나타났다.

사회보험제도가 확대되고 고령화가 급속히 진행되면서 간병 문제는 점차 공적 사회보험제도 내에 편입되기 시작하였지만, 산재보험 수급자에 대한 간병급여와 최근 간호간병통합서비스에 따른 급여화를 제외하고는 아직 의료기관 내 간병이 사회보험급여로 제공되고 있지 않다. 요양급여에 관한「국민건강보험법」제41조 제1항 각호에 명시된 급여항목이 아닐 뿐만 아니라, 상급병상 입원료와는 달리「국민건강보험 요양급여의 기준에 관한 규칙」에 비급여 항목으로 명시되어 있지도 않다. 따라서 통상 '비급여'라고 표현되지만, 엄격히 말하면 간병은 건강보험제도에서 급여화도 비급여화도 되어 있지 않은 상태이다.

다만, 산재보험에서는 간병급여를 명시하고 있으며, 건강보험에서도 간호간병통합서비스를 통해 간병비용에 대한 급여화가 부분적으로 이루어지고 있는바, 이하 2.에서는 현행법 중 간병비 급여가 제도화된 예를 살펴본다.

2. 간병비 급여화 관련 제도

(1) 산재보험 간병급여

의료기관에서 간병에 대한 급여가 이루어지는 대표적인 경우로는 산재보험 간병급여제도가 있다.「산업재해보상보험법」제40조에서는 산재보험 요양급여의 범위에 간병을 명시적으로 포함하고 있으며, 동법 제61조로 간병급여에 대해 규정하고 있다. 산재보험 간병급여는 요양급여를 받은 자 중 치유 후 의학적으로 상시 또는 수시로 간병이 필요하여 실제로 간병을 받는 자에게 이로 인해 소요되는 비용을 지급하여 중증장해자를 보호하기 위한 것이다. 동법 시행규칙에서는 간병을 할 수 있는 사람을 열거하고 있는바, "산업재해로 인해 요양 중인 근로자로서 간병이 필요하다고 인정되는 경우에 자문의사의 자문을 거쳐 신체 상태에 따라 판정을 받은 자"로 급여대상자 기준을 제시하고 있다.[6] 산재보험

　간병급여는 현물급여 또는 현금급여 두 가지 방식이 모두 가능하지만, 대부분 수급자가 간병인을 직접 지정하여 간병서비스를 받는 현금급여 형태로 이루어지고 있다.[7] 현금급여 방식의 간병급여는 간병인의 자격에 따라 전문간병과 가족간병으로 구분되어 간병료가 책정된다. 또한 간병급여는 일상생활에 상시적으로 간병이 필요한지 여부에 따라 상시 간병급여와 수시 간병급여로 구분된다(동법 시행령 제59조 및 별표 7 참고).

　그러나 산재보험 간병급여제도가 도입된 이후에도 여전히 가족간병의 비율이 높고, 간병인 교육 및 관리 체계의 부재로 인해 의료사고의 가능성이 높으며 간병인이 질병에 노출되어 있는 등 문제가 제기되고 있다. 또한 사적으로 고용된 간병인들의「근로기준법」적용 문제가 여전히 해결되지 않으며,[8] 현금급여 방식의 간병급여는 보험재정의 효율적인 이용을 저해한다는 비판을 받고 있다.[9] 최근에는 간호간병통합서비스의 확대 실시로 산재보험 직영의료기관에서도 간호간병통합서비스가 실시되고 있는바, 산재보험 간병급여 자체를 간호간병통합서비스 모델을 통한 현물급여 방식으로 운영하고자 서비스 모델 개발 연구가 이루어지고 있다.

6　「산업재해보상보험법에 따른 간병료 지급기준」(고용노동부고시 제2017-39호)에서는 상병상태에 따라 9가지 항목을 분류하고, 이 항목에 따라 간병등급을 1등급부터 3등급까지 구분하고 있다.

7　2016년 기준으로 산재보험 간병료 수급권자는 13,997명(1등급 1.6%, 2등급 9.5%, 3등급 81.4%)이고, 지급액은 892억 원(1등급 45.8%, 2등급 15.7%, 3등급 38.5%)이었다. 최은숙 외, 산재보험 간병료 지급대상 및 지급방법 개선에 관한 연구, 경북대학교 산학협력단(2017년도 고용노동부 정책연구용역 보고서), 2017, 14면.

8　구체적 사실관계에 따라 근로자성 판단이 달라지지만, 간병인이 간병협회나 직업소개소 등을 통해 개인적으로 환자와 고용관계를 형성하고 간병서비스를 제공하는 경우 판례는 대체적으로 병원과의 관계에서건 간병인협회와 같은 중개기관과의 관계에서건 간병인의 근로자성을 부정해 왔다(대법원 2009.3.12. 선고 2009도311 판결 등 참조). 따라서 이들에 대한「근로기준법」은 적용되기 어렵고,「산업재해보상보험법」에서는 이들 특수형태 근로종사자에 대하여 산재보험 적용 특례규정 등을 통해 보호하고 있다.

9　최은숙 외, 앞의 보고서, 2-3면.

(2) 간호간병통합서비스제도

간호간병통합서비스는 의료기관에서 간호와 간병을 통합적으로 제공하는 데 필요한 여건을 갖춘 별도의 병동을 운영하면서 적정 제공인력 배치를 통한 팀 간호체계를 통해 총체적인 전문 간호 제공과 환자 안전 관리 등 간병을 제공하는 입원서비스 제도이다. 2015년 「의료법」 개정을 통해 동법 제4조의2에 법적 근거가 마련되었다. 제도의 도입 배경을 살펴보면, 「국민건강보험법」 제3조의2에서는 5년마다 건강보험 보장성 강화의 추진계획 및 추진방법 등을 포함하는 국민건강보험종합계획을 수립하도록 의무화하고 있다. 이에 정부는 건강보험 재정을 고려하여 보장성 강화 대책 간에 우선순위를 설정하기 위한 중기 보장성 강화 대책 계획을 추진하고[10] 2015년 2월 국민의 형평적 건강보장을 위한 의료비 부담 완화 및 건강수준 향상을 목표로 〈2014-2018 건강보험 중기보장성 강화 계획〉을 수립하였다. 동 계획에는 정부가 주요 국정과제로 추진해 온 4대 중증질환의 보장성 강화, 중증환자에게 부담이 큰 3대 비급여(선택진료비, 상급병실료, 간병비)에 대한 대책 등이 7개 세부과제로 포함되었다. 3대 비급여 개선 계획은 2014년 3월에 수립되었는데, 이 중 간병비에 대해서는 포괄간호서비스(현 간호간병통합서비스)를 도입하여 건강보험을 적용하는 것으로 하여 2018년까지 전국 병원으로의 확대 실시를 예정하였다.[11] 시범사업은 2013년 7월부터 실시병원에 대한 국고지원방식으로 실시되었으며, 2015년 1월(공공병원은 3월)부터 건강보험수가 형태로 전환되어 실시되고 있다.[12]

---

10 건강보험 보장성 강화 정책 추진 과정을 살펴보면, 제1차 건강보험 보장성 강화 대책(2005-2008), 제2차 건강보험 보장성 강화 계획(2009-2013), 4대 중증질환(암, 심장질환, 뇌혈관질환, 희귀난치질환) 보장성 강화계획(2013년 6월 제2차 사회보장위원회에서 확정)의 단계를 거쳐 왔다.

11 김상우, 건강보험 보장성 강화 정책 평가, 국회예산정책처, 2016, 15면.

12 곽월희, 포괄간호서비스 시범사업의 내용과 문제점, 의료정책포럼, 13(2), 2015, 51면.

간호간병통합서비스는 간호간병통합서비스를 제공하는 의료기관에 입원한 건강보험 가입자 및 「의료급여법」에 의한 가입자 또는 피부양자 중 간호간병통합서비스 병동 입원에 동의한 자를 대상으로 제공되며, 간호간병통합서비스 병동(이하, '통합병동'이라 한다)의 입원 및 퇴원은 주치의의 결정에 따른다.

간호간병통합서비스 실시기관이 간호간병통합서비스 요양급여 기준에 따라 요양급여를 실시하고 소요된 비용을 산정할 때에는 현행 입원료 대신 통합병동 입원료를 산정하고 이 외의 사항은 '건강보험 행위급여·비급여 목록표 및 급여 상대가치점수' 제1편 및 제2편과 '약제 및 치료재료의 구입금액에 대한 산정기준'에 의한다. 통합병동 입원료는 입원관리료와 간호간병료로 구성된다. 이 중 간호간병료는 간호사의 입원환자에게 필요한 간호서비스 일체(투약, 주사, 상담, 기본간호, 간호기록지 작성, 환자 진료보조행위 등)와 간호조무사의 진료 및 간호보조 행위 등의 비용을 의미한다. 간호와 간병에 대한 비용이 포함된 금액으로서, '간병' 자체에 대한 비용이 구분되지 않고 포괄적으로 급여범위가 정해진다.

〈표 2〉 간호간병통합서비스 병동 입원료의 구성

간호간병통합 서비스 병동 입원료	입원관리료 = 의학관리료 + 병원관리료 + 정책가산
	간호간병료 = 간호간병료 + 정책가산

한편, 통합병동에서 환자의 입원진료 본인부담률은 「국민건강보험법」 제44조 및 동법 시행령 제19조 제1항(「의료급여법」 제10조 및 동법 시행령 제13조)에 따라 정해진다. 일반의 경우 20%, 희귀난치질환 10%, 암 중증질환은 5%의 본인부담금이 적용되며, 식대는 50%가 적용된다.

간호간병통합서비스제도는 간호사, 간호조무사 및 간병지원인력이 팀을 이루며, 간호간병통합서비스의 인력기준은 필요인력 및 병원의 종

류에 따라「의료법 시행규칙」에서 규정하고 있다(「의료법 시행규칙」제1
조의4 제3항 및 별표 1의2). 제공인력 구성, 배치 및 운영에 관한 세부사항
은「간호간병통합서비스 사업지침」에서 정하고 있다.[13] 간호사는 환자
안전과 직접 연관이 있고 의학적 지식 요구도가 높은 전문영역의 간호
행위를 수행하며, 간호조무사는 간호사의 지도감독하에 간호보조, 환자
의 기본적인 일상생활(식사, 위생, 체위변경 등)을 보조한다. 재활지원인
력은 간호사의 지도감독하에 위임받은 업무 범위 내에서 환자의 신체활
동, 보조업무, 환자의 이송 등을 수행하며, 간병지원인력은 병동의 행정
업무 보조, 검체 및 약품의 이송, 환자의 이송 및 활동보조, 환경정리 등
을 담당한다. 의료기관은 환자의 특성, 제공인력 수급 상황 등을 고려하
여 의료기관 종별 간호사와 간호조무사 배치기준을 선택하여 운영할 수
있다. 간호사 및 간호조무사는 병원에서 직접 고용해야 한다.

〈표 3〉 병원기관 종별 간호간병통합서비스 제공인력 배치기준

종별	간호사 당 환자 수	간호조무사 당 환자 수	병동지원인력 당 환자 수
상급 종합병원	1: 5 이하* 1: 6 이하 1: 7 이하	1: 30 이하 1: 40 이하	7명 이하 8명 이하 10명 이하 14명 이하 20명 이하 40명 이하
종합병원	1: 7 이하* 1: 8 이하* 1: 10 이하 (표준) 1: 12 이하	1: 25 이하 1: 30 이하 1: 40 이하	
병원	1: 10 이하* 1: 12 이하 (표준) 1: 14 이하 1: 16 이하**		

※「의료법 시행규칙」별표1의2(「의료법 시행규칙」제1조의4 제3항 관련)에 따른 "병상"은
실제 환자가 입원해 있는 "운영병상(일반병상)"을 의미하며 상기 환자 수와 동일한 개념임.
출처: 보건복지부·국민건강보험공단, 간호간병통합서비스 사업지침(2018.4), 15면.

---

13 이하 세부사항은 보건복지부·국민건강보험공단, 간호간병통합서비스 사업지침
(2016.9)의 내용을 정리한 것임.

3. 현행 제도의 한계

지금의 간병비 급여화 관련 정책에서 가장 큰 문제는 노인 간병 대책에 있다. 노인환자의 증가와 만성질환자의 증가로 인해 요양병원 이용이 지속적으로 증가하고 있는바[14] 요양병원의 경우 65세 이상의 노인환자가 80% 이상을 차지한다.[15] 또한 의료기관 간병서비스 이용현황을 보면 요양병원 88%, 병원 23.8%, 종합병원 14.2%, 상급종합병원 15.1%로 요양병원 내 간병서비스 이용률이 상당히 높다는 점을 알 수 있다.[16] 따라서 노인 간병과 요양병원 대책을 제외하고는 간병비 급여화를 논하기는 어려움에도 불구하고 「의료법 시행규칙」 제1조의4 제2항에서는 요양병원은 간호간병통합서비스 실시기관에서 제외되어 있다.

간호간병통합서비스 실시기관에서 요양병원이 제외된 것은 간병에 대한 보장성 강화에 있어서 요양병원의 기능적 특수성과 의료적 필요도를 감안하여 아급성 의료기관보다는 급성기 의료기관을 우선적으로 고려하려는 것으로 생각된다. 또한 현재 요양병원과 요양시설과의 역할 구분이 모호하며 사회적 입원과 장기입원을 유도하는 일부 요양병원의 행태 등이 문제로 지적되고 있는 상황에서, 섣불리 요양병원 간병비 급여화를 실시하게 될 경우 발생할 부작용과 재정적 부담을 고려한 것이 아닌가 생각된다.

물론 노인의 간병비 부담을 줄이기 위한 입법 움직임도 일부 확인된다. 2017년 3월 발의된 「국민건강보험법 일부 개정안」(최도자 의원 등 17

---

14 2016년 기준으로 요양병원의 개수는 3136개소에 이르며, 요양병원 병상 수는 25,021개에 이른다. 건강보험심사평가원, 요양병원 진료비 증가요인, 2010, 2면의 통계 참조.

15 권순만 외, 실태조사를 통한 노인의료(요양)서비스제도 개선방안연구(연구용역 보고서 요약본), 국민건강보험공단, 2013, 15면.

16 국민건강보험법 일부개정안(의안번호 4466호) 보건복지위원회 검토보고서, 10면 참조.

인 발의, 의안번호 6147호)은 65세 이상 가입자 및 피부양자에 대하여는 입원기간 중 간병에 대하여 보험급여를 제공하는 것을 내용으로 하는 바, 2018년 4월 현재 국회에 계류 중에 있다. 그러나 이 안은 병상제도와의 연계없이 전체 의료기관에서 65세를 기준으로 간병 비용에 대해 현금급여를 제공하는 것을 전제하고 있어, 재정 효율성 등을 고려할 때 현실적으로 제도화하기에는 쉽지 않을 것으로 보인다.

한편, 간호간병통합서비스 자체의 한계도 지적된다. 간호간병통합서비스는 초기 시범사업 때부터 비교적 이용만족도가 높았으며, 입원 환자의 간병비 부담을 경감시키는 데에도 실질적으로 기여한다는 평가를 받았다.[17] 그러나 현재 통합병동에는 간호인력이 부족하여 (특히 지역병원의 경우) 간호간병통합서비스 확산이 쉽게 이루어지지 않고 있다. 이는 간병의 관점에서 보면 환자들에게 간병서비스가 충실히 제공되고 있지 않음을 반증한다. 실제로 통합병동에서는 간병서비스 제공이 적시에 이루어지지 않음은 물론, 병원들이 스스로 거동이 가능한 환자 등 간병인이 필요 없는 환자들만 통합병동에 받거나 중증환자의 경우 별도로 개인 간병인을 두도록 하는 경우도 많다는 지적이 제기되기도 한다.[18]

이러한 문제의 가장 큰 원인은 통합병동에서 간호와 간병을 함께 담당할 간호사 및 간호조무사 인력의 수급이 어렵다는 것이다. 사정이 이러함에도 통합병동에는 간병전담인력이 별도 배치되지 않고 인력 부족을 일부 보완하기 위한 간병지원인력을 두고 있을 뿐이다. 제도 설계 단

---

17 보건복지부·국민건강보험공단 홍보자료는 간호간병통합서비스 이용 시(종합병원 6인실 7일 입원기준)으로 기존 56만원에서 7만4천원으로 87% 정도 간병비 부담이 감소한다고 소개하고 있다.
18 관련 기사로는, 2017.3.28. 파이낸셜뉴스, "간호간병통합서비스, 환자 보호자 만족도 높지만 지방은 간호사 부족"; 2017.9.23. 동양일보, "간호사 없는 통합서비스 갈 길 멀다"; 2017.7.27. 라포르시안, "무늬만 간호간병통합서비스 … 거동 가능한 환자만 받거나 간병인 따로 고용"; 2017.6.26. SBS 뉴스, "보호자 없어도 입원 걱정 말라더니 … 말뿐인 '통합간병'" 등 참조.

계에서부터 현재 간호인력에 대한 처우 및 수급 현실을 충분히 반영하지 못해 간호인력 수급이 특히 어려운 지역 중소 병원에서는 통합병동조차 개설하기 어려운 경우가 많다.

Ⅲ. 요양병원 간병비 급여화의 필요성과 전제

1. 요양병원 간병비 급여화의 필요성

이와 같은 한계에도 불구하고 다음의 세 가지 측면에서 요양병원 간병비 급여화가 요청된다. 첫째, 간병에 대한 노인 환자의 경제적 부담을 경감시킬 현실적 필요성이 있다. 현행 건강보험제도에서 간병비는 급여화는 물론 비급여화도 되어 있지 않은 상태로 전적으로 그 비용부담이 환자에게 귀속되고 있다. 대한요양병원협회가 실시한 '2016년 요양병원 간병인력 실태조사'에 따르면, 요양병원 간병인의 절반 이상이 용역업체를 통해 공급되고 있으며 요양병원의 평균급여는 전체 73.8%가 150~250만 원대이다. 그런데 간병비 부담을 줄이기 위한 공동간병 형태가 일반적임에도 불구하고 간병비 수거율(지급률)이 50% 미만인 경우가 32.4%에 이른다. 입원비 및 간병비 등을 자녀 등에게 의존하는 경우가 많은 노인 환자들의 간병비에 대한 경제적 부담을 추정할 수 있다.

둘째, 간병서비스 질을 제도적으로 관리해야 한다. 현재 요양병원의 설치 및 의료서비스를 포함한 병원 운영에 대해서는 제도적 관리가 이루어지고 있다. 건강보험심사평가원은 2008년 요양병원 정액수가제도가 시행된 이후 매년 입원 적정성 평가 결과를 공개하여 평가 결과에 따라 보상적용에서 제외하거나 의사 및 간호인력 확보수준에 따른 입원료 차등제를 실시하고 있다. 또한 2013년부터는 요양병원 의무인증제도를 도입하였으며, 「의료법 시행규칙」을 개정하여 환자 안전을 위한 시설기준을 마련하였다. 그러나 간병이라는 대인 서비스는 여전히 제도권 밖에 머물러 요양병원 간병서비스의 질에 대해서는 공적 관리가 전무하다. 간병인의 자격기준, 인력수급, 처우 등에 대한 근거 법규가 전무함은 물론 간병업무의 최소한의 사항에 대한 표준화조차 이루어지고 있지 않다.

셋째, 궁극적으로 요양병원 간병비 급여화는 입원환자의 안전과 존엄 케어를 가능하게 한다. 요양병원에서는 신체 거동이 불편하거나 위급상황에 대응하는 능력이 떨어지는 노인환자들이 대부분이기 때문에 적절한 간병인력이 배치되어 있는지 여부가 환자 안전에 절대적인 영향을 미친다. 현재 요양병원의 간병인 배치는 통상 24시간 전일근무 및 12시간 교대가 주를 이루어 입원환자 안전이 충분히 보장받지 못하고 있다. 또한 환자 유치를 위해 낮은 간병비를 제시하는 요양병원들은 야간에는 30-40명의 환자가 1명의 간병인의 돌봄을 받거나 아예 간병인을 두지 않는 경우도 있다. 요양병원 입원환자의 안전을 보장하기 위해서는 자격을 갖춘 간병인력을 확충하여 적절한 근무기준을 통해 환자들을 돌볼 수 있도록 해야 한다.

한편, 고령사회에서 노인의 인권 문제는 이제 보편적인 사회문제에 해당한다. 1991년 「노인을 위한 유엔원칙」(UN Principles for Older Persons, 1991)에서도 "노인은 존엄과 안전 속에서 살 수 있어야 하며, 착취와 육체적 · 정신적 학대로부터 자유로워야 함"을 천명하고 있다. 의료법에서도 인권보호를 위하여 일부 제도개선이 이루어진 것은 사실이다. 그러나 요양병원은 장기 입원환자들이 주로 공동간병 형태로 생활하는 공간으로서 소수의 간병인이 다수의 환자들을 돌보다 보니 정신적 스트레스와 과도한 업무로 인해 적시에 필요한 서비스를 제공하지 못할 뿐만 아니라 환자 결박 등 노인환자에 대한 가혹행위로 이어질 염려가 있다.

살핀 바와 같은 요양병원 입원 환자들의 간병비에 대한 경제적 부담을 경감시키고 간병서비스의 질을 제도적으로 관리함은 물론 환자의 안전과 존엄케어를 보장하기 위해서는 요양병원 간병서비스를 건강보험

제도 내에 끌어들여 의료관련 법령에 따라 간병서비스를 관리할 필요가 있다. 다만, 현재 노인에 대한 의료-요양 전달체계에 있어서 요양병원의 역할의 모호성과 요양병원에 대한 사회적 입원 문제를 고려할 때, 요양병원 간병비 급여화는 다음과 같은 전제가 갖추어져야 실질적으로 가능할 것이다.

2. 요양병원의 기능 재정립

요양병원의 간병비를 건강보험 체계 내에서 급여 대상으로 하기 위해서는 무엇보다 요양병원이 아급성기 및 만성기 의료기관으로서의 기능을 충실히 수행할 수 있어야 한다. 특히 요양시설과의 관계에 있어서 기능적 정체성을 확립하고 요양병원 입원에 있어서 의료필요도가 인정되는 경우에만 입원서비스를 받을 수 있도록 해야 한다.

사실 요양병원과 요양시설의 상호간 기능분립을 저해하는 요소들은 관련 법규에서부터 확인된다. 요양병원은 의료기관이면서도 장기입원이 필요한 환자를 대상으로 하는 병상을 갖추도록 하고 있으며(「의료법」제3조의2), 노인성 질환자, 만성질환자 또는 외과적 수술 후 또는 상해 후 회복기간에 있는 자 중 주로 요양이 필요한 환자를 대상으로 하고 있어(동법 시행규칙 제36조) 요양시설과의 기능적 모호성을 가중시킨다는 비판이 있다.[19] 반면, 요양시설은 「노인장기요양보험법」에 따라 '장기요양기관'으로 지정받아 보험의 방식으로 장기요양서비스를 제공하는 기관이라는 점에서 요양기관과는 전혀 별개의 제도권에 위치한다. 그런데 요양시설은 「노인복지법」에 규정된 '노인의료복지시설'이며, 「노인장기요양보험법」에서는 65세 이상의 노인 또는 65세 미만인 자로서 대

---

19 송현종, 요양병원의 현황과 제도개선방안, 요양병원 이대로 좋은가: 요양병원의 문제점과 대안마련을 중심으로(요양병원 제도개선을 위한 국회간담회 자료집), 2012, 25면.

통령령에서 정하고 있는 '노인성 질병'을 가진 자가 장기요양급여를 받을 수 있는 것으로 규정하고 있다. 이러한 규정들은 요양병원과 요양시설의 기능적 정체성을 더욱 모호하게 하는 듯하다.

요양병원의 의료적 기능을 강화하려면 요양병원에서 치료 또는 의료적 관리가 필요한 환자들이 요양병원에 입원할 수 있도록 제도적 장치를 마련해야 한다. 현재 요양병원의 경우 입원 판정기준이 별도로 마련되어 있지 않아 의료필요도가 없는 사람까지 경제적 이유나 정서적 만족감 또는 여타 개인적 사유에 의해 요양병원의 입원을 선택하는 경우가 많다.[20] 다만, 요양병원 입원기준을 제한하는 법적 기준을 설정함에 있어서 의료필요도 판단 기준이 불분명하거나 합리적이지 않으면 의료서비스 이용에 있어 선택권을 지나치게 제한하거나 사각지대가 발생할 우려가 있다. 이러한 점을 고려하면, 입원 후 일정한 시점에서 입원 적정성 평가를 통해 사실상 의료필요도가 없거나 치료 등으로 인해 의료필요도가 없어진 경우에는 의료필요도가 없는 환자에 대해서는 수가를 인정하지 않거나 퇴원을 유도하는 등의 방안도 가능할 것이다.

공통 평가도구 마련과 함께 현행 요양병원 환자군 분류체계기준을 개편하는 것이 바람직하다. 현행 요양병원 환자 분류군 중 신체기능저하군은 요양시설에 적합한 환자이므로 입원 대상에서 제외하는 것이 바람직하고, 인지저하군과 문제행동군은 요양시설과 환자 중복이 가장 심각하게 나타나고 있는 분류군이므로 공통의 평가도구를 통해 그 기준을 단일화·구체화할 필요가 있다.[21]

---

20 독일의 경우 의사의 임상적 판단에 따라 병원 입원이 필요하다고 인정되는 제한적인 경우에만 요양병상에 입원이 가능하며, 미국 역시 임상적 상태에 따른 의사의 판단을 받아야 입원 가능한 구조를 취하고 있다는 점에서 우리나라와 비교된다. 권순만, 실태조사를 통한 노인의료(요양)서비스제도 개선방안 연구, 토론회 발표자료, 2013.10, 47면 참조.

21 김주경 외, 요양병원 관리감독 강화 및 제도개선, 국회입법조사처, 2015, 37면; 이얼·이정찬, 고령화사회에서 요양병원의 문제점과 개선방안, Asia Pacific Journal

한편, 요양병원 및 요양시설 이용과 관련하여 환자의 의료필요도 및 요양필요도를 판단할 수 있는 합리적인 공통의 판정도구가 마련되어야 한다. 노인장기요양보험 수급자는 2016년 기준으로 520,043명이며, 이 중 노인요양시설 입소자는 164,221명에 달한다. 장기요양등급은 장기요양인정 신청자의 기본적 일상생활기능에서의 자립도, 인지기능 증상 유무, 운동장애에 의한 재활 필요 정도 등을 종합 판단하여 결정하는데 1-3등급을 받은 환자는 다른 등급에 비해 의료필요도가 높을 것으로 추정할 수 있다. 수급자 중 이러한 1-3등급 수급자 수는 310,774명에 이른다.[22] 그런데 1-3등급 수급자들이 요양시설 입소 요건을 충족하여 요양시설에 입소하게 되면, 오히려 의료서비스로부터 멀어지는 경우가 발생한다. 반면, 하위 등급을 받아 요양시설에 입소가 어려운 자들은 요양병원을 선택함으로써 의학적 치료가 필요한 자들은 요양시설에, 의학적 치료가 필요없는 자들은 요양병원에 입원하는 현상이 발생한다. 따라서 의료필요도 및 요양필요도가 함께 반영된 공통의 판정도구를 개발·활용함으로써 병원 입원 및 시설 입소단계에서부터 본인의 욕구에 적합한 기관을 이용할 수 있도록 하고, 궁극적으로 요양병원이 의료적 기능을 수행할 수 있도록 이용자 분류가 이루어져야 한다.

나아가 요양시설 입소자라도 추후 의료필요도가 발생하는 경우 요양병원으로 이동시켜 적절한 의료처치를 받을 수 있도록 하거나 요양병원 입원환자에 대해서도 입원이 불필요하게 된 경우 시설 입소나 재가서비스로 연결될 수 있도록 하는 의료-요양 간 연계체계를 구축해야 한다.

3. 사회적 입원 문제의 해소

사회적 입원에 대해 일반적으로 정의된 바는 없으나, 의료필요도가

---

of Health Law & Ethics, 10(1), 2016, 97면.

22 국민건강보험공단, 2017 상반기 노인장기요양보험 주요통계, 46면 참조.

낮음에도 불구하고 사회, 경제적 이유로 입원하고 있는 현상이라고 이
해할 수 있다. 요양병원 이용에 있어서 사회적으로 가장 문제되는 것은
바로 의료필요도가 없거나 낮아 굳이 입원이 필요하지 않은 환자들이
요양병원에 장기입원하면서 사실상 요양 및 주거시설과 같이 의료기관
을 이용하며 의료재정의 불건전성을 초래하고 있다는 점이다. 사회적 입
원에 대한 객관적인 지표는 없으나 대체로 요양병원 환자분류군 중 신체
기능저하군 등은 사실상 입원이 적절하지 않은 환자군으로 평가된다. 건

〈표 4〉 신체기능저하군 의료보장별 실인원수 및 총진료비 현황

(단위: 명, 원)

구분	의료 보장별	신체기능저하군				7개 분류군 전체 합계	
		인원	%	진료비	%	인원	진료비
2014년	건강 보험	33,491	8.69%	1,542억 928만	4.50%	385,378	3조 4,244억 2,882만
	의료 급여	9,948	8.99%	545억 6,799만	5.56%	110,656	9,805억 6,282만
	소계	43,439	8.76%	2,087억 7,274만	4.74%	496,034	4조 4,049억 9,164만
2015년	건강 보험	39,313	9.52%	1,967억 5,694만	5.11%	412,977	3조 8,535억 4,236만
	의료 급여	11,498	10.04%	695억 4,354만	6.61%	114,537	1조 522억 2,761만
	소계	50,811	9.63%	2,663억48만	5.43%	527,514	4조 9,057억 6,997만
2016년	건강 보험	45,463	10.63%	2,589억 8,690만	6.05%	427,579	4조 2,842억 9,381만
	의료 급여	13,042	11.23%	900억 9,848만	7.88%	116,174	1조 1,434억 9,710만
	소계	58,505	10.76%	3,490억 8,538만	6.43%	543,753	5조 4,277억 9,091만

※ 진료비는 본인부담금 포함, 7개 분류군 등급별 행위수가 분류에 따라 차등 지급.
　출처: 건강보험심사평가원(2016년 말 기준)(김승희 의원실 제출자료)

강보험심사평가원 자료에 따르면, 2016년 기준으로 전국 1,467개 요양병원에 입원한 환자는 2014년 49만 6,034명에서 2016년 54만 3,753명으로 9.6% 늘어났다. 같은 기간 '신체기능저하군' 환자는 4만 3,439명에서 5만 8,505명으로 34.6% 급증했으며, 이들이 전체 입원 환자 중에서 차지하는 비율도 같은 기간 8.8%에서 10.8%로 늘어났다. 또한 요양병원 신체기능저하군에 대한 총 진료비는 총 3,491억여 원으로 전체 진료비의 6.4%에 이른다.

이와 같이 요양병원에 있어서 사회적 입원 내지 의료필요도가 낮은 환자군의 입원이 크게 늘어나면서, 정부는 사회적 입원을 방지할 여러 제도적 방안을 모색하였다. 그중 하나가 본인부담액 상한제의 제한적 적용이다. 본인부담상한제란 1년 동안의 본인부담금이 개인별 상한액을 초과하는 경우 그 초과금액을 건강보험공단에서 부담하는 제도를 말한다. 그동안 본인부담상한제는 요양병원 입원을 증가시키는 요인으로 지목되기도 하였는데, 실제로 본인부담상한제에 따른 입원비 부담이 줄어들면서 단순 요양을 목적으로 요양병원에 장기 입원하는 사례가 증가하였음을 확인한 연구도 있다.[23] 이러한 문제가 제기되자, 보건복지부는「국민건강보험법 시행령」개정을 통해[24] 2018년 1월부터 소득하위 50% 계층에 대한 건강보험 본인부담상한액을 인하하면서도 요양병원의 경우에는 입원 일수가 120일을 초과하면 현행 상한액을 적용하기로 하였다.[25]

그 밖에 장기입원 또는 경증환자에 대한 보험료 본인부담률을 높이는 것 역시 장기입원을 방지하는 방안으로 활용되고 있다. 즉, 요양병원 입원일수가 181일 이상인 경우 수가의 5%, 361일 이상은 수가의 10%를

23　황도경 외, 같은 보고서, 169면.
24　국민건강보험법 시행령 제19조 및 별표 3 제3호 참조.
25　2017.12.29. 보건복지부 보도자료 '새해부터 저소득층 의료비 부담 확 준다―보장성강화대책 추진의 일환―본인부담 상한액 인하' 참조.

감산하는 방식으로 수가를 차등적용하거나, 요양병원 입원환자 분류 7개 중 의료적 필요도가 가장 낮은 신체기능저하군은 본인부담률을 40%로 하여 경증환자에 대한 본인부담률을 차등적용하는 것이다.[26]

　그러나 입원이 개시된 후 수가의 차등적용이나 본인부담률 조정 등은 사회적 입원을 제한하기 위한 근본적인 대책이 되기 어려우며, 현재까지 그 효과도 미미한 것으로 판단된다.[27] 따라서 궁극적으로는 입원 개시 단계에서부터 의료필요도에 따라 입원 가부를 결정하는 판정체계를 마련할 필요가 있다. 실제로 의료계와 학계에서는 의료적 관리가 필요한 환자들과 요양시설 이용으로도 충분한 환자들을 합리적으로 평가하여 입원의 적정성 여부를 판단하는 기준을 마련해야 한다는 주장이 제기된다.[28] 이러한 점에서 요양병원의 의료적 기능 강화를 위한 제도적 방안은 결국 사회적 입원의 방지에 관한 대책과 밀접하게 연계되어 있다고 할 것이다.

IV. 요양병원 간병비 급여화 방안

1. 현물급여를 통한 급여화

　국민건강보험법상 보험급여는 크게 현물급여와 현금급여로 구분된

26　장기입원을 방지하기 위한 본인부담률 조정 방식은 다른 국가에도 도입되어 있다. 예컨대, 일본은 전원을 포함하여 전체 입원기간 180일이 지나면 진료비 전액을 환자 본인이 부담하며, 미국의 Long-Term Care Hospital(LTCH)에서는 입원 90일 이상이 되면 진료비 전액 본인 부담하게 된다. 권순만, 앞의 자료, 149면. 관련 기사로는 2015.8.3. 국민일보, "요양병원은 의료기관 … 180일 입원까지 수가 100% 인정" 참조.

27　권순만, 실태조사를 통한 노인의료(요양)서비스 제도개선방안, 국민건강보험공단 '노인의료(요양)서비스 제도 개선방안' 공개토론회 발표자료집, 2013, 151면 이하.

28　가혁, 요양병원과 요양시설의 역할정립, 의료정책포럼 제15권 제2호, 의료정책연구소, 2017, 17-18면; 권순만, 위의 자료, 193면 등 참조.

다. 현금급여란 가입자 등의 신청에 의하여 공단에서 현금으로 지급하는 급여를 말하며, 현물급여란 요양기관 등으로부터 직접 제공받는 의료서비스 등의 일체를 말한다.[29] 요양병원 간병비를「국민건강보험법」상 보험급여로서 제공하는 경우, 우선 현물급여로서 제공할 것인지 현금급여로서 지급할 것인지에 대한 기본적인 정책방향이 결정되어야 한다.

급여형태별로 각각 장단점이 있으나, 사회보험제도에서는 상대적으로 현금급여가 더 많은 논란의 소지가 있는 듯하다. 현금급여가 주된 형태인 산재보험의 간병급여(전문간병과 가족간병으로 구분)의 경우를 살펴보면, 간병비가 급여화에도 불구하고 가족간병이 여전히 높은 비율을 유지하고 있으며, 간병인에 대한 체계적인 교육, 관리 체계의 부재로 의료사고는 물론 간병인의 질병노출 등의 추가적인 문제를 발생시킬 수 있다는 문제가 제기되고 있다. 또한 사적 고용관계로 인해 대부분의 간병인들이「근로기준법」을 적용받지 못하여 질병이나 재해의 위험에 노출되면서도「산업안전보건법」이나「산업재해보상보험법」의 적용을 받지 못하고 있다는 점이 지적된다. 그밖에 간병이용의 과다를 야기하여 비효율적인 인력관리로 인한 전체 재원의 낭비를 초래하고 있다는 점도 지적된다.[30]

간병에 대한 보험급여를 산재보험 간병급여와 같이 간병비를 현금급여 형태로 지급하는 경우에도 이와 같이 간병인의 교육과 처우 및 이에 따른 간병서비스 질 문제가 여전히 제기될 수 있다. 또한 현물급여는 사실상 1:1 간병방식을 취할 수밖에 없어 상대적으로 비효율성과 보험재정의 낭비를 초래할 우려가 있다. 간병비 급여화의 취지를 살리면서 공적 보험제도에 보다 확고히 편입시키기 위해서는 현물급여 방식이 적절하다고 판단된다. 이를 통해 간병인의 고용과 처우, 교육, 서비스 표준 등을 법제화해야 체계적인 서비스 질 관리는 물론 보험재정의 효율적인

---

29 이상돈 · 김나경, 의료법강의, 제3판, 법문사, 2017, 258면.
30 최은숙 외, 앞의 글, 2-3면.

이용도 가능할 것이다.

2. 요양병원형 간호간병통합서비스의 도입

현재의 보건의료정책과 방향성을 같이하면서 현물급여 방식으로 노인 간병비 급여화를 실현하기 위해서는 간호간병통합서비스 제도를 요양병원에 대해서도 확대적용하는 방안을 고려할 수 있다. 그런데 요양병원은 환자들의 입원기간이 장기에 이르며, 환자의 대부분이 65세 이상 노인으로, 일반병원 환자에 비해 의료적 욕구는 적은 반면 요양에 대한 욕구가 상존한다는 점에 특징이 있다. 이러한 특징과 현실을 반영한 요양병원형 간호간병통합서비스를 실시하고 이를 수가에 반영함으로써 간병비 급여화를 실현하는 방안을 제안하고자 한다. 즉, 인력 및 운영기준, 수가체계 등을 보완하여 요양병원에 적합한 별도의 간호간병통합서비스 모델을 개발·적용하는 것이다.

(1) 인력 및 운영기준 설정

현재 일반병원의 간호간병통합서비스 병동에 배치되는 인력은 간호사, 간호조무사 및 간병지원인력이다.[31] 이와 같은 배치기준은 간호사와 간호조무사가 함께 간병업무까지 수행함을 전제로 한다. 그런데 간호사들이 간병업무까지 전담한다는 것은 질병의 치료가 중심이고 질병 상태가 위중한 급성기 병원에서는 의미가 있지만, 의료적 처치보다는 일상 수발업무의 비중이 큰 요양병원에서는 적절하지 않다.[32] 요양보호사 등 간병인력의 수급 실태, 간병서비스 업무 및 요양병원 입원환자의 특성 등을 고려할 때, 무리하여 간호인력을 요양병원 내 통합병동에 추

---

31 「의료법 시행규칙」 제1조의4 제3항 및 별표 1의2 제1호.
32 이윤환, 노인의료 발전을 위한 간병비 급여화 방안, 의료정책포럼 제15권 제2호, 의료정책연구소, 2017, 33면.

가배치하는 것보다는 별도의 자격을 갖춘 간병전담인력을 간호간병통합서비스 모델의 인력 구성에 포함시키는 것이 바람직하다. 물론 이러한 간병전담인력이 배치되려면 이들에 대한 자격제도, 서비스 표준화 등 질 관리방안과 근로기준 및 처우 등에 관한 개선이 함께 논의되어야 할 것이다.

한편,「의료법 시행규칙」제38조 및 별표 5에서는 요양병원에는 간호사 인력기준의 3분의 2까지 간호조무사로 대체할 수 있는 것으로 규정하고 있는바, 이 기준을 통합병동에도 적용하여 간호사 인력기준의 일정 범위에서 간호조무사가 간호사를 대체할 수 있도록 규정할 수 있다.[33]

〈표 5〉 요양병원형 간호간병통합서비스 인력배치기준안 예시

구분	간호사(2/3 범위에서 간호조무사로 대체 가능) 당 환자 수	요양보호사 당 환자 수	병동지원인력 당 환자 수
요양 병원	1:12 이하 1:14 이하 (표준) 1:16 이하 1:18 이하	1:6 이하 (표준) 1:8 이하 1:10 이하 1:12 이하	7명 이하 8명 이하 10명 이하 14명 이하 20명 이하 40명 이하

요양병원형 간호간병통합서비스 모델에 간병전담인력으로 요양보호사를 필수배치한다면, 일반 통합병동에서와 같은 간호인력 추가의 문제가 발생하지 않을 것이다. 또한 요양병원 의료필요도 및 요양필요도에 대한 공통의 판정도구 개발·활용과 입원 기준 정립 등이 이루어지면 요양병원과 요양시설 간 이용자의 상호 이동으로 인해 간병인력도 이에

33　다만, 이 경우 간호사와 대체가능한 간호조무사의 업무범위와 간병전담인력인 요양보호사의 업무범위를 명확히 구분할 필요가 있다.

따라 이동할 것이며, 근로조건 및 처우 개선이 이루어져 간병인력의 확
보 문제도 상대적으로 감소할 것으로 기대된다.

(2) 수가제도의 개선

요양병원형 간호간병통합서비스 실시를 위해서는 수가제도의 개선이
요구된다. 요양병원이 의료적 기능을 강화할 수 있도록 합리적 필요와
범위 내에서 행위별 수가적용 항목을 추가하는 등의 방법으로 일당정액
수가제를 개선할 필요가 있다. 현재 요양병원의 수가체계는 이른바 일
당정액제에 기반한다.[34] 자원이용량 수준에 따라 환자군을 분류하고 환
자분류군별로 일당 정액수가를 설정하되, 서비스 질을 유지하기 위해
변이가 큰 항목에 대해서는 행위별 수가 적용을 통해 보완하는 것이다.
「국민건강보험법 시행령」 제21조 제3항 제1호에서는 요양병원에서 입
원진료를 받는 경우 증세의 경중도 구분에 따른 1일당 상대가치점수를
산정하여 요양급여를 할 수 있도록 규정하고 있다. 이에 따라 요양병원
에서는 환자를 의료최고도, 의료고도, 의료중도, 의료경도, 문제행동군,
인지장애군, 신체기능 저하군 등으로 나눠 의료수가를 정하고, 입원환
자의 질병, 기능상태에 따라 입원 1일당 정액수가를 지급하는 방식을
취하고 있다. 요양병원의 의료적 기능 강화를 전제로 간병비 급여화를
추진하면서 현행 일당정액제 수가제도를 그대로 유지한다면, 전체적으
로 입원환자들의 의료필요도가 더 높아지게 됨에도 불구하고 병원의 소
극적인 의료행위로 인해 간병을 포함한 전체적인 서비스 질은 더욱 저
하될 우려가 있다.

한편, 요양병원의 특성과 간호간병통합서비스 실시에 따른 간병인 배
치 등 인력구성에 따른 비용을 충분히 고려하여 간병전담인력에 대한
인건비를 수가에 반영해야 한다. 요양병원은 특히 인지기능 및 신체기

---

34   상세 내용은 「건강보험 행위 급여·비급여 목록표 및 급여 상대가치점수」(보건복
　　지부고시 제2017-205호) 제3편 요양병원 급여 목록 및 상대가치점수 참조.

능이 저하된 노인환자들의 낙상사고 등 각종 안전사고 위험이 높으며, 욕창방지 등에 대한 니즈가 큰 환자들이 많아 안전 및 위생 등을 위한 서비스가 강화되어야 하기 때문이다. 다만, 이와 같이 간병 자체에 드는 비용을 요양병원 간호료와 같이 일당정액수가제 안에 포함시켜 본인부담률 20%를 적용할 것인가, 아니면 식대와 마찬가지로 일당정액수가제에서 제외하여 본인부담률을 별도로 정할 것인가 하는 것은 별도의 정책적 결정 사항이다.

(3) 관련 법규의 개정

앞서 언급한 것처럼, 현행 「의료법」 제4조의2에서는 간호간병통합서비스 제공에 관한 근거 규정을 두고 있으나, 요양병원은 제외되어 있다. 따라서 요양병원형 간호간병통합서비스에 관한 근거 규정을 두어야 한다. 간호간병통합서비스 형태로 실질적으로 요양병원 입원환자의 간병비가 요양급여의 대상이 되도록 근거규정을 두되, 하위법령에서 구체적인 급여 방법과 절차, 범위, 상한 등의 기준을 정해야 할 것이다. 일반병원의 통합모델과의 차별성을 고려하여 의료법에 요양병원 간병비 급여화를 위한 특례를 규정하는 것도 생각해 볼 필요가 있다.

다만, 요양병원 통합병동 운영에 따른 간병비 급여화는 현행 「노인장기요양보험법」상 요양병원 간병비 특별현금급여와의 중복 문제를 야기할 수 있다. 따라서 장기요양수급자가 요양병원에 입원하여 요양병원형 간호간병통합서비스를 이용하는 경우 요양병원 간병비 특별현금급여를 수급하지 못하는 것으로 「노인장기요양보험법」을 함께 개정할 필요가 있다.[35]

---

35 「노인장기요양보험법」상 특별현금급여인 요양병원 간병비 급여는 장기요양보험 수급자가 요양병원을 이용하는 경우 장기요양급여의 일부를 현금으로 지급해 주는 제도이다(「노인장기요양보험법」 제23조). 그동안 특별현금급여 지급절차에 관한 사항이 법령에서 정해지지 않았다. 2017년 수급계좌 신청에 관한 세부사항

그 밖에, 간호간병통합서비스를 제공하는 요양병원에 대한 인력배치 기준 및 수가에 관한 국민건강보험법령 및 행정규칙 등을 개정해야 한다. 또한「의료법」개정 등을 통해 간병전담인력의 자격기준, 처우, 교육 및 훈련 등에 대한 사항을 입법해야 한다. 간병전담인력의 자격기준은 적어도「노인복지법」상 요양보호사와 유사한 정도의 간병서비스의 질적 수준을 확보할 수 있는 정도에 이르러야 한다. 다만, 요양병원의 의료적 특성을 고려하면,「노인복지법」상 자격요건을 기본으로 하되, 요양병원 간병업무에 종사하는 데 적합한 지식과 기술을 습득할 수 있도록 교육과정을 추가로 마련해야 할 것이다.

3. 요양병원 간병비 급여화의 단계적 실시

요양병원 간병비 급여화는 고령화에 따른 사회적 요청과 건강한 삶을 보장하기 위해 필요한 것이지만, 급여화 실시에 따른 추가적인 재정 부담을 고려하지 않을 수 없다. 요양병원의 기능 재정립을 통해 의료필요도가 낮은 환자를 입원 대상에서 배제하더라도 요양병원 간병비 급여화를 위해 요양병원형 간호간병통합서비스 실시에 따라 요양보호사 인건비는 환자 1인당 112만 8천 원 정도로 추산된다(3교대, 요양보호사 당 환자 수 1:6 기준). 여기에 본인부담률 20%를 적용하면 결국 공단 부담분은 환자 1인당 매월 90만 2천 원 정도이며, 요양병원 전체 환자 수를 기준으로 하면 매월 1,854억 5천만여 원이 소요될 것으로 보인다.

한국의 경우 주요 선진국들에 비해 건강보험료의 수준이 낮아 추가재원을 확보하는 것이 쉽지 않다. 또한 간병에 대한 보장성 강화를 위해 국민이 보험료를 더 부담하는 것에 대해서는 아직 사회적 공감대가 형성되어 있지 않아 보험료율을 인상하는 것도 쉽지 않다.[36] 또한 간병비

을 동법 시행령 및 시행규칙에 명시함으로써 이를 보완하였으나 2018년 9월 현재까지도 간병비 현금급여가 실시되고 있지 않은 것으로 확인된다.

급여화의 전면적인 실시는 보험료 납부 의무자와 간병급여 수혜자의 세대 간 차이로 인해 사회적 갈등이 야기될 수도 있다. 이러한 점을 고려할 때, 보다 합리적인 방안은 간병비 급여화의 단계적 확대실시를 통해 재정적 부담을 최소화하는 것이 필요하다.

먼저 본인부담률을 조정하는 방안을 생각할 수 있다. 현재 요양병원에 입원한 환자는 요양급여비용 총액의 20%에 입원기간 중 식대의 50%를 더한 금액을 본인이 부담한다. 한편, 입원치료보다는 요양시설이나 외래진료를 받는 것이 적합한 환자로서 보건복지부장관이 정하여 고시하는 환자군에 해당하는 경우에는 요양급여비용 총액의 40%에 식대의 50%를 더한 금액을 부담하게 된다(「국민건강보험법」 제44조 제1항, 「국민건강보험법 시행령」 제19조 제1항 및 별표 2 제1호 가목). 요양병원형 간호간병통합서비스에서 간병비에 드는 비용(요양보호사 인건비)을 식대와 마찬가지로 일당정액수가에서 제외하여 본인부담률 50% 수준이 되도록 하면, 간호간병통합서비스 실시에 따른 초기 재정적 부담을 완화시킬 수 있을 것으로 보인다.

또한 본인부담률을 높이면서도 동시에 간호간병통합서비스를 실시하는 비율을 의료필요도에 따라 제한하는 것도 합리적인 방안이 될 수 있다. 요양병원 환자분류군을 기준으로 의료최고도와 의료고도 환자 등 의료필요도가 높은 환자를 대상으로 우선 실시하는 것이 필요하다. 단순히 전체 병상의 일정 비율이 아닌 의료필요도를 기준으로 간병서비스가 보다 절실한 환자들에 대하여 간호간병통합서비스를 우선적으로 실시하는 것은 간병비 급여화의 본래 취지에도 부합할 것으로 보인다. 구체적으로 어느 범위까지 우선 보장할 것인지는 정책적 판단에 따를 것이나, 초기 소요 재정을 최소화하면서 단계적 확산을 염두에 둔다면 의료최고도 및 의료고도 환자군(전체 환자의 약 26%)에 대해서만 우선 적용

---

36 홍종현, 건강보험제도의 지속가능한 관리와 운영을 위한 법제개선방안, 한국법제연구원, 2013, 80면.

하는 것이 현실성 있는 방안이라 판단된다.

V. 결 론

고령화와 사회구조의 변화로 간병의 문제는 분명 개인의 문제를 떠나 우리 사회의 문제이자 인류의 보편적인 문제로 자리매김하고 있다. 단지 건강보장 차원에서만이 아니라 인간으로서의 존엄을 실현하기 위해서는 간병의 문제가 공적 보장체계에서 제도화되어야 한다.

현행 간호간병통합서비스는 여러 현실적인 문제에도 불구하고 간병의 문제를 공적 보장체계에 편입시킨 진일보한 제도라고 생각된다. 다만, 그 대상에 있어서 요양병원은 실시기관에서 제외되어 있다는 것은 아쉬운 점이다. 간병에 대한 욕구가 높은 노인환자의 특성을 고려할 때, 요양병원에도 간호간병통합서비스를 실시함으로써 간병비 급여화를 실현할 필요가 있다. 이를 위해서는 인력기준 및 수가 등에 있어서 요양병원의 특수성을 고려한 맞춤형 모델을 개발해야 한다.

다만, 요양병원의 역할의 모호성과 사회적 입원 문제가 먼저 해결되어야 하는바, 요양병원의 기능의 재정립을 통해 요양병원의 의료적 기능을 강화하고 의료필요도가 없는 환자들의 사회적 입원을 방지할 실효성 있는 방안이 먼저 마련되어야 한다. 최근 정부는 커뮤니티케어를 추진하면서 그 일환으로 사회적 입원을 방지하고 요양병원의 의료적 기능을 강화하고자 환자분류체계나 수가제도 등을 개선할 것이라 밝혔다. 아직 구체적인 방향이 제시되지 않았으나, 이러한 제도 시행방안이 구체화된다면 요양병원 간병비 급여화 문제 역시 보다 적극적으로 공론화될 수 있지 않을까 기대해 본다.

'한국영화'시장 독과점을 어떻게 해소할 것인가?

박경신*

한국영화의 다양성이 사라져 가고 있다. 매년 영화 제작편수는 늘어 났지만 이는 개인디지털기술이 향상되어 새롭게 만들어지게 된 초저예 산 독립영화들 때문이고 실제로 최소한 대중문화의 한 부분으로 편입되 기 위해 필요한 규모의 제작과 홍보가 가능한 최소한 10억 원 이상의 제 작영화 숫자는 계속 줄어들고 있다. 반면 제작비 100억 원이 넘는 소위 "1천만 관객"을 노리는 영화의 숫자는 적지만 늘어나고 있다.

한편 강제규필름, 명필름, 영화사 봄, 코리아픽쳐스, 튜브엔터테인먼 트, 신씨네, 쇼이스트, 시네마서비스 등은 스스로 영화를 기획하여 투자 자들을 모집하여 한국영화 르네상스를 풍미하였으나 지금은 합병되거 나 간신히 명맥만 유지되고 있다. 이에 따라 CJ, 롯데와 같은 대기업들 을 중심으로 메가박스와 NEW를 포함하여 극장사업과 영화투자배급사 업을 겸영하는 몇 안 되는 수직결합사업자들의 투자역들 몇 명 중의 1

---

* 고려대학교 법학전문대학원 교수.

인이 허락을 해 주지 않으면 상업적으로 의미있는 영화의 제작 자체가 불가능한 상황이 되어 버렸다.

한편에서는 ① 소수의 작품에 스크린이 쏠리는 "스크린독과점"현상이 관객의 선택을 제약하고 있다고 주장하고, ② 대기업들이 배급시장과 상영시장을 모두 과점적으로 점유하면서 그 대기업집단에 속하지 않은 비계열사 배급사, 비계열사 제작사, 심지어는 비계열사 상영관들에게 매우 불리한 거래조건을 강요하면서 대기업의 이익독점이 발생하여 사업자들의 다양성이 사라지고 있다고 하며, ③ 비계열사 제작사들이 만드는 저예산영화나 예술영화들이 최소한의 상영기회도 얻지 못한다고 한다. 이에 대해서 반론도 만만치 않다. ① "스크린독과점"은 한국영화 관객들이 시시각각 관심을 끄는 영화에 몰입하는 관람행태를 충족하기 위해 불가피하다는 주장도 있고 ② 대기업들 입장에서는 수직계열화를 통해 이익을 회수할 수 있어야 대규모제작이 가능하고 이들 소위 "천만영화"들이 한국영화의 부를 창출하고 있다는 것이며 그리고 ③ CGV아트하우스처럼 대기업들이 도리어 소위 다양성영화들의 상영기회를 확대하고 있다는 것이다.[1]

이 논문은 논쟁 전체를 섭렵하려는 것은 아니며 첫째 위의 세 가지 논쟁 중에서 2번째 즉 대기업들을 중심으로 한 수직계열화가 한국영화 배

---

1 김휴종, "한국 영화산업과 독과점 이슈", 『문화경제연구』, 제7권 제2호, 2004; 박소라, "스크린수 증가에 따른 영화의 국적 다양성과 소비 추세에 관한 연구", 『한국언론학보』, 제52권 제1호, 2008; 박일아, "2000년대 한국영화 상영업의 변화양상에 대한 고찰: 직접배급방식의 도입 이후를 중심으로", 『현대영화연구』, 제19호, 2014; 윤충한·김홍대, "영화배급, 상영의 수직계열화가 상영영화 선택 및 상영횟수에 미치는 영향", 『문화경제연구』, 제15권 제2호, 2012; 이영대·최경규, "영화산업의 불공정거래 규제방안: 수직계열화에 대한 구조규제 가능성을 중심으로", 『중소기업연구』, 제36권 제6호, 2013; 최영준, "한국 영화산업에서의 수직 통합과 영화 상영 일수 관계", 『국제경영리뷰』, 제11권 1호, 2007; 백일, "한국영화산업 내 독과점 현황과 폐해", 한국영화시장 독과점 현황과 개선을 위한 세미나자료집, 한국영화제작자협회, 2014, 3-28면.

급시장에 미치는 영향을 살펴보고자 하는 것이다.

I. 한국영화계의 구조적 특성

현재 우리나라에는 CJ와 롯데 2개의 주요 상영배급복합체[2]가 존재한다. 여기에 메가박스와 NEW도 상영과 배급을 겸하고 있지만 우선 대기업들에 초점을 맞춰 본다.

CJ와 롯데는 상영시장에서의 과점적 지위를 점하고 있다. CJ CGV와 롯데시네마, 양대 멀티플렉스의 2015년도 극장·스크린·좌석 수 비중은 각각 63.5%, 72.2%, 72.8%이다. 최근 5년간 CJ CGV와 롯데시네마의 극장·스크린·좌석 수 점유율은 아래와 같다.

〈CJ CGV와 롯데시네마, 양대 멀티플렉스 점유율〉

(단위 : %)

	양대 멀티플렉스			CJ CGV			롯데시네마		
	극장 수	스크린 수	좌석 수	극장 수	스크린 수	좌석 수	극장 수	스크린 수	좌석 수
2015	61.1	71.3	72.8	33.5	40.2	40.7	27.6	31.1	32.1
2014	63.5	72.2	72.9	35.4	41.6	41.6	28.1	30.6	31.3
2013	63.7	71.3	73.3	34.8	41.3	42.2	28.8	30.1	31.1
2012	62.4	69.6	69.7	35.7	41.2	41.4	26.8	28.4	28.3
2011	60.0	67.6	67.2	36.6	42.0	41.1	23.4	25.6	26.1

* 출처: 영화진흥위원회 발간 〈한국 영화산업 결산〉(2010~2015년)

---

2 과거 쇼박스가 메가박스와 온미디어를 소유해 오리온 역시 계열화를 이루고 있었지만, 온미디어는 CJ에 인수합병되었고 메가박스는 중앙일보가 소유하면서, 투자,배급 부분의 쇼박스를 제외하고는 오리온 기업 내에서 영화산업의 수직계열화는 해체된 상황이다.

여기서 과점적이라 함은 단순한 표현이 아니라 법적 표현이다. 즉 메가박스라는 제3위 상영업자의 점유율(약 20%)를 더할 경우 「독점규제 및 공정거래에 관한 법률」(이하, '독점규제법')에 따라 상위 3개 업체의 합계 점유율이 75%를 점유하고 있기 때문이다. 이때 상위 3개 업체는 각각 "시장지배적 사업자"로 정의되고 독점규제법의 시장지배적 지위 남용 금지라는 부가적인 의무를 갖게 된다.

위 두 업체는 한국영화 배급시장에 있어서도 상당히 높은 지분을 가지고 있다.

〈한국영화 배급사 순위, 상영편수와 관객점유율〉

순위	2015			2014			2013			2012			2011		
	회사	편수	율	회사	편수	율	회사	편수	율	회사	편수	율	회사	편수	율
1	CJ	16	40.5	CJ	17	37.2	NEW	12	29.4	CJ	27	36.8	CJ	19.5	41.2
2	쇼박스	9	31.3	롯데	16.5	19.6	CJ	25	28.0	쇼박스	8	21.5	롯데	21.5	26.3
3	NEW	10.5	15.0	쇼박스	7.5	14.5	쇼박스	12	22.9	NEW	11	16.5	쇼박스	10.5	15.6
4	롯데	8.5	3.9	NEW	8	11.5	롯데	16	13.3	롯데	22.5	15.8	NEW	10.5	12.3
5	C아트	12.5	3.6	C아트	10.5	3.6	아이	1	2.5	필라	3	2.2	SK	0.5	1.0

* C아트: CGV아트하우스, 아이: 아리러브시네마, 필라: 필라멘트픽쳐스, SK: SK플래닛.
0.5는 공동배급. ─ 영화진흥위원회 발간 〈한국 영화산업 결산〉(2010~2015년)

2015년 기준 CJ와 롯데의 합산 관객점유율은 48.0%, 매출점유율은 48.1%로서 그 이전까지는 2011년 이후 60%대를 유지해 왔다. 상위 3개 업체가 75%를 점유하고 있지는 않으므로 법적으로 CJ와 롯데를 시장지배적 사업자의 지위에 이른다고 볼 수는 없으나 과점적 지위를 가지고 있는 것만큼은 확실하다.

〈최근 5년간 CJ와 롯데의 한국영화 배급시장 점유율〉

(단위 : %)

순위	2015			2014			2013			2012			2011		
	편수	관객	매출	편수	관객	매출	편수	관객	매출	편수	관객	매출	편수	관객	매출
CJ	10.0	44.1	44.2	11.1	40.8	40.8	11.5	28.0	28.1	13.4	36.8	36.7	11.7	41.2	41.5
롯데	3.0	3.9	3.9	16.5	19.6	19.7	7.4	13.3	13.2	11.1	15.8	15.7	13.0	26.3	25.9
계	13.0	48.0	48.1	27.6	60.4	60.5	18.9	41.3	41.3	24.5	52.6	52.4	24.7	67.5	67.4

* 0.5는 공동배급. — 영화진흥위원회 발간 〈한국 영화산업 결산〉(2010~2015년)

즉 특정 시장의 과점 정도를 측정하기 위한 다른 방법인 허쉬만허핀 달지수(HHI) 지수를 조사해 보자. 예를 들어 2013년 통계를 이용해 볼 경우 상영시장은 2,500이 넘고 한국영화 배급시장은 2,400이 넘는다.[3] 1개 업체의 시장점유율이 50%를 넘는 경우 독점규제법 상 시장지배적 사업자로 규정되는데 이때의 허쉬만허핀달 지수가 최소 2,500(50의 제곱)임을 고려하면 이를 압도하는 위 숫자들이 표창하는 현재의 상영시장과 한국영화 배급시장의 과점정도를 가늠해 볼 수 있다. 참고로 3개

〈2013년 한국 상영시장 HHI지수〉

	업체 이름	스크린 수 지분	스크린 수
1	CGV	41.25%	901
2	롯데시네마	30.08%	657
3	메가박스	20.05%	438
4	기타	10%	
	HHI = 41.25의 제곱 + 30.08의 제곱 + 20.05의 제곱 = 약 1,600 + 900 + 400 (상위 3개 업체) = 약 2,900		

---

3 과점에 의해 영업을 제한받는 주체들은 한국영화 비계열사 배급사들이므로 한국 영화 배급사별 점유율이 유의미한 기준임.

〈2013년 한국의 한국영화 배급시장 HHI지수〉

배급사	NEW	CJ	쇼박스	롯데	아이러브	계	기타
상영편수	12	25	12	16	1	66	153
관객점유율	29.4	28.0	22.9	13.3	2.5	96.1	3.9%
	HHI = 900 + 784 + 529 + 177 (상위 4개 업체) = 약 2,390						

업체의 시장점유율이 75%인 경우 역시 3개의 업체가 각각 시장지배적 사업자로 규정되는데 이들의 3개 업체의 점유율이 똑같다고 가정할 때 총합 허쉬만허핀달지수가 1,875(25의 제곱 + 25의 제곱 +25의 제곱)이다.

이와 같은 상황은 하나의 기업집단이 2개의 연결된 시장에서 동시에 과점적인 지위를 가지고 있다는 취지에서 '동시과점적 수직계열화'라고 명명할 수 있다.

1개의 기업집단이 유통 및 생산단계상 서로 근접한 2개의 시장에서 상대적으로 높은 점유율을 가지는 것의 반경쟁적인 효과는 오래전부터 확인되어 왔다. 미국 법무부는 이미 1968년 기업합병지침(Merger Guideline)[4]에서 수직합병 후의 업체가 2개의 시장에서 각각 6% 및 10%의 점유율을 가지는 것을 문제시했을 정도였다고 한다.[5] 물론 수직합병지침은 1982년에 개정되어 1984년의 새로운 기업합병지침에 포함될 때 수직합병에 대한 엄격한 태도를 완화하였으나, 진입장벽을 높인다거나 동조행위(collusion)을 더욱 용이하게 만드는 효과가 있는 수직합병에는 반대할

---

4 Non-Horizontal Merger Guidelines, Department of Justice Merger Guideline, June 1984, https://www.justice.gov/atr/non-horizontal-merger-guidelines

5 Frederick R. Warren-Boulton, "The Contribution of the Merger Guidelines to the Analysis of Non-Horizontal Mergers", 20th Anniversary of the 1982 Merger Guidelines: The Contribution of the Merger Guidelines to the Evolution of Antitrust Doctrine, May 21, 2002, 〈http://www.justice.gov/sites/default/files/atr/legacy/2007/07/11/11709.pdf〉

것을 권고하였고[6] 특히 2개의 시장 중의 하나에서 HHI가 1,800이 넘는 경우에는 이러한 효과가 나타날 가능성이 높다고 보고 불허의 기준으로 삼았다.[7] 실제 1982년 기업합병지침에는 수직합병의 일방이 시장점유율이 20%를 넘을 경우 반경쟁적 효과가 클 것으로 보아 그와 같은 수직합병을 불허할 가능성이 높다(likely)고 되어 있다.[8]

우리나라의 수직합병 심사기준은 그에 비해 느슨한 편이다. 2017년 12월 20일 기업결합심사기준에 따르면[9] "결합후 일정한 거래분야에서의 시장집중도 및 그 변화정도가 다음의 어느 하나에 해당하[지 않]는 경우에는 … 경쟁이 실질적으로 제한될 가능성이 있다"고 다음과 같은 조건을 제시하고 있다.

> (2) 수직형 또는 혼합형 기업결합으로서 다음의 어느 하나에 해당하는 경우
> (가) 당사회사가 관여하고 있는 일정한 거래분야에서 HHI가 2,500 미만이고 당사회사의 시장점유율이 25/100 미만인 경우
> (나) 일정한 거래분야에서 당사회사가 각각 4위 이하 사업자인 경우

"경쟁이 실질적으로 제한될 가능성이 있다"는 판단의 조건은 엄격하다. 명제(A or B)의 부정은 명제(A0 and B0)이기 때문이다.

한국영화시장에서 CJ의 상영부문(CGV)와 CJ의 배급부문(CJ E&M)이 원래는 서로 계열사가 아니었다가 계열사가 되는 가상의 상황 또는 롯데의 상영부문과 롯데의 배급부문이 원래는 서로 계열사가 아니었다가 계열사가 되는 가상의 상황은 이 조건을 충족한다. 영화상영시장과 한국영화배급시장 모두 HHI가 2,500 이상이며 CJ와 롯데의 상영시장 지

---

6   Ibid.
7   Non-Horizontal Merger Guidelines, supra note 4.
8   Non-Horizontal Merger Guidelines, supra note 4.
9   [시행 2017.12.20] [공정거래위원회고시 제2017-22호, 2017.12.20, 일부개정].

분은 각각 25%를 넘으며 상영시장에서 1, 2위를 점하고 있다. 즉 그와 같은 수직계열화가 심사대상이 되었다면 공정거래위원회는 '경쟁이 실질적으로 제한될 가능성이 있다'고 판단했을 것이라는 의미이다. 물론 기업결합지침 스스로 밝히고 있듯이 위의 시장집중도 외에도 수직계열화의 경우 '시장의 봉쇄효과', '협조효과', '해외경쟁의 도입수준 및 국제적 경쟁상황', '신규진입가능성', '유사품 및 인접시장의 존재', '강력한 구매자의 존재'를 고려해야 하지만 우선은 위와 같은 정성적 평가를 필요로 하는 수직계열화라는 의미이다.

다른 주요 영화시장에서는 한국에서와 같이 상영 1-2위 업체가 다시 투자배급 1-2위를 점하며 각 시장의 50% 이상을 점유하는 규모의 '동시과점적 수직계열화'가 존재하지 않는다.[10]

II. 상영배급복합체의 문제 행위

1. 부율차별 및 부율담합

현재 극장이 박스오피스 매출에서 영화배급사에게 분배하는 부금의 비율 즉 부율은 전 시장적인 담합 상황에 있다. 상영배급복합체들을 포함하는 극장들은 외국영화에 대해서는 최근까지 박스오피스의 60%를 부금으로 주면서 한국영화에 대해서는 더 낮은 50%의 부금을 주고 있었다. 영화산업동반성장협의회(이하, 동반협)[11] 활동 등을 통해 2013년 7

---

10 박경신, "영화상영시장 및 '국산영화' 배급시장의 동시과점적 수직계열화―독점규제법 상 '이윤압착' 이론의 적용", 홍익법학, Vol.19 No.1(2018), 561-596면.

11 2011년 10월 21일에 영화계의 26개 단체와 기업, 정부 대표 등으로 구성한 〈영화산업동반성장협의회〉(이하 동반협)를 발족시켰고 2012년 7월 16일에 〈한국영화 동반성장 이행협약〉을 체결했으여 2013년 4월 8일에는 〈한국영화 동반성장 이행협약 부속합의문(안)〉을 내놓았다. 이 문건에는 '모든 개봉영화에 대하여 1주일

월경부터 서울의 극장직영관(극장소유자가 직접 운영)에서는 한국영화와 외국영화 모두 55%로 수렴되었고 2017년 현재 지방극장에서도 50%로 수렴되었지만 서울의 극장위탁관(CGV와 롯데에게 운영이 위탁된 극장)에 서는 외국영화에는 55% 그리고 한국영화에는 50%의 부금을 주고 있다.

부율차별이 아니라 하더라도 대부분 산업계의 예측은 지금과 같이 상 영시장의 집중도가 높지 않다면 부율은 지금보다 더 높을 것이라고 한 다. 부가판권 시장의 몰락으로 투자자에게 돌아가는 수익 중 극장 매출 이 차지하는 비율은 전체 매출의 약 80%인 상황에서는 미시경제학적으 로 보았을 때 배급사들은 최소한의 극장매출을 유지하기 위해서 더욱 높은 부율을 요구할 수밖에 없고 시장부율은 지금보다는 더욱 높은 수 준에서 형성되는 것이 자연스럽다. 한국영화에 대한 부율차별은 1980 년대 후반 할리우드 영화의 직접배급이 시작되면서 할리우드 영화에 비 해 한국 영화의 경쟁력이 취약하여 생긴 관행[12]으로서 과거의 관행이 유 지되고 있는 것은 독점규제법상 특별한 주의를 요한다.

2. 조기종영과 교차상영 등 차별적 배급과 상영 – 소위 "스크린 독과점" 문제

상영배급복합체는 블록버스터를 밀어주기 위해[13] 다른 작품들을 조

최소 상영기간 보장, 배급사 서면합의 없는 변칙상영(교차상영 등) 불가, 공정한 예매 오픈(개봉 일주일 전 예매 오픈 권고, 9개 이상 스크린을 보유한 상영관의 경 우 최소 1주일 전 1회 이상 예매 오픈 준수, 목요일 개봉기준 최소 3일 전인 월요 일에 예매 오픈 원칙 준수), 스크린 수는 배급 단계에서 해당 영화의 예상 타깃층, 마케팅 요소 등을 종합적으로 고려한 합리적 배정' 등 상영 부문 공정환경 조성을 위한 내용이 담겨 있다.

12 이현승·맹수현, "극장관람료의 합리적 분배에 관한 연구", 영상예술연구, 11/30/ 2009, Vol.15, pp.221-247.

13 "〈명량〉은 개봉 첫 주말인 2014년 8월 3일(일)에 1,586개 스크린에서 7,960회를 상영(상영점유율 52.1%)했다. 이날 박스오피스 상위 10편 외 51편의 상영점유율 은 1.4%, 매출점유율은 0.5%에 불과했다. 〈어벤져스: 에이지 오브 울트론〉은 개

기종영하거나, 최소 상영기간을 맞추더라도 관객이 없는 조조 시간대나 심야시간대에 배치함으로써 변칙 상영을 하고 있다. 소비자들이 영화를 보고 싶어도 시간이 맞지 않아서 또는 너무 극장에서 빨리 내려서 보지 못하는 일들이 빈번하다. 이에 대해 공정거래위원회는 2008년 "① 멀티플렉스 CGV는 수직계열화를 통해 독점력을 강화해 영향력이 크다며 거래상 지위를 인정하고 ② 영화상영에 있어 최소 1주일 이상 상영기간 보장해 주는 묵시적 약정이 체결되었음을 확인한 후 ③ 이러한 묵시적 약정을 지키지 않은 것은 거래상지위를 부당하게 이용해 상대방에게 불이익을 주는 행위라며 제재한 바 있다.[14]

그러나 최소 1주일 상영을 지키는 범위 내에서 일부 영화들은 좌석점유율이 높은데도 불구하고 좌석점유율이 더 낮은 블록버스터들보다 더 적은 상영기회가 제공되는 관행이 계속 유지되고 있다.

3. 연장상영을 조건으로 한 부율변경

상영관들이 상영기간을 연장해 준다는 명분으로 처음 계약조건보다 배급사 측에 불리하게 부율을 변경하는 사례들이 있고 공정위는 이에 대해 시정명령을 내린 바 있다. 배급사 입장에서는 계약 시보다 부율이 불리하게 조정되어 수익분배율이 악화한다고 하더라도, 종영하는 것보다는 낫기 때문에, 상영기간 연장을 전제로 한 부율변경요구를 거절하기 어려운 것이다. 결국 수익분배율이 하락하면서 배급사 및 제작사가 큰 금전적 손해를 입는 결과로 이어진다.

공정거래위원회는 2008년 "피심인은 자기의 거래상의 지위를 이용하

봉 첫 주말인 2015년 4월 25일(토)에 1,843개 스크린에서 10,018회(상영점유율 68.2%)를 기록했다. 이날 박스오피스 상위 10편 외 78편의 상영점유율은 3.6%, 매출점유율은 0.8%에 지나지 않았다." 백일, 전게서.

14 씨지브이의 거래상지위남용행위(의결 제2008-056호).

여 상영계약기간 내에 있는 영화에 대하여 상영기간 연장을 명분으로
영화배급사의 수익분배비율을 당초 계약조건보다 불리하게 변경함으로
써 영화배급사에게 부당하게 불이익을 주는 행위를 하였다"며 제재한
바 있다.[15]

4. 무료초대권 발급행위

무료초대권은 극장에서 발급하는 것으로서 티켓가액이 0원으로 표시
되어 배급사에게 정산해 줄 상영관매출에는 포함되지 않아 극장 자체의
프로모선용 관람권이라고 볼 수 있는데 이것이 상영 수익에 대한 분배
를 악화시킨다.[16] 즉 입장권에 극장이름이 쓰여 있을 뿐 영화 이름이 쓰
여져 있지 않아 영화홍보에 전혀 도움이 되지 않으면서 극장만 돈을 번
다는 것이다. 무료초대권은 박스오피스 매출에 기여하지 않으므로 박스
오피스 매출의 반 정도를 부금으로 받아가는 비계열사 배급사들에게는
아무런 도움이 되지 않는 반면 극장들은 무료입장관객들에 대해 팝콘
및 드링크 매출을 올릴 수 있다. 비계열사배급사들의 영화를 무료로 이
용하여 유치한 관객들을 상대로 극장만 매출을 올리고 있는 것이다. 또
무료입장권 관객으로 관객숫자를 늘이면 극장들은 그만큼 높은 광고매
출도 올릴 수 있다. 요즘 영화 시작 전에 10여 분 동안 관객들이 광고를
보도록 하여 광고매출이 급상승하였는데 모두 비계열사 배급사들이 힘
들게 만든 영화를 극장들이 공짜로 보여 주면서 버는 돈이다. 게다가 아
래 설명할 최근 공정거래소송에서 CJ측이 스스로 제시한 증거에 따르더
라도, 무료영화권으로 영화를 본 사람들의 75% 정도가 무료영화권이

---

15   씨지브이, 롯데쇼핑, 프리머스시네마의 거래상지위남용행위에 대한 건(의결 제
      2008-057호, 057호, 059호).

16   더욱 자세한 산업적 검토는 박경신, "무료입장권: 대형멀티플렉스의 창조경제",
      http://slownews.kr/38230 〈2016년 12월 24일 최종방문〉.

없었다면 유료로 봤을 것이라고 하니[17] 비계열사들은 단순히 자신의 영화가 관객유치에 무료로 동원되는 것은 유료관객마저 빼앗기고 있으니 심각한 피해를 보고 있다.

공정위는 2008년 3대 멀티플렉스(롯데쇼핑, 메가박스, CJ CGV)에게 무료초대권 발급 등에 관해 시정명령을 내렸고 2015년에도 롯데쇼핑과 CJ CGV에 "거래상의 지위를 이용하여 영화배급사와 사전협의 없이 무료초대권을 발급함으로써 영화배급사에게 부당하게 불이익을 주는 행위"를 했다며 시정명령을 내렸다.[18] 하지만 시정명령 이후에도 해당 극장들은 표준상영계약서와 달리[19] 개별 상영계약서에 무료초대권을 발행할 수 있다는 규정을 첨가하여 발권행위를 지속했다. CGV와 롯데시네마는 무료초대권을 전체 매출의 10% 선에서 남발하다가 공정거래위의 2008년/2015년 시정명령 등이 있고 2014년 정부의 압력에 못 이겨 위에서 설명한 동반협의체 논의를 통해 5%대로 줄였을 뿐 아직도 본질은 바뀌지 않고 있다.

한편 2011년 사단법인 한국영화제작가협회(이하 제협)는 23개 제작사를 대표하여 멀티플렉스의 무분별한 무료초대권 발행에 대해 손해배상 청구 소송을 제기했다.[20] 2심은 공정위의 판단에도 불구하고 "공정위의 의결은 배급사와 '사전 협의 없이' 무료입장권을 발급한 것을 문제 삼은

---

17 무료입장권을 이용해 본 225명의 설문에서 72.4%는 '무료입장권이 없었더라도 돈을 내고 해당 영화를 보았을 것'이라고 응답하였고, 닐슨컴퍼니는 상영관 측에서 그래서 무료입장권 총액의 75% 만이 배급사 측이 입은 손해라고까지 언급하였다(2014년 10월 닐슨컴퍼니 조사).

18 롯데쇼핑(롯데시네마)의 거래상지위남용행위(의결 제2008-057호); 씨지브이 및 롯데쇼핑㈜의 시장지배적 지위남용행위 등에 대한 건(의결 제2015-125호 및 070호). 후자의 경우 제목과 달리 실제 적용된 조항은 법23조의 불공정거래행위 중 거래상 지위 남용이었다.

19 '상영자는 배급자의 사전 서면 동의 없이 또는 개별 상영계약서에서 정한 바에 따르지 않고, 포인트나 마일리지의 사용 등 그 명칭에 관계없이 무료입장권을 발매할 수 없다'(2011년 표준상영계약서 제8조 무료입장).

20 서울중앙지방법원, 2011가합15266.

것이며 무료입장권 발급 자체를 문제 삼은 것은 아니며 배급자의 서면
합의에 근거하여 발행한 무료초대권은 문제가 없다"며 원고 패소 판결
을 한 바 있다.[21]

5. 자기영화 밀어주기

CJ와 롯데는 담합을 하지 않더라도 각자 자기들이 투자배급한 영화들
에게 더욱 유리한 상영관 배정을 해 줄 동기를 갖게 되어 〈명량〉 등이
엄청난 스크린을 장악하는 일이 반복되면서 비계열배급사 및 제작사들
은 정당한 상영기회를 빼앗기게 된다. 이 상황은 여러 연구자에 의해 검
증된 바 있고[22] 최근에는 정상적인 이윤추구에 의해 설명된다는 반론에
대해서도 동일한 조건에서 상대적으로 제작비가 낮은 영화의 경우, 비
수직결합 배급사에 비해 수직결합 배급사 영화가 적게는 50%에서 많게
는 80%까지 더 많은 상영배정을 받는다는 재반론이 입증되었다.[23]

2014년 12월 공정거래위원회(이하 공정위)는 CJ와 롯데의 동의의결[24]
신청을 불인용한[25] 후 CJ CGV와 롯데시네마(롯데쇼핑)에 시정명령을 내

---

21 서울고등법원 2015년 1월 9일 선고 2013나74846 손해배상.
22 최영준, "한국 영화산업에서의 수직 통합과 영화 상영일수 관계", 『국제경영리뷰』,
   제11권 제1호(2007), 73-89면; 조정희, "영화 산업의 수직적 계열화가 개봉 시 영
   화 상영에 미치는 영향 분석: 상영관 수와 상영횟수를 중심으로", 고려대학교 석
   사학위 논문, 2015; 이근재·최성희·최병호, "한국 영화 산업에서 수직 결합이
   영화 상영에 미치는 영향: 상영 배제, 상영기간 차별 및 다양성을 중심으로", 『경
   제학연구』, 제57권 제2호(2009), 63-92면.
23 정필문, "제작비 규모에 따른 차별적 상영배정", 『경제학연구』, 제65집 제4호
   (2017), 85-125면.
24 사업자가 제시한 소비자 피해 구제 등 시정 방안에 대해 공정위가 의견수렴을 거
   쳐 그 타당성을 인정하는 경우 위법 여부를 확정하지 않고, 사건을 신속하게 종결
   하는 제도. 공정위 〈동의의결제도 운영 및 절차 등에 관한 규칙〉.
25 공정위 보도참고자료 〈공정위, 영화사업자 CJ, 롯데의 동의의결 신청건 불인용 결
   정〉 2014년 12월 3일 배포, 공정위가 동의의결 제도를 도입한 2013년 이래 신청
   된 5건 중 유일한 불인용 결정이다.

리면서 과징금(총 55억 원)을 부과했다.[26] 그러나 2017년 2월 고등법원은 공정위의 과징금 부과를 "자기 영화의 경우 5% 정도의 스크린을 더 배정했다고 하여 차별이라고 단정할 만한 증거가 없다"며 취소하였고[27] 대법원에서 확정되었다.

6. 극장 내 경비나 설비제공을 강요하는 행위[28]

CJ CGV와 롯데시네마는 함께 DCK(디시네마오브코리아)를 설립해[29] 필름영사기를 디지털영사기로 교체하면서 발생하는 비용의 약 80%를 배급사에게 디지털영사기사용료(VPF, Virtual Print Fee)라는 명목으로 징수해 왔다.[30] CGV/롯데가 강제로 비계열사배급사들에게 디지털전환비용을 전가하기 위해, 아날로그 시절 원래 받지도 않던 돈을 스크린당 80만원 정도를 배급사들로부터 받고 있는 것인데 이 역시 비계열사 배급사들이 동의할 수밖에 없다.

이에 대해 영화 〈26년〉의 배급사인 청어람이 거래상 지위 남용을 들어 소송을 제기했지만 2심에서 패소하고 대법원에서 심리불속행으로 확정되었다.[31] 이 역시 배급사가 서명을 했기 때문에 '강요되어 사용료

---

26 씨지브이 및 롯데쇼핑㈜의 시장지배적 지위남용행위 등에 대한 건(의결 제2015-125호 및 070호) 제목과 달리 실제 적용된 조항은 법23조의 불공정거래행위 중 거래상 지위 남용이었다.

27 머니투데이 2017년 2월 15일, "영화 갑질 논란 CGV·롯데, 과징금 55억 취소 판결" http://m.mt.co.kr/newapp/view.html?no=2017021519208237899 〈2017년 12월 24일 최종 방문〉

28 자세한 내용은 박경신, "가상프린트비: 디지털영화시대의 새로운 횡포", http://slownews.kr/17887 〈2017년12월24일 최종방문〉

29 CGV와 롯데시네마가 각각 50%씩 출자, 2008년 1월에 설립했다.

30 영화 〈26년〉(2014) VPF에 관한 소송 2심에서 법원은 극장이 DCK 설립 이전에 자발적으로 설치한 디지털 영사기에 대해 징수한 VPF의 부당함도 인정하지 않았다. DCK는 2016년 1월 사업을 종료했지만 메가박스에 디지털 영사기를 설치한 SONY는 여전히 VPF징수를 하고 있다.

를 지급한 것이라고 보기 어렵다'는 논리였다.

7. '문제영화' 상영 배제

CGV와 롯데시네마에 3위 업체인 메가박스까지 합치면 약 90%를 점유하고 있는데(다음 장에서 통계와 함께 설명) 이렇게 적은 수의 사업자가 시장을 포화시키고 있으면 암묵적인 담합이나 외압행사가 훨씬 용이해진다. 〈또 하나의 가족〉, 〈천안함〉, 〈다이빙벨〉에 대해 그런 의혹이 있는 이유이다.[32]

III. 현재 상황에 대한 법적 평가

1. 적용 법률

독점규제법은 크게 보면 (1) 시장지배적 지위 남용 (2) 부당공동행위 (담합) (3) 불공정거래행위를 규제하고 있다. (1)은 시장지배적 지위를 가진 사업자에게 적용되고 (2)는 복수의 사업자가 공동행위를 할 때만 적용되며 (3)은 모든 사업자들에게 적용된다. (1)은 시장지배적 지위를 가진 사업자가 시장의 경쟁상황 즉 가격, 생산량 및 다른 사업자의 숫자 등에 영향을 주는 모든 행위를 규율하고 (2)는 담합하는 복수의 사업자들이 그러한 영향을 주는 행위를 규율하는 반면 (3)은 단일한 사업자가 거래 상대방이나 제3자에게 부당하게 불이익을 주는 행위를 규율한다.[33]

---

31 서울고등법원 2015.12.10. 판결 2014나 21924, 2014나21931 (병합).
32 오마이스타, "〈또 하나의 약속〉 차별 논란 … 수치로 보니 확실하네", 2014년 2월 10일; 오마이스타, "'다이빙벨', 관객들이 돈 모아도 못 본다고?", 2014년 11월 20일.
33 대법원 2007.11.22. 선고 2002두8626 판결.

2. 법적 평가

가. 시장지배적 지위 남용행위

위의 문제행위로 거론된 대부분의 행위들은 시장지배적 지위 남용행위로 의율될 수 있다. 2015년 현재 3대 멀티플렉스의 극장 수 점유율은 80.2%, 스크린 수 점유율은 92.2%, 좌석 수 점유율은 92.5%이므로 3개 사업자의 점유율이 75%를 넘으므로 이들 중에서 사업자는 시장지배적 지위를 갖춘 것으로 볼 수 있다.

위에서 언급한 상영배급복합체의 대부분의 행위들은 비계열사 배급사들에게 그들이 원치 않는 계약조건을 강요하는 방식으로 진행되고 있다. 우리 독점규제법은 배제적 남용뿐 아니라 착취적 남용도 규율하고 있으며 비계열사배급사들이 원치않는 낮은 부율, 부율깎기, 열악한 상영조건, 부당한 설비비용, 무료초대권발행 등을 받아들이는 이유는 CJ나 롯데가 각각 상영시장에서 가진 40%, 30%의 스크린점유율 때문이다. 그러므로 주로 법 제3조의2 제1항 제1호의 부당한 가격조절 또는 법 제3조의2 제1항 제3호의 다른 사업자의 사업활동을 부당하게 방해하는 행위로 규율할 수 있다. 물론 행위의 부당성에 대해서는 시장 상황 등에 대한 면밀한 검토를 거쳐야 할 것이다.

그런데 시장지배적 지위가 명백한 상황에서 한번도 공정거래위와 법원 어디에서도 시장지배적 지위남용 법리가 적용되거나 다루어진 적이 없다. 이민호는 시장지배적 지위남용 규정의 해석에 있어서 한편으로는 경쟁제한성을 중점적으로 요구하고 다른 한편으로는 주관적 요건 즉 경쟁을 제한할 의도까지 요구한 포스코 판결[34] 이후 공정거래위원회가 똑같은 행위라도 시장지배적 지위남용의 적용을 꺼리게 되었다고 한다.[35]

---

34 대법원 2007.11.22. 선고 2002두8626 전원합의체 판결.
35 이민호·주현영, "시장지배적 지위 남용행위의 '부당성'에 관한 연구―판례를 중심으로", 『사법』, vol.1, no.22(통권 22호), 2012, 97-137면.

포스코판결의 주관적 요건은 농협판결[36]을 통해서 완화되었다는 의견
도 있다.

여기서는 여기서 실제 위반 여부를 검토하기 보다는 우리나라의 영화
시장의 특성을 강조하고자 한다. 즉 상영시장에서 3개의 시장지배자만
이 있는 것이 아니라 그 시장지배자 중에서 2개의 업체가 다시 상류시
장인 영화배급시장에서 각각 20-30%의 점유율(합하여 40-60%)를 행사하
고 있다는 점이다. 시장지배적 지위남용 법리의 적용도 이에 따라 달라
져야 한다고 생각하며 이에 대해서는 장을 바꿔 논의하고자 한다.

나. 부당공동행위

부율차별, 무료초대권, VPF 등의 사안에 있어서 CJ와 롯데는 담합 여
부는 확인되고 있지만 최소한 의식적 평행행위(conscious parallelism)를
하고 있는 것으로 보인다. 부율은 위에서 언급한 변화를 CJ와 롯데가 거
의 동시에 또는 한두 달의 간격을 두고 요율을 똑같이 변경하고 있고,
무료초대권의 발행율도 두 업체가 똑같이 변경해 왔다. 마지막으로
VPF의 경우 아예 CJ와 롯데가 DCK라는 합자법인을 세워 이를 통해
VPF를 똑같은 요율로 수령해 왔다. 부당공동행위에 대한 법적용이 활
발한 미국반독점법 하에서는 합자법인의 설립은 부당공동행위의 매우
강력한 증거라고 한다.[37]

부당공동행위의 증거가 없는 상황에서 부당공동행위 여부를 판단하
려고 하기보다는 이와 같은 의식적 평행행위가 위에서 말했던 동시과점
적 수직계열화 상황에 어떤 영향을 미치는가를 아래에서 살펴보기로 한
다.

---

36 대법원 2009.7.9. 선고 2007두22078 판결.
37 Interview with Chris Leslie, Professor, UC Irvine Law School, February 20,
2018.

다. 불공정거래행위

위에서 언급한 상영배급복합체의 대부분의 행위들은 비계열사 배급사들에게 원치 않는 계약조건을 강요하는 방식으로 진행되고 있다. 또 극장 점유율을 각각 30-40%를 가진 상영배급복합체가 극장매출이 영화계 전체 매출에서 80%를 차지하고 있는 상황에서 비계열사 배급사와의 관계에서 '거래상 지위'를 가지고 있음은 수차례 위에서 언급한 공정거래위원회의 심결례에서 밝혀진 바 있으며 이 부분에 대해서는 법원도 인정한 바 있다. 이에 따라 법 제23조 제1항 제4호의 거래상 지위 남용 법리의 적용이 유력하다고 할 수 있다.

그럼에도 불구하고 '거래상 지위 남용'에 있어서 이미 세 차례 판결(무료초대권, VPF, 자기영화 밀어주기)에서 공정거래위원회의 판단이 실질적으로 무효화되었다. 기본적으로 거래상지위남용은 불공정거래행위 중에서 경쟁제한성 불공정거래행위가 아니라 불공정성 불공정거래행위로서 실체적인 불공정성 즉 거래수단이나 거래내용의 불공정성을 요구한다. 그런데 바로 이 지점에서 법원은 VPF판결, 무료초대권판결, 자기영화밀어주기 판결에서 각각 "사전협의"가 있었다는 이유로 거래상 지위 남용을 부인하였다. 그러나 아래에서 설명하겠지만 동시과점적 수직계열화 상황에서는 여기서의 '사전협의'는 거의 의미가 없으며 거래상 지위 때문에 강압을 느꼈다는 증언을 할 비계열사 배급사 직원도 있을 수가 없다는 것이 중론이다.

결국 거래수단이나 거래내용의 실체적인 불공정성을 별도로 요구하지는 않고 객관적인 경쟁제한성을 중심으로 입론되는 시장지배적 지위 남용이나 경쟁제한성 불공정거래행위가 현재의 상황을 더욱 정확하게 다루는 법적 기준이 될 수 있다고 본다. 시장지배적 지위 남용 역시 포스코 판결이 경쟁제한의 의도라는 주관적인 위법성 요건을 추가하였지만 농협판결에 의해 다시 완화되었다. 참고로 자기영화밀어주기 판결에서는 경쟁제한적 불공정성 불공정거래행위인 거래상대방 차별(즉 계열사 부당지원) 법리가 적용이 되었지만 이에 대해서는 자기영화 밀어주기의 규모가 미미하다는 이유로 차별을 확인한 사실판단이 항소심에 파기되었다.

3. 한국영화시장의 특성을 고려한 시장지배적 지위 남용법리의 적용가능성

가. 자기거래의 '업계표준'화

위에서 살펴보았듯이 상영배급복합체의 다양한 거래행위는 공정거래위원회에 의해 여러 차례 제재를 받았지만 법원에서 역시 여러 번 취소된 바 있다. 법원판결을 기준으로 보면 현재 시장 상황은 법적으로는 큰 문제가 없다고 생각할 수 있지만 영화산업 내부에서의 불만은 끊이지 않고 있다. 여기서는 법원판결의 당부당을 떠나서 아직 공정거래위원회나 법원에서 다루지 않은 새로운 법적 가능성을 다뤄 보고자 한다.

우리나라에서는 CJ와 롯데 두 개 업체가 합하여 전국 스크린의 70%를 점유하고 있고(위에서 설명) 한국영화의 40-60%[38]를 스스로 또는 계열사를 통해 투자배급하고 있다. 즉 **동시과점적 수직계열화** 상황이다.

이들이 배급 상영 각각의 시장에서 자신의 계열사가 아닌 한국영화 배급사들(이하, "비계열사 배급사")이나 자신의 계열사가 아닌 극장들(이하, "비계열사 극장")을 경쟁에서 압도하는 것이야 뭐라고 말할 수 없다. 하지만 한국영화계에서는 ① CJ와 롯데가 합하여 스크린의 70%를 점하는 극장독과점 ② CJ와 롯데 각각의 수직계열화 (특히 배급에서도 한국영

---

[38] 매출기준 CJ/롯데시네마 약 50%(2012년), 40%(2013년), 60%(2014년). CJ와 롯데의 수평담합 + 수직결합 + 독과점에 의해 영업을 제한받는 주체들은 한국영화 비계열사 배급사들이므로 한국영화 배급사별 점유율이 유의미한 기준이다. 관련시장 획정과 관련해서는, 법원이 공정거래위원회의 결정을 수용하는 것이 일반적이다. 그동안 공정위 심결들을 보면, 외국영화는 제외하고 한국영화를 기준으로 시장획정하는 것이 일반적인 것으로 보인다.

화 합산 40-60% 점유) ③ CJ와 롯데의 상호의식적인 평행 행위(반드시 담합이라고 볼 수는 없지만 다른 업체의 거래조건을 의식하면서 그와 비슷하게 자신의 거래조건을 정하는 행위)라는 3가지 요소가 복합적으로 작용하면서 불공정한 관행들이 발생하고 있다.

핵심적으로는 CGV와 롯데시네마가 합산 70%의 스크린을 무기로 비슷한 계약조건을 제시하면 비계열사 배급사들이 거부하기 어렵다는 점을 이용하여 부율, 가상프린트비용, 무료초대권 등에서 비계열사 배급사들에게 매우 불리한 "업계표준"을 만들어 강요하는 상황이 발생하고 있다. 롯데의 자사 배급부문이나 CJ엔터테인먼트는 각각 롯데시네마나 CGV가 제시하는 계약조건을 거부할 리 없고 이들의 동의만 받아도 이미 한국영화 배급의 50%(매출기준 2013년)가 되니 CJ그룹과 롯데시네마라는 2개기업집단만 합의가 되면 극장의 70%와 한국영화배급사의 50%가 동의하는 강력한 "업계표준"이 된다.

CJ와 롯데 상영부문은 자사의 배급부문과 거래를 하므로 최대한 상영쪽에 유리하게 계약을 할 수 있다. 실제로 2012년에서 2017년까지의 영업이익을 살펴보면 CJ의 상영부문인 CGV는 흑자 3천억 원 가량을 기록하는 동안 CJ의 투자배급부문인 CJ E&M은 적자 2백억 원 가량을 기록하고 있으며 이 영업손익의 상당부분은 CGV와 CJ E&M사이의 거래에서 유래한다. 이렇게 거래조건이 자사 배급부문에게 아무리 불리하여 배급부문의 이윤이 아무리 압착되더라도 그 이윤은 모두 자사상영부문에 누적되므로 자유롭게 차별적 부율, 가상프린트비용, 무료초대권, 교차상영 등 모든 분야에서 배급사에게 불리하게 조건을 정하더라도 아무런 손해가 없다. 특히 한국영화 배급의 50%를 CJ와 롯데가 점유하고 있으므로 위와 같이 상영 쪽에 일방적으로 유리하게 "업계표준"을 설정한 후 비계열사배급사에게 그 조건을 강요할 수 있다. 물론 비계열사배급사는 이 "업계표준"을 거부할 수는 있지만 여러 배급사들이 한정된 스크린을 차지하기 위해 경쟁하는 상황에서 부율, 초대권, 가상프린트비용 등에서 더 나은 조건을 위해 협상하기는 매우 어려운 상황이 된다. 왜냐하면 나머지 한국영화 40% 배급을 맡고 있는 비계열사 배급사들이 일정한 최소한의 계약조건을 극장측에 요구를 한다면 CJ와 롯데의 상영부문은 자사의 배급부문이 배급하는 영화들로 극장을 채울 가능성이 상존하기 때문이다.

여기서 짚고 넘어갈 것은 CJ와 롯데가 제시하는 "(비계열사 배급사를 약탈하는) 업계표준"의 규정력은 무료초대권 발행행위와 디지털영사기 비용강요에 대해 배급사들의 서면계약을 이유로 자발적인 것이었다고 판시한 법원판결의 비현실성을 보여 준다는 점이다.

비계열사 배급영화들에게 미치는 영향은 소비자에게 전가된다. 비계열사 배급영화들의 상영기회가 제한됨에 따라 소비자들은 원하는 영화를 보지 못하는 경우들이 비일비재하게 되었고 장기적으로는 전체 영화매출에서 투자배급사에게 돌아가는 이익이 줄어들고 다시 투자배급사들은 제작사들에게 제공하는 이익을 줄이면서 영화제작사들의 숫자가 줄어드는 현상이 나타났고 결국 제작예산이 10억 원 이상인 영화의 제작편수와 그런 영화를 만드는 제작사의 숫자는 계속해서 줄어들고 있다. 현재는 상영기회를 안정적으로 제공해 줄 수 있는 힘을 가진 CJ와 롯데를 거치지 않고 제작예산 30-40억 원 이상의 한국영화를 만드는 것은 상당한 위험부담을 동반하는 일이 되어 버렸다. 한국영화시장의 생산활동 중에서 가장 핵심이라고 할 수 있는 제작에 대한 결정을 2-3인이 장악하는 상황이 된 것이다.

나. 수직계열화된 시장지배적 지위를 이용한 이윤압착

위와 같은 "자기거래조건을 업계표준으로 확립하기" 그리고 이를 통한 경쟁사들의 고사는 독점규제법원리로는 시장지배적 지위 남용법리 중에서 다음과 같은 "이윤압착"[39]으로 포섭될 수 있다. 아직 이윤압착이 독점규제법의 어느 법조의 명령에 포함되는지는 불분명하나 제3조의2 제

1항 제3호의 사업방해행위가 유력하다고 한다.[40] 이윤압착(price squeeze, margin squeeze)은 시장지배적 지위 남용의 하나의 유형으로서 수직적으로 통합된 시장에서 독점사업자가 상류시장의 가격과 하류시장의 가격의 폭을 좁게 책정하거나 상류시장의 가격을 하류시장의 가격과 같거나 더 높게 책정하는 방법으로 하류시장에서 효율적인 경쟁자를 배제하는 행위를 말한다.[41]

유럽의 사례로서 도이치텔레콤(DT)이 자신의 경쟁사업자의 가입자회선(local loop)에 대한 접속요금("wholesale access")을 일반 전화가입자의 소매요금("retail access")보다 높게 설정함으로써 소위 "이윤압착"을 범하였음을 유럽사법재판소가 확인한 바 있었다. DT는 1998년부터 독일 국내법에 따라 인터넷접속 서비스 시장에서 경쟁사업자들에게 자신의 가입자회선(local loop)에 대한 접속을 제공할 법적 의무를 부담하고 있었다. 그럼에도 불구하고 독일 내에서는 여전히 가입자회선의 공동활용(LLU: Local Loop Unbundling)이 거의 이루어지지 않고 있었으며, 이에 따라 2003년까지도 광대역(ADSL)과 협대역(아날로그 및 ISDN) 소매 접속시장에서 DT의 시장점유율은 95%에 달하고 있었다. 다수의 시장진입자들이 DT와 경쟁하려 하였으나, 당시 전국적인 인프라설비를 보유한 유일한 유선사업자였던 DT는 그 경쟁사업자들에 대하여 최종소비자에 대한 소매요금보다 높은 도매 접속요금을 부과하였고, 결국 어느 사업자도 상당한 점유율을 획득할 수 없었던 것이다.[42]

도이치텔레콤 사태와 비슷하게 프랑스에서도 가입자회선 사업에서

---

39 金炫秀, "이윤압착의 규제 필요성과 위법성 판단기준", 기업법연구, 2011-06 25: 189-216.

40 이민호·주현영, 앞의 논문, 129면.

41 손영화, "가격압착(price squeeze)에 관한 연구—미국에서의 논의를 중심으로", 경제법연구, 04/30/2016, Vol.15, Issue1, pp.3-34.

42 황주연, "동향 : Deutsche Telecom의 이윤압착에 대한 유럽법원 판결", 정보통신방송정책 20권10호, 2008년 6월, 37-42면.

시장지배적 지위를 가진 프랑스텔레콤은 Wanadoo라는 자회사를 통해 인터넷접속서비스를 제공하고 있었고 경쟁 인터넷접속서비스제공자들의 가입자회선 접속료는 매우 높게 요구하는 반면 Wanadoo는 경쟁사들을 도태시킬 정도의 소매가격을 제공하였다.[43] 프랑스 공정위는 이를 '이윤압착'으로 다룰 수 있었으나 Wanadoo가 인터넷접속서비스 시장 자체에서도 이미 지배적 지위를 가지고 있어 이를 기준으로 '약탈적 가격책정(predatory pricing)'으로 판정하였다.[44] 당시 '이윤압착'으로 판정하지 않은 이유는 프랑스텔레콤이 Wanadoo를 100% 소유하지 않고 70%만 소유하고 있었기 때문이라고 한다. 실제 결정에 있어서는 Wanadoo에게 인터넷접속 소매가격을 높이라고 하지 않고 프랑스텔레콤에게 Wanadoo의 경쟁사들에게 요구하는 가입자회선 접속료를 낮추라고 한 점은 실질적으로 '이윤압착'의 문제였음을 보여 준다.[45]

모든 이윤압착은 상류시장과 하류시장 모두에서 지배력 또는 영향력을 갖춘 수직계열화 사업자가 상류사업부문이 하류사업부문에 생산요소 가격을 약탈적으로 높게 요구하는 행위 즉 일정한 자기거래를 동반한다. 물론 자신의 하류사업부문에만 낮은 가격을 요구하고 비계열사 하류사업자들에게만 높은 가격을 요구해도 되지만 그것은 가격차별이나 부당지원이라는 별도의 독점규제법 위반을 발생시킨다. 그러므로 자신의 하류사업부문에도 높은 가격을 요구해야 하는데 어차피 수직계열화되어 있기 때문에 하류사업부문이 지불하는 고비용은 상류사업부문의 이윤으로 축적되기 때문에 수직계열화 사업자 전체적으로는 문제가 없다.

이를 한국 영화시장에 적용해 볼 경우 다음과 같이 입론해 볼 수 있

---

43 홍명수, "EU 경쟁법상 약탈적 가격 규제 법리의 검토와 시사점: France Telecom 판결을 중심으로", 법학논고(경북대), 2017-08 59:259-284면.

44 COMP/38.233 Wanadoo Interactive, Commission Decision of 16 July 2003. Para 331.

45 Paolo Palmigiano, "Abuse of 'Margin Squeeze' under Article 82 of the EC Treaty and its Application to New and Emerging Markets", May 2005.

다. 전통적인 시각은 배급사가 극장과 상영계약서를 체결할 때 배급이 상류시장이고 상영이 하류시장이며 배급사가 생산의 투입요소인 영화를 극장에 제공한다는 것이다. 그렇다면 상류시장에서 지배적 지위를 가지고 있는 CJ와 롯데는 영화를 매우 비싸게 제공하고 극장의 관람료를 낮게 유지하여 비계열사 극장들을 CJ와 롯데의 극장부문과의 경쟁에서 도태시킬 수 있다.

그러나 실제 상황은 이와 정반대이다. CJ와 롯데의 극장부문은 극장 측에 매우 유리한 조건을 제시하여 비계열사 배급사들의 이윤을 압착하고 있다. 이 상황을 독점규제법의 '이윤압착'의 틀에서 검토할 수 있을까?

그렇지 않을 이유가 없다. 즉 CJ와 롯데의 극장부문(하류시장)도 매우 낮은 가격으로 영화를 구매하는 한편 자신의 상영부문(상류시장)이 낮은 가격에 응찰하도록 하면 비계열사 배급사들도 어쩔 수 없이 낮은 가격에 영화를 극장부문에 제공할 수밖에 없다. 특히 수직통합사업자들의 상영부문이 이미 배급시장의 40-60%를 점하고 있는 상황에서 비계열사들의 영화가 아니어도 자신들의 극장을 채울 수 있는 영화는 풍족하므로 비계열사들은 상영계약조건을 개선해 달라고 요구하기가 어렵다.

이윤압착이 완성되려면 수직통합사업자의 상류사업자(투자배급부문)가 비계열사배급사의 원재료인 영화제작프로젝트를 비싼 가격에 매점매석하여 비계열사 배급사들이 매우 비싼 가격이 아닌 이상 원재료를 구매할 수 없도록 해야 하는데 실제로 그런 현상이 나타나고 있다. 즉 스타감독, 스타배우가 포함된 제작프로젝트들을 수직통합 투자배급사들이 높은 출연료 및 높은 감독보수 등의 고가에 점유하여 비계열사 배급사들이 접근하기 어렵게 해 놓았다. 그리고 수직통합사업자는 이렇게 높은 가격으로 구매한 프로젝트에 투자한 비용을 회수하기 위해서 1천 개 이상의 스크린을 점유할 수밖에 없게 된다.

"이윤압착" 원리의 의의는 다음과 같다. 대법원이 2015년 CJ그룹과 롯데그룹에 내린 공정거래위원회의 자기영화 밀어주기 시정명령을 취소하면서 자기계열사 영화에 대한 추가로 배정한 스크린이 5% 정도밖에 안 된다는 논리를 폈다. "이윤압착"은 자기영화 밀어주기 등 비계열사에 대한 차별 없이도 비계열사를 고사시킬 수 있다는 점을 보여 준다. 또 스크린 독과점 현상 즉 한두 개의 영화에 대량의 스크린을 배정하는 원인도 간접적으로 밝혀 준다.

4. 소결 및 해법

위에서 보았듯이 한국영화시장의 극장-배급사 거래에서 나타나는 "자기거래에 힘입은 약탈적인 업계표준" 현상과 이를 통해 중견작 및 중견제작사들의 숫자가 줄어드는 현상은 독점규제법상의 시장지배적 지위 남용 행위인 '이윤압착'으로 규정할 수 있다.

이를 해소하기 위해서는 한국영화시장의 특수한 3가지 조건 중의 한 가지만 시정하면 된다. ① CJ와 롯데가 합하여 스크린의 70%를 점유하지 못하게 하거나 ② CJ와 롯데가 합하여 높은 시장점유율의 한국영화 배급을 하지 못하도록 하거나 ③ CJ와 롯데가 배급부문이나 상영부문에서 담합이나 평행행위를 하지 못하도록 하면 된다.

이에 대한 해결책으로서는 수직계열화 금지가 해법으로 검토된다.[46] 그러나 구조규제는 시장지배적 지위를 가진 사업자들의 영업의 자유를 심대하게 제한하므로 행태규제나 폐해규제가 제대로 기능하지 못할 때 집행하는 것이 옳다. 실제 그런 구조규제가 필요하다는 입장[47]도 있고

---

[46] 윤충한·김홍대, "영화배급, 상영의 수직계열화가 상영영화 선택 및 상영횟수에 미치는 영향", 『문화경제연구』 제15권 제2호, 2012; 이영대·최경규, "영화산업의 불공정거래 규제방안: 수직계열화에 대한 구조규제 가능성을 중심으로", 『중소기업연구』 제36권 제6호, 2013; 최영준, "한국 영화산업에서의 수직 통합과 영화 상영일수 관계", 『국제경영리뷰』 제11권 1호, 2007; 영화진흥위원회, "영화산업 내 대기업의 상영과 분리 검토", 2012년 6월(대외비).

[47] 이영대·최경규, "영화산업의 불공정거래 규제방안: 수직계열화에 대한 구조규제

유보적인 입장이 있다.[48]

단, 구조규제에 신중한 입장은 시장지배적 사업자에 대한 영업의 자유 침해 때문인데 아래에서 밝히겠지만 수직계열화 해소를 한 회사의 영업부문전체를 매각하도록 하지 않아도 위의 ①과 ②에만 영향을 주어도 '약탈적 업계표준' 문제는 어느 정도 해소될 수 있다. 즉 CJ와 롯데가 담합 또는 상호의식적 평행행위를 하지 못하도록 하거나—이에 대해서는 별도의 연구가 필요하다—CJ와 롯데가 상영이나 배급의 영업부문 일체를 매각하지 않더라도 어느 한쪽의 점유율이 대폭 떨어지게 되면 비계열사배급사나 비계열사극장들에게 미치는 영향이 급속하게 줄어든다. 왜냐하면 비계열사배급사가 스크린을 구매할 수 있는 통로(또는 콘텐츠를 공급할 수 있는 스크린 숫자)가 늘어나면 더 유리한 조건으로 극장과 계약을 할 수 있고 특히 상영배급복합체가 의지할 수 있는 자사배급 콘텐츠의 점유율이 줄어들면 비계열사배급사들의 콘텐츠를 구입하기 위해 거래조건을 너그럽게 제시할 동기가 발생한다.

이에 따라 인터넷멀티미디어방송사업법[49]이나 신문방송겸영금지와 관련된 논의에서처럼[50] 1개의 업체가 상영시장과 한국영화 배급시장에

가능성을 중심으로", 『중소기업연구』 제36권 제6호, 2013.

48 노철환 한국 영화관시장, 배급상영문제 진단과 대안, 아시아영화연구 9권 1호 (2016.8), 33-72면. 신영수, "영화산업 개편 수단으로서 구조적 시정조치의 타당성에 관한 검토", 법학논총(국민대) 29(1), 2016.6, 335-375면.

49 인터넷 멀티미디어 방송사업법 제13조(시장점유율 제한 등) ① 특정 인터넷 멀티미디어 방송 제공사업자는 해당 사업자와 특수관계자인 인터넷 멀티미디어 방송 제공사업자, 방송법 제2조 제3호 나목 및 다목에 따른 종합유선방송사업자 및 위성방송사업자를 합산하여 방송법 제12조 제2항에 따라 미래창조과학부장관이 고시한 방송구역별로 인터넷 멀티미디어 방송, 종합유선방송, 위성방송을 포함한 전체 유료방송사업 가입가구의 3분의 1을 초과하여 서비스를 제공할 수 없다.

50 신문·방송 겸영금지 조항(미디어법)을 두고 논란이 벌어졌던 2009년, 박근혜 당시 한나라당 의원은 (1) 신문이나 통신의 방송진출을 허용하되, 구독률 20% 이상의 신문사는 방송에 진출하지 못하도록 하는 '사전규제'와 (2) **신문과 방송의 점유율을 합산한 '매체 합산 시장 점유율'이 전체 여론 시장 점유율의 30%를 넘지 못하도록 하는** '사후규제' 방안이 포함된 수정안을 대안으로 내놓은 적도 있었음.

서 가지는 합산점유율을 제한하는 해법을 고려해 볼 수 있다. 이는 하나의 시장에서 일정한 지위나 점유율[51]을 확보하면 다른 시장에서 높은 지위나 점유율을 차지하지 못하도록 함으로써 약탈적인 "업계표준" 현상이 나타나지 못하도록 하는 것이다.

IV. 결 론

한국영화산업에서는 각각 상영업과 '한국영화' 배급업에서 CJ와 롯데 2개사가 스크린수 대비 70%, 매출대비 40-60%의 점유율을 가지고 있는 동시과점적 수직계열화 현상이 나타나고 있고 이 두 회사가 자신들의 시장영향력을 바탕으로 상영횟수 및 시간, 부율, 무료초대권, 가상프린트비용 등 배급사들에게 불리한 상영계약 조건들을 제시하여 왔고 공정거래위원회는 이에 대해 수차례 제재를 가한 바 있다. 그러나 공정거래위원회의 조치들의 일부는 법원에서 취소되었고 비계열사 배급사들과 제작사들은 아직도 영업의 자유와 다양성의 부재를 호소하고 있다.

이 글에서는 기존의 공정거래위원회의 조치들이 터잡은 거래상지위 남용 법리가 아닌 시장지배적 지위 남용법리에 터잡은 분석을 시도하였다. CJ와 롯데 모두 자신의 상영부문과 배급부문 사이의 내부거래조건들을 상영부문에 매우 유리하게 구성한 후 이를 비계열사 배급사들에게도 받아들일 것을 요구하고 있다. 이 회사들은 상영시장에서 합산점유율이 70%이면서 비슷한 조건을 제시하기 때문에 비계열사들에게는 강압적으로 받아들여지고 또 두 회사의 배급시장 합산점유율이 40-60%여

---

51   2003년 미국 FCC가 TV-일간신문, TV-라디오, 복수TV 겸영 제한을 완화하기 위해 제안한 것으로서 ABC, CBS, NBC, Fox 등의 4개 업체를 염두에 두고 상위 4개 업체는 특정 지역언론시장에서는 겸영을 하지 못하도록 함. 2009년 당시 박근혜 의원이 제안한 사전규제도 맥락을 같이하고 있다.

서 실제로 그 정도의 한국영화가 같은 조건으로 배급되고 있어서 "업계 표준"의 규정력을 갖게 된다. 그리고 수직계열화 상황에서는 아무리 자사의 배급부문에 불리하더라도 그 비용은 고스란히 상영부문에 이윤으로 누적되기 때문에 2개사에게는 손해가 없는 반면 비계열사 배급사들은 계속해서 이윤이 줄어들게 된다. 이와 같이 양 시장에서의 시장영향력을 바탕으로 자기거래조건을 시장에서 규정력 있는 업계표준으로 부풀려 경쟁사의 숫자를 감소시킨 행위는 시장지배적 지위 남용 중에서 "이윤압착" 행위와 비슷한 면이 있다.

이를 막기 위해서는 수직계열화를 원천적으로 금지하지 않더라도 2개사의 평행행위를 중단시키거나 CJ나 롯데가 상영시장과 배급시장 둘 중의 하나에서 시장지배력을 갖지 못하도록 줄이는 정도의 규제로도 위와 같은 행위를 막을 수 있다.

자율주행자동차의 상용화와 부수되는 문제점

박세민*

I. 서 론

　미래 자동차 산업의 최대 변수가 될 자율주행자동차는 궁극적으로 사람이 운전하지 않은 채 인공지능이 탑재된 자율주행시스템에 의해 운행이 되고(autonomous vehicle, driverless car) 이를 위해 주변 차량과 각종 인프라 및 정보와 무선으로 송수신되는 차량(connected vehicle)을 의미한다. 향후 자율주행자동차에 탑승한 사람은 잠을 자거나 업무를 처리하고 또는 영화나 TV를 보거나 음악감상을 할 수 있다. 자동차 스스로 주행이 가능하기 때문이다. 트럭 등에 의한 택배나 화물운송 등도 자율주행에 의해 이루어질 전망이다. 버스와 택시 서비스도 자율주행에 의해 이루어지게 될 것이다. 퇴근을 앞두고 집에 주차되어 있는 차를 회사로 호출하는 방식이 확대되면 주차 공간 문제도 상당부분 해결할 수 있을 것으로 전망되고 있다. 지능형 교통시스템에 기초하여 합리적인 교통신호 조절을 통해 교통 체증을 감소시킬 수 있고, 자율주행 시스템에

　*　고려대학교 법학전문대학원 교수.

의한 차량 간격을 효과적으로 유지하면서 정속운행을 통해 연료효율을 높일 수 있으며, 공회전이나 차량대기 시간 등의 절약을 통해 환경 문제에도 긍정적인 효과를 가져다줄 수 있다. 고령운전자나 신체장애를 갖고 있는 사람들에게는 획기적인 장소 이동의 편의를 제공할 수 있다. 또한 소유개념 대신 차량의 공유 개념이 확대함으로써 자동차의 가치를 극대화할 수도 있다. 세계적인 금융 서비스 회사인 모건 스탠리는 자율주행자동차의 도입으로 발생하는 편익이 2013년을 기준으로 연간 1조 3,000억 달러에 달하는 것으로 분석하고 있다.[1] 세계적인 자동차 제조업체와 IT 업체 등은 시장 선점을 위해 막대한 투자와 개발을 추진하면서 2020년 이후에는 부분자율주행자동차 또는 완전자율주행자동차의 상용화가 이루어질 것으로 기대되고 있고 상당부분 기술적 진전도 거의 완성단계에 이르고 있다. 그러나 자율주행자동차의 등장은 지금까지 추상적으로만 생각해 왔던 문제들이 본격적으로 구체화되고 그 판단 기준의 정립에 어려움을 겪을 수도 있다. 아래에서는 자율주행자동차의 개념과 개발 수준을 살펴보고 상용화에 따른 예상되는 문제점들을 살펴본다.

II. 자율주행자동차의 개념

1. 정 의

차량 스스로 차선, 표지판, 주행정보, 장애물, 신호등과 같은 도로 주

---

1 김범준, "무인자동차의 상용화에 따른 보험법리의 개선", 상사판례연구 제26집 제3권, 2016.9, 376-377면; 김해식, "무인자동차의 등장과 자동차보험시장의 미래", KiRi Weekly 포커스 2012.12.12, 보험연구원, 11면; 이종영·김정임, "자율주행자동차 운행의 법적문제", 중앙법학 제17권 제2호, 2015.6, 중앙법학회, 147면; 권영준·이소은, "자율주행자동차 사고와 민사책임", 민사법학 제75호, 2016.6, 한국민사법학회, 455면; MK 뉴스 2018년 6월 22일자 기사 참고.

변의 주행 환경과 도로 위의 다른 차량이나 보행자 등 주변 물체를 카메라와 레이더 등이 인지하여 그 영상과 데이터 신호를 컴퓨터가 분석하고 컴퓨터 내에서 일정한 알고리즘을 형성하여 운전자에 의한 인위적인 운전행위 없이도 자동차의 속도와 방향을 제어하면서 입력된 목적지까지 시스템에 의해 스스로 주행하게 되는 자동차를 자율주행 자동차라고 한다.[2] 자율주행자동차는 사람이 개입하지 않고(driverless car) 시스템에 의해 자율적으로 자동차가 운행되는 이러한 특성(autonomous vehicle) 이외에 무선 통신에 의해 주변 차량과 각종 데이터 및 인프라와의 송수신이 결합(connected car)되는 것을 요소로 하고 있다. 1980년대 인기리에 방영되었던 미국 드라마 '전격 Z작전'에서 등장하는 인공지능 차량인 '키트'나 영화 '데몰리션 맨'에 나오는 자율주행 경찰차 등 2000년대 이전에는 영화나 드라마에서만 볼 수 있었던 자율주행 자동차가 2010년 구글 자율주행 프로젝트의 시행으로 인해 현실로 다가오고 있는 것이다. 자율주행자동차가 현재 시점에서 전 세계적으로 엄청난 주목을 받고 있는 이유는 일반 자동차가 빈번히 야기하는 교통사고, 교통체증 또는 주차문제 등을 해결해 줄 수도 있을 것이라는 기대 때문이라고 할 수 있다. 국내에서는 해마다 5,000여 명이 교통사고로 사망하고 있고 전 세계적으로는 130만 명이 차량사고로 사망하는 것으로 알려지고 있다. 이 숫자는 전쟁 사망자보다 많다.[3]

일반적으로 자율주행자동차에는 '차선유지시스템 LKAS(Lane Keeping Assistance System)', '오토파일럿 관련 OTA(Over The Air)', '고속도로 자율주행기능 HAD(Highway Autonomous Driving)', '선행차량 추종을 돕는 기능(Preceding Vehicle Following: PVF)', '도심 자율주행 및 보행자 감지를

2 이충훈, "자율주행자동차의 교통사고에 대한 민사법적 책임", 법학연구 제19권 제4호, 2016.12, 인하대학교 법학연구소, 141면; 한민홍, "무인자동차의 기술 및 동향", 로봇공학회지 제5권 제3호, 한국로봇학회, 2008,

3 MK 뉴스, 2018년 6월 22일자 및 6월 28일자 기사 참고.

돕는 기능(Urban Autonomous Driving: UAD)', '혼잡구간 주행지원 시스템 기능(Traffic Jam Assis: TJA)', '긴급제동 시스템(Emergency Stop System: ESS)', '운전자의 안구 흐름을 분석하는 기능(Driver Status Monitoring: DSM)', '자동주차기능(Autonomous Parking: AP)', '충돌방지기능(Crash Warning System: CWS)', '차선이탈경고기능(Lane Departure Warning System: LDWS)', '충돌완화감속기능(Collision Mitigation Braking System: CMBS)' 등 최첨단 기술이 탑재되어 레이더 또는 라이더[4] 등에 의해 스스로 그 기능을 수행하게 된다.[5]

이를 위해서는 주행 중 인식된 결과를 차량에 제공하고 다른 차량과의 통신 및 중앙데이터 통제 시스템과의 통신과 그 인프라 구축 등 V2X(Vehicle to Everything, 차량 대 사물 간 통신)와 V2I(Vehicle to Infrastructure, 차량 대 도로 간 통신) 통신기술이 중요하다.[6] 현재의 교통신호기와는 별도로 자율주행에 필요한 데이터 통신과 자율주행정보의 원활한 송수신을 위한 특수한 인프라의 구축이 중요하다.

자율주행자동차에서 인공지능에 의한 딥러닝(deep learning) 과정은 매우 중요한 영역이다. 자율주행자동차가 현재의 도로주행 상황을 인식하고 주행을 계속하기 위해서는 도로 위의 다른 차량이나 보행자들과의 일종의 커뮤니케이션이 필요하다. 왜냐하면 이들도 자신들의 판단에 따

---

4 라이더(LiDAR)는 빛으로 거리와 물체를 감지하는 기술을 말한다. 직진성이 강한 레이저를 활용해 물체 위치와 거리를 정밀하게 측정하는 자율주행의 핵심 센서이다. 이를 통해 획득한 3차원 데이터로 주변 수십 미터 반경 상황을 실시간으로 분석할 수 있다. 전파를 사용하는 레이더(Radar)보다 성능이 뛰어난 반면 가격이 비싸다. 한국경제, "네이버, 자율주행차 '눈'에 6500만불 공동투자", 2017년 9월 8일자 기사.

5 ZD Net Korea, "'드라마도 관심' 현실화된 자율주행차", 2016년 6월 22일자 기사; 김범준, "무인자동차의 상용화에 따른 보험법리의 개선", 상사판례연구 제26집 제3권, 2016.9, 373면.

6 김영훈, "자율주행자동차 운행과 책임보험법제에 관한 연구", 고려대학교 석사학위논문, 2017.6, 13면.

른 행동을 하게 되기 때문이다. 커뮤니케이션을 통해 서로가 도로 위에서 주행과 보행을 할 수 있게 되는 것이다. 그런데 커뮤니케이션 때문에 차량의 속도를 줄이거나 지체를 해서는 안 될 것이다. 심각한 교통장애를 야기할 수 있기 때문이다. 상황을 인식하고 판단하여 행동하고 다시 반응하는 학습과정을 반복하면서 자율주행자동차의 인공지능 시스템은 점점 더 완성도가 높아지게 된다.[7]

2. 자율주행 기술 단계

자율주행자동차를 기술적 발전 단계에 따라 분류하는 것은 국가나 기관에 따라 차이가 있다. 미국 도로교통안전국(NHTSA: National Highway Traffic Safety Administration)의 분류기준이 가장 널리 사용되고 있는데, 자율주행 기술단계에 따라 다음과 같이 분류하고 있다.[8]

레벨 0(비자동, No Automation)은 자동화시스템이 없고 운전자가 수동으로 제동, 조향, 감속이나 조종과 관련된 역할을 수행해야 하며 현재 생산되는 대다수의 일반 자동차가 여기에 해당된다. 차량에 따라 차선이탈경고(LDWS) 장치나 전방충돌경고(FCW) 장치 등이 장착되어 있더라도 운전하는 자는 도로상의 운전과 관련하여 완전한 통제권을 행사하고 유지한다.

레벨 1(특정기능 자동화, Function Specific Automation)은 운전자가 고도의 운전상의 주의의무를 부담하면서 주도적으로 차량조작을 해야 한다. 이 단계에서는 제동이나 가속 등 특정한 자동제어기술(차선유지기술, 크루즈콘트롤)이 시스템에 의해 작동될 수 있다. 그러나 각 자동화 기능은

---

7 매일경제, 2017년 10월 8일자 기사.
8 미국 도로교통안전국, Preliminary Statement of Policy Concerning Automated Vehicles; 김영훈, "자율주행자동차 운행과 책임보험법제에 관한 연구", 고려대학교 석사학위논문, 2017.6, 9-12면.

조합되어 기능하지 못하고 각각 독립적으로 기능을 하며 운전자는 주행 중 통제권을 항상 유지한다. 현재 판매되는 고급 사양의 자동차는 이 단계에 속한다.

레벨 2(복합기능 자동화, Combined Function Automation)는 시스템이 조향 및 속도, 제동 제어를 통합적으로 수행함으로써 운전자는 운전대와 페달에서 손과 발을 뗄 수도 있다. 2개 이상의 기능이 조합적으로 자동화된 차를 의미하며 앞차와의 거리를 계산해 간격이 좁아지면 서행하고 간격이 멀어지면 출발해 가속하는 적응형 정속주행 시스템(Adaptive Cruise Control: ACC), 고속도로 자율주행기능(Highway Driving Assist: HDA), 차선유지 기능(Lane Keeping Assistance System: LKAS) 등이 장착된 차로서 현재 판매되는 고급 차량의 일부가 이 단계에 속한다. 이 단계의 차량은 두 가지 이상의 자동화 기능이 조화를 이루고 작동하기 때문에 운전자는 손과 발을 사용하지 않는 등 운전행위 자체로부터는 어느 정도 자유로울 수 있다. 그러나 운전자의 전방주시의무는 일반 자동차 수준으로 요구되며 언제라도 통제권을 완전하게 행사할 수 있는 준비가 되어야 한다. 레벨 2 자동차는 이미 상용화단계에 와 있다. 레벨 2까지는 운행에 대한 주도권을 운전자가 가지고 있으므로 자율주행시스템은 이용자의 장소이동을 위한 보조적인 도구로서의 기능을 수행하고 있음이 명백하다고 할 수 있다. 이 경우 사고는 차량 이용자와 보유자의 책임 문제로 귀결되며 제조물책임이 문제되면 제조자의 책임이 부과될 수 있다.

레벨 3(제한적 자율주행, Limited Self Driving Automation)은 제한된 자율주행 수준을 말한다. 고속도로 또는 전용도로와 같은 특정 조건 및 환경하에서 운전자의 조작이나 개입 없이 시스템에 의한 자율자동 주행이 가능하여 자율주행시스템에 의한 완전한 통제가 이루어진다. 운전자는 손과 발을 사용하지 않고 일정한 시간 동안 전방주시를 하지 않아도 된다. 즉 기본적으로 자율주행이 가능한 단계이다. 다만 긴급 상황 등의 돌발 상황에서는 시스템에 의해 경고 신호가 작동되고 수동으로 전환하여 운전자에 의한 제어가 필요하게 된다. 다만 이 경우에도 시스템으로부터 운행 통제권을 운전자가 돌려받을 때까지는 합리적인 범위 내에서 시간이 주어지게 된다. 운전자가 탑승 후 자율주행 기능을 작동시킬 것인지를 정하며, 비상상황에서는 시스템에 의해 운전자에게 운행에 대한 제어권이 넘어온다. 2020년께 기술개발을 완료시킬 목적으로 현재 미국이나 유럽, 한국에서 시험운행 중인 자율주행자동차가 바로 이 단계에 해당된다. 자율주행모드와 수동모드가 모두 가능한 상태이며 자율주행모드에서 야기된 사고의 책임소재 규명을 위한 법리적 검토가 가장 필요한 단계이다.

레벨 4(완전 자율주행, Full Self Driving Automation)는 운전자가 목적지와 주행경로만 입력하면 모든 기능을 자율주행자동차 스스로 제어해서 운전하게 되며 운전자가 개입할 필요가 없고 심지어 탑승할 필요도 없다. 차량에 탑승한 자는 승객에 불과한 것이다. 차량에 따라서는 아예 운전대와 운전석, 브레이크와 가속 페달이 없는 경우도 있다.[9]

이러한 미국 도로교통안전국 기준에 따른다면 레벨 2까지는 차선변경, 차선유지, 자동비상제동 등 부분적인 자율주행기능이 단계적으로 작동은 되지만 운전자가 전방주시의무 등 고도의 주의의무를 여전히 부담하면서 운전에 대한 통제권을 갖고 제어를 할 수 있는 반면에, 레벨 3과 레벨 4에서는 사람이 아닌 시스템에 의해 운행이 자동으로 이루어진다는 근본적인 차이가 있다. 특히 레벨 4에서는 비상상황에서도 운전자가 운전에 대한 통제권을 시스템으로부터 돌려받아야 할 의무가 없으며 비상상황에서도 시스템이 안전하게 운전을 하도록 프로그램화되어 운전자의 개입이 전혀 요구되지 않게 된다.[10]

---

9 또 다른 자율주행자동차 단계 구별 기준인 미국 자동차공학회(Society of Automotive Engineers: SAE) 기준에 따르면 일반적 도로환경에서 이루어지는 자율주행시스템을 레벨 4, 모든 환경에서 제한 없이 자율주행이 이루어지는 것을 레벨 5로 세분화하기도 한다.

10 김경환, "자율주행자동차의 입법동향", 오토저널, 한국자동차공학회, 2016.6, 29

Ⅲ. 자율주행자동차 상용화가 가져올 변화

1. 책임소재에 대한 문제의 제기

자율주행자동차의 상용화가 가져올 가장 중요한 이슈 중의 하나는 자율주행자동차의 사고에 따른 민·형사 책임 소재 규명과 보험담보의 문제이다. 아직까지 자율주행자동차 사고에 따른 피해자 발생의 경우에 보유자와 제작사 중 누구의 책임으로 귀결되는 것이며 누가 보상을 해야 할 것인가의 문제가 명확히 정해지지 않고 있다. 각국은 관련 법제도 마련에 나서고 있는 상황이다. 사고의 원인규명과 책임소재와 보상 문제가 해결되지 않는 한 자율주행자동차의 대량생산과 성공적인 시장 확보는 대단히 어렵다고 여겨진다. 기계에 의해 사람의 목숨이 위태로워지는 것을 사람들이 수용하기 어렵기 때문이다.[11] 자율주행자동차의 사고는 '자동차 사고'라는 측면에서는 현행 자동차손해배상보장법(이하 '자배법')과 민법 그리고 자동차보험 등이 중요할 것이며, '자동차 결함에 의한 사고'라는 측면에서는 제조물 책임법과 제조물 책임보험이 핵심이 될 것이다. 견해에 따라서는 완벽한 제품이라는 점을 전제로 자율주행자동차의 판매 허가를 내리는 것이고 소유자 또한 기술적 완성도가 법

면; 한편 미국 자동차공학회(SAE)는 그 기술 수준에 따라 자율주행자동차 단계를 6단계로 구분하고 있다. 레벨 3은 조건부 자동화단계로서 대개의 경우엔 운전시스템이 운전 업무 일체를 실행하지만, 위험 시에는 수동으로 개입한다. 레벨 3 단계에서는 일반적인 경우에 운전자가 핸들을 반드시 잡거나 페달에 발을 올려놓아야 하는 것은 아니다. 레벨 4 단계는 고도의 자동화 단계로서 자동화된 운전 시스템이 운전업무 일체를 담당하며 운전자가 위험 신호에 적절하게 대응을 하지 않았다고 해도 운전자 개입이 없이 자동차 스스로가 작동하는 것으로 이 단계부터는 운전자의 존재가 부인될 수 있다. 레벨 5는 완전 자동화단계로서 운전 시스템이 모든 운전 모드를 책임지게 된다. 이 단계에서는 운전석도 필요 없고 운전자도 필요하지 않게 된다; MK 뉴스 2018년 6월 28일자 기사 참고.

11 Flipboard.com, 2017년 10월 22일자 기사.

적 기준을 충족했다는 것을 인지한 상태에서 구매하기 때문에 자율주행자동차의 사고에 대해 자율주행자동차를 소유했거나 탑승한 사람에게 책임을 묻기보다는 자율주행자동차를 제조한 제조회사의 책임을 물어야 한다는 주장도 있다. 그러나 제조회사의 책임이 지나치게 강조된 경우 자율주행자동차의 개발과 상용화는 더더욱 늦어질 것이고 실제 사고의 원인이 자율주행자동차라는 하드웨어인지 아니면 그 차에 탑재된 인공지능 프로그램인지 여부에 대해서도 면밀하게 검토되어야 할 문제이다.[12] 자율주행자동차 사고에 대한 책임을 제조회사의 책임으로 몰고가는 것은 바람직하지 않다고 여겨진다.

자율주행자동차 형태는 크게 두 가지가 있을 수 있다. 하나는 차량 제조회사에 중앙데이터 통제 시스템이 설치되고 각 차량은 제조회사의 중앙 집중 컴퓨터에 의해 운용, 통제되면서 주행이 이루어지는 것으로서 이러한 경우 각 차량은 단말기로서의 기능을 수행하는 것과 다름이 없다. 다른 형태는 데이터 통제 시스템이 각 차량에 설치되어 차량 자체가 하나의 컴퓨터로서의 독립적인 기능을 수행하면서 독자적으로 주행을 제어하는 것이다. 구글 등이 개발하고 있는 자율주행자동차는 전자에 해당된다. 전자의 경우는 사고에 대한 책임을 대부분 자동차 제조회사가 부담하게 될 수 있는 반면에 후자의 경우는 차량 제조회사와 자율주행프로그램 운영사가 책임을 부담하는 경우가 많을 것이다.[13] 여기에 자율주행자동차의 보유자나 탑승자의 개인적 책임 문제도 발생할 수 있다.

혁신적이고 안전을 담보하는 기술 개발도 중요하지만 사람의 기계조작 없이 운행되는 것을 핵심으로 하는 완전히 새로운 운송도구인 자율주행자동차의 운행과 사고에 따른 책임귀속의 문제를 법적인 측면에서

---

12 IT 조선, "자율주행차 사고의 책임은 누구한테 있나", 2018년 3월 21일자 기사.
13 이영철, "자율주행자동차 사고에 따른 손해배상책임", 상사법연구 제36권 제1호, 2017, 308면; 김영국, "자율주행자동차의 운행 중 사고와 보험적용의 법적 쟁점", 법이론실무연구 제3권 제2호, 한국법이론실무학회, 2015, 251면; 오지용, "무인자동차와 관련한 자동차손해배상보장법 제3조의 해석", 법조 709호, 2015.10, 97면.

어떻게 분석하고 현행 법률을 해석해야 하며 어떠한 내용으로 해당 법률을 개정 또는 새로운 법률을 제정해야 하는가의 문제는 소비자들에게는 매우 중요한 문제가 될 것이다. 이에 대한 명확한 기준과 법제도가 마련되지 않으면 자율주행자동차 산업의 미래가 밝기만 한 것은 아니다.[14] 이는 자율주행자동차 시대에 대비하여 기존의 법적 규제와 상충되는 부분을 어떻게 사회적으로 수용하는가의 문제이다.[15]

레벨 1 또는 레벨 2의 자율주행자동차는 사람에 의해 주도적으로 운전조작이 이루어지므로 운전자의 주의의무 역시 현행법상 요구되는 것과 본질적인 차이가 있는 것은 아니다.[16] 따라서 현행 자배법이나 자동차보험의 법리 적용이 가능하다. 현 단계의 자율주행 수준은 운전자를 보조하는 기능에 그치고 있으며 사람이 주도적으로 운전을 하기 때문이다.

그러나 레벨 3 이상의 단계에서의 사고는 현행 법리로는 설명되기 어려운 부분이 많다. 자율주행자동차의 등장은 사람에 의한 운전행위를 전제로 한 기존 자동차사고에 대한 책임법리에 본질적인 변화를 촉구하게 될 것으로 보인다. 우선 도로교통법상 자율주행자동차의 운행이 허용될 수 있는가의 문제가 분명하지 않다. 동법 제48조는 사람에 의해 자동차가 운전되는 것을 규정하고 있기 때문이다. 자동차관리법 등 자율주행자동차와 관련된 규제 측면에서의 법령 개정 작업은 국토교통부에 의해 이미 시작되어 현재 진행 중에 있다. 그러나 민법, 자배법, 제조물책임법 등 자율주행차에 의한 사고에 대한 핵심적인 책임법제에 대한 개정 움직임은 아직 없다.

현행 자배법은 사람을 통하여 자동차 운행을 지배할 수 있다는 개념이 전제되어 있고 이를 기초로 운행이익과 운행지배 개념이 만들어진

---

14 본 논문에서는 분량상 제조물 책임에 대해서는 다루지 않기로 한다.
15 황상규, "자율주행자동차의 수용성과 불가역성", 월간교통, 2016.1, 한국교통연구원, 2-3면.
16 권영준 · 이소은, "자율주행자동차 사고와 민사책임", 민사법학 제75호, 2016.6, 한국민사법학회, 462면.

것이다. 이를 통해 운행 및 운행자 개념 그리고 운행자 책임이 논의되고 있는 것인데, 과연 이러한 자배법이 사람의 개입이 전혀 또는 거의 없는 자율주행자동차에도 적용될 수 있는가의 문제를 심각히 고민해 보아야 할 것이다. 새로운 형태의 책임이 부과되어야 하는 것은 아닌지도 함께 논의가 필요한 부분이다.

2. 예상되는 자율주행자동차의 사고의 형태

현재 교통사고 발생 원인에 대한 통계를 보면 운전자의 부주의에 의한 사고가 약 90%, 자동차 운행의 외부적 환경 요인이 9% 그리고 자동차의 기계적 결함에 의한 사고가 1%라고 한다.[17] 미국 도로교통안전국 자료에서도 2016년 미국 내 교통사고의 94%가 운전자의 전방주시 태만, 졸음, 안전거리 미확보 등 운전자의 부주의가 원인임이 밝혀진 바 있다.[18] 미국 도로교통안전국은 인공지능 소프트웨어가 탑재된 자율주행자동차가 운전자를 대신하기 때문에 운전자 부주의에 따른 사고를 최소화함으로써 2040년에는 교통사고가 현재의 1/3 정도 줄어들 것으로 예상하고 있다.[19] 자율주행자동차의 형태가 어떠한 것이든 현행법에서 요구되고 있는 운전자의 주의의무의 정도는 비상상황 등 예외적인 경우를 제외하고는 현저히 감소된 상태일 것으로 예상되고 있다. 대신 자율주행자동차 자체 또는 자율주행 시스템의 오류나 오작동에 의한 사고 발생 가능성이 상존하며, 해킹, 무선통신 장애 및 레벨 3 자율주행자동차에서는 비상상황에서 운전에 개입한 운전자에 의한 사고 가능성도 존재한다. 운전자의 부주의에 의한 사고를 획기적으로 감소시킴으로써 교

---

17 http://tmacs.ts2020kr/web/TG/TG200/TraSafeReport/SaftyReport.jsp?mid= S1890(이종영·김정임, "자율주행자동차 운행의 법적문제", 중앙법학, 제17집 제2호, 중앙법학회, 2016.6, 160면에서 재인용).

18 MK 뉴스, 2018년 6월 22일자 기사 참고.

19 MK 뉴스, 2018년 6월 22일자 및 6월 28일자 기사 참고.

통사고 건수는 줄어들 것으로 예상되며 이를 통해 자동차보험회사 입장에서는 지급 보험금의 감소와 수입 보험료 역시 줄어들 것이라는 예측도 나오고 있다. 반면 첨단장치를 갖춘 자율주행자동차가 사고를 당한 경우에 소요되는 수리비와 부품비의 고액화도 충분히 예상할 수 있다. 절대적인 사고 발생 건수는 상당히 감소할 것으로 예상되고 있다.[20]

3. 프라이버시 침해의 문제

자율주행자동차가 가지는 또 하나의 사회적 문제는 주행과정에서 수집된 데이터에 대한 프라이버시 침해와 보안의 문제이다. 자율주행자동차는 주변 환경에 대해 끊임없이 데이터를 수집하며 수집된 데이터를 서버로 보내거나 다른 자동차와 무선으로 커뮤니케이션을 하게 된다. 자율주행자동차 자체가 하나의 빅데이터 수집을 위한 기기이기 때문에 탑승자의 운행정보와 이동경로가 모두 기록되게 된다. 자율주행자동차 이용자의 현재 위치, 자주 가는 장소, 운전자 습성 등 프라이버시 보호의 문제와 외부 해킹에 의한 보안 문제는 매우 중요한 이슈가 된다. 동승한 탑승자의 신분도 노출될 가능성이 매우 높다. 외부 세력에 의해 해킹이 된 경우 자율주행자동차 운전자는 전혀 운전에 개입할 수도 없고 제어할 수도 없기 때문에 운전자에게 사고에 대한 책임을 묻기는 어려울 것이다. 해킹에 의해 목적지가 변경된 경우에 택배 화물이 엉뚱한 곳으로 배달될 수 있으며, 차량에 탑승한 사람은 감금상태에 있는 것으로 해석될 수도 있다. 수집된 각종 정보가 누구의 소유인가, 동의 없이 정보를 이용할 수 있는 것인지, 정보의 보유는 어떠한 방법으로 어디에 저장하고 어떻게 활용하는 것인지 등의 문제는 프라이버시 보호의 문제와 직결되는 문제로서 자율주행자동차 상용화 이전에 충분한 해답을 찾아

---

20 물론 자율주행자동차의 안전성을 단순히 통계 데이터에 기반하여 논하는 것은 합리적이지 못하다는 지적이 있다. Flipboard.com, 2017년 10월 22일자 기사.

야 한다. 이러한 이슈는 기존의 자동차 제조업체로서는 경험하지 못한 새로운 문제이다. 자동차 제조업체와 자율주행시스템 운영업체가 개인정보 보안에 철저하지 않으면 자율주행자동차의 상용화에 커다란 장해요소가 될 것이다.[21] 개인정보보호에 관한 법규로는 「개인정보보호법」, 「위치정보의 보호 및 이용 등에 관한 법률」, 「정보통신망 이용촉진 및 정보보호 등에 관한 법률」, 「정보통신기반보호법」, 「통신비밀보호법」 등이 있는데 자율주행차량의 운행정보 수집과 처리 등과 관련된 조문의 제정 및 개정이 요구된다. 소비자도 개인정보보호와 해킹 등을 방지하기 위해 정기적으로 소프트웨어를 업데이트해야 할 의무를 부담하게 되며, 자율주행자동차의 개인정보보호 상태 또는 보안수준 상태에 대한 표시가 계기판에 나오도록 해야 할 것이다.[22]

4. 윤리적 딜레마

(1) 딜레마의 사례

트롤리 딜레마라는 것이 있다. 1967년 영국의 철학자 필리파 푸트 (Philippa Foot)가 제시한 것으로서 베스터셀러로 널리 알려진 『정의란 무엇인가』 책에서도 소개된 바 있다. 이는 나의 행동 개입이 두 그룹의 죽음을 결정할 수 있다면 나는 어떤 행동을 취할 것인가 하는 문제이다. 자율주행자동차의 경우 윤리적 판단의 문제는 매우 중요하면서 복잡한 양상을 띠게 된다. 자율주행자동차는 차량에 탑재된 프로그램과 알고리즘에 따라 여러 상황에 대비하게 될 것이다. 한쪽은 여러 명의 희생자를, 다른 쪽은 1명의 희생자를 어쩔 수 없이 발생하게 되는 상황에서 희

---

21 김상태, "자율주행자동차에 관한 법적문제", 경제규제와 법, 제9권 제2호, 서울대학교 공익산업법센터, 2016.11, 187면.

22 임이정·이중기·황기연, "자율주행차량의 운행을 위한 법적이슈", 교통연구, 제23권 제3호, 2016.9, 86면.

생자의 수가 많고 적음을 갖고 결정을 하게 되는 공리주의적 사고에 대해 많은 의문을 제기하면서 이러한 극단적 상황에서의 윤리적 판단 문제가 쉽지 않음을 보여 주고 있다. 그 희생되는 1명이 보행자인가 아니면 자율주행자동차에 탑승하고 있는 자이냐에 따라 해석이 달라질 수도 있는 문제이다. 외부 사람들의 목숨을 구하기 위해 탑승자의 희생은 불가피하다는 주장에 선뜻 동의하기 어려운 문제도 있다.

2016년 6월 장 프랑수아 본느퐁(Jean-Francois Bonnefon)이 국제학술지 사이언스(Science)에 발표한 "자율주행차의 사회적 딜레마"라는 논문에서 2천 명을 대상으로 온라인 서베이를 통해 판단 유형을 파악한 결과가 있다. 자율주행자동차가 그대로 돌진하면 보행자 10명이 치게 되지만, 방향을 꺾으면 1명의 탑승자만 희생시키게 될 경우에 응답자의 76%의 사람은 1명의 탑승자의 목숨을 희생시키는 선택을 하겠다고 했다. 그러나 이런 공리주의 윤리기준으로 만들어진 프로그램이 장착된 자율주행자동차를 구입하겠는가의 질문에 대해서는 50%가 동의하지 않았다. 탑승자수와 차량 앞의 보행자 수가 동일한 경우에는 탑승자가 더 중요하다는 반응을 보여 주기도 한다. 그런데 다른 사람이 아닌 본인과 관련된 사고라면 또 다른 반응을 보이고 있다. 많은 사람들이 보행자 10명 이상의 목숨을 지키려고 프로그램화된 자율주행자동차보다 자신과 가족을 보호하도록 프로그래밍된 차량을 선택하겠다고 대답하였다. 또 응답자의 대부분은 탑승자 대신 보행자를 살리도록 프로그래밍된 자율주행자동차에 본인의 가족을 태우지 않겠다고 응답하기도 했다. 만약 많은 수의 보행자보다 탑승자를 우선적으로 보호하는 자율주행자동차를 시장에 출시한다면 타인의 생명을 경시한다는 이유로 제조업체는 또 다른 비난의 대상이 될 것이다.[23] 이와 같이 자율주행자동차 프로그램의 윤리적 문제는 대단히 어렵고도 중요하다.

---

23 연합뉴스, "승객 구할까, 보행자 구할까 … 윤리 문제에 빠진 무인차", 2016년 6월 24일자 기사.

(2) 윤리적 판단의 기준 설정의 어려움

자율주행자동차의 운행과 관련된 윤리문제는 윤리 주체인 인간의 문제이지 자율주행자동차 자체의 문제는 아니다. 즉 인간이 자율주행자동차가 사람의 생사를 선택해야 하는 순간에 어떠한 윤리적 판단을 하도록 자율주행 시스템을 설계하고 제작하며 알고리즘을 형성할 것인지 등의 문제이다. 어떠한 윤리적 판단기준을 갖고 어떠한 솔루션을 프로그램에 탑재할 것인가의 문제에 있어서 이를 자율주행자동차의 제조사가 결정해야 하는가, 프로그램의 개발자가 결정해야 하는가 아니면 회사 내부의 윤리위원회에서 결정해야 하는가 또는 일반인들의 평균적인 견해를 수렴하여 사회적으로 결정해야 하는지 아직도 의견이 분분하다. 각 국가에서 결정하고 가이드라인을 제시해야 하는 것인지, 한 국가를 넘어서 세계 공통의 기준을 마련해야 하는 것인지도 향후 논의되어야 할 사항이다. 프로그램 내용을 항상 공개적으로 대중에게 발표해야 하는 것인지도 논의되어야 할 사항이다. 프로그램 소스의 공개가 해킹을 수월하게 할 수도 있기 때문이다. 일반인들의 다양한 견해를 수렴한다고 해도 특정지역, 인종, 나이, 성별에 따른 편향성이나 왜곡문제가 존재할 가능성이 있으며 어떤 시점에서 하나의 기준을 어렵게 만들었다고 해도 이러한 사회적 합의가 시간과 지역에 따라 얼마든지 변화할 수 있는 성격을 가지기 때문에 자율주행차가 어느 시점에 어느 지역에서 운행되느냐에 따라 계속 자신의 판단을 수정해야 하는 것인가의 문제도 존재한다.[24]

독일은 최근 세계 최초로 자율주행자동차의 사고 시 윤리적 행동 기준 20개를 마련했다. 그러나 그 내용은 지극히 상식적인 것을 확인하는 정도에 불과하다. 즉 자율주행시스템은 어떠한 경우에도 동물이나 물건에 앞서 사람의 신체와 목숨을 최우선해야 한다며 사람을 가장 덜 다치

---

24 한상기, "자율주행차의 사회적 이슈들", 2016년 9월 17일 1boon.daum.net에서 인용함.

게 할 행동을 취해야 하며, 사고에 연루된 사람들의 성별, 연령, 심신 장애여부에 기반해서 결정을 내리도록 해서는 안 된다고 정했다. 이 기준은 윤리, 법학, 기술 분야 학자와 전문가 14명으로 구성된 독일 정부 산하「자동연결주행 윤리위원회」가 마련한 것으로서 위원회는 딜레마 봉착시 차량시스템은 인간의 결정을 따라야 한다는 잠정적 결론을 내리고 있다. 위원회는 또한 딜레마 상황 등을 해결할 수 있는 방안에 대해 명확하게 표준화할 수도 없고 윤리적으로 의문의 여지가 없는 프로그램을 만들 수도 없다고 솔직히 밝히고 있다.[25]

(3) 인공지능과 윤리

독일이 마련한 윤리적 행동기준의 내용은 최근 논의되고 있는 인공지능 윤리 문제와도 연계되는 것으로 보인다. 로봇, 사물인터넷 등 최첨단 정보기술은 인류가 그동안 해 왔던 많은 일들을 대체해 가고 있다. 자율주행자동차의 자율주행프로그램도 인공지능 기술의 일종이다. 이미 병원에서는 인공지능 의사인 IBM 인공지능 엔진 '왓슨'이 인공지능과 빅데이터를 기반으로 환자를 진료하고 처방을 순식간에 내리는 일을 하고 있고, 2018년 2월 국내 한 로펌은 인공지능 변호사인 '유렉스'를 고용하여 많은 변호사가 오랜 시간 동안 해야 할 일들을 불과 몇 분 안에 마치는 일을 하도록 하고 있다. 그런데 인공지능은 사람의 생명을 위협하기도 하는데 앞서 설명한 자율주행자동차의 사고 이외에도 자율적으로 총기가 발사되는 살상 무기 로봇이 개발되기도 했고 수 킬로미터나 떨어진 사람이나 물체를 확인하고 저격하는 킬러 로봇이 개발되기도 했는데 이 역시 인공지능 기술에 근거하고 있다. 사람들의 금융 자산관리 분석을 하는 로봇 어드바이저 역시 사람의 목숨은 아니지만 경제와 산업에 커다란 부작용을 주거나 개인의 자산에 손해를 끼칠 위험성이 상존하고

---

25 곽노필의 미래창, "독일 세계 첫 자율주행차 윤리지침 마련", 한겨레, Flipboard. com. 2017.8.28. 기사.

있다. 문제는 계속 진화하는 인공지능의 발달 수준을 사람이 따라가지 못하는 단계에 이르렀을 때 인공지능의 판단과 사람의 판단에 충돌이 생길 수밖에 없고 이때 인공지능이 탑재된 각종 기계가 사람에게 위협이 될 가능성을 얼마든지 상상할 수가 있다는 것이다. 인공지능 기술의 개발은 궁극적으로 사람에게 편리함과 행복을 주기 위한 것임이 가장 중요한 기본 원칙이 되어야 하며 인공지능을 개발하고 관리하는 사람들에게 높은 도덕적 책무와 윤리적 책임 의식을 강력하게 요구하고 수용하도록 해야 할 것이다. 2017년 1월 세계적인 천체 물리학자인 스티븐 호킹 박사, 인공지능 알파고를 개발한 데미스 허사비스, 테슬라의 최고 경영자인 일론 머스크 등이 미국 캘리포니아주 아실로마에서 '아실로마 AI 원칙'을 발표했는데 그 주요 내용은 인공지능 시스템은 인간의 가치와 일치하는 목표와 행동을 작동하는 동안 보여야 하며, 인공지능 시스템이 자기 복제 등을 통해 과도하게 성능이 좋아진다면 이 시스템은 다시 엄격한 통제의 대상이 되어야 한다는 것이 포함되었다. 마이크로소프트 회사도 '인공지능 윤리 디자인 가이드'를 제시하여 인공지능은 투명해야 하며 알고리즘의 책무성을 반드시 견지해야 함을 명시하고 있다. 2016년에는 구글, 페이스북, 아마존, IBM 등 글로벌 IT 기업들이 인공지능 관련 윤리문제를 해결하기 위한 비영리 단체를 조직하여 인공지능의 부작용을 방지하는 각종 단체와 위원회들을 후원하고 있다. 우리나라에서도 2007년 주무부서에 의해 로봇윤리헌장이 제정되어 로봇제조부터 사용자가 준수해야 할 윤리규범을 담고 있다. 또한 메신저 업체인 카카오는 카카오 '알고리즘 윤리헌장'을 마련하였는데 알고리즘에 입력되는 데이터는 사회 윤리에 근거하여 수집, 분석, 활용되어야 하고, 사회적인 차별이 일어나지 않도록 해야 하며 알고리즘과 관련된 윤리의식을 확보하는 것은 결국 이를 만드는 기업들의 사회적 책임임을 분명히 하고 있다.[26]

IV. 마무리

제4차 산업혁명이라는 단어가 전혀 낯설지 않은 시대이다. 인공지능이 탑재된 로봇, 사물인터넷(IoT), 블록체인, 3D 프린터, 자율주행자동차 등은 제4차 산업혁명을 대표하는 개념들이 되고 있다. 이들은 모두 사람들에게 보다 큰 편익을 제공하기 위한 목적을 갖고 개발되고 있지만, 그 부작용으로 인한 위험 역시 배제할 수 없고 위험의 모습도 익숙하지 않은 형태로 발생할 것으로 예상된다. 그 위험은 인명과 재산상의 손해를 야기하게 되기 때문에 책임규명과 배상책임 문제는 제4차 산업혁명의 연착륙을 위해 매우 중요하다. 또한 윤리와 관련된 문제를 어떻게 그리고 어떤 기준으로 인공지능 프로그램에 탑재할 것인지의 문제 역시 해결책을 찾기 쉽지 않다. 자율주행자동차 주행에 따른 불가피한 개인정보의 수집을 어떻게 분류하고 보호할 것인지의 문제도 핵심적 과제이다. 기술 개발이 가져다줄 편익보다 그 부작용이 크다면 미래의 인류사회는 지금껏 전혀 생각하지 못한 어려움에 부딪힐 것이다. 기술개발만큼이나 중요한 이들 문제들을 다 함께 풀어 나갈 지혜와 협력이 요구된다.

---

26 중앙일보, 2018년 5월 29일자 기사 참고.

상표패러디의 법적 취급에 관한 비교법적 연구*

안효질**

Ⅰ. 서 론

패러디(parody)는 기존의 저작물이나 상표를 이용하여 원작과 다른 새로운 작품이나 상표를 만들어 내는 의사표현양식이다. 패러디는 단순한 모방이 아니라 기존의 작품이나 상표가 가지고 있던 주제나 이미지를 회화(戱化)하면서 비평이나 풍자를 제공하는 훌륭한 의사전달수단이다. 우리는 거의 모든 문화부문에서 패러디를 접할 수 있다. 영화패러디, 광고패러디, 상표패러디 등에서 패러디는 나름의 독자적인 위치를 차지하면서 그 가치를 인정받고 있다. 그러나 패러디의 문화적 가치와는 별개로 패러디는 타인의 작품이나 상표를 사용해야 한다는 점에서 타인의 저작권이나 상표권 등 지적재산권은 물론 기타 타인의 인격적 또는 영업적 이익과 충돌하는 문제가 발생하게 된다.

---

* 이 글은 경영법률 제22집 제1호(2011.10), 539-577면에 공표된 논문을 수정·보완한 것임을 밝혀 둔다.

** 고려대학교 법학전문대학원 교수, 법학박사.

저작물에 대한 패러디와 관련된 법적 문제에 대해서는 외국뿐만 아니라 국내에서도 일부 선행연구[1]와 판례[2]가 있었다. 반면 상표패러디는 저작물패러디보다 훨씬 쉽게 이루어질 수 있고 흔하게 접할 수 있음에도 불구하고, 이에 대한 국내의 연구는 거의 찾아볼 수 없다.[3] 미국이나 독일, 프랑스 등의 경우 상표패러디에 대한 분쟁사례가 일정한 유형으로 분류될 수 있을 정도로 많이 축적되어 있으며, 이에 대한 연구 또한 적지 않다. 경제생활에서 상표가치의 중요성이나 법률상 상표권자의 권리가 점차 강화되고 있는 상황을 고려하면, 상표패러디는 우리나라의 경우에도 문제가 될 소지가 충분하다. 다만, 판례와 학설에서 이러한 현

---

1 저작물 패러디 관련 선행연구로는 서제홍, "패러디의 저작권법적 성질", 계간 저작권, 제38호(1997년 여름호), 76-83면(독일연방대법원 판결의 번역 및 평석); 김원오, "패러디항변을 둘러싼 저작권법상 쟁점과 과제", 안암법학, 제14호(2002), 12-35면; 엄동섭, "패러디와 저작물의 자유이용", 창작과 권리, 제10호(1998년 봄호), 58-88면; 이기용 · 이지유, "패러디의 법리적 근거와 허용범위", 비교사법, 제14권 1호(통권 제36호)(2007.3), 381-416면; 이호열, "패러디에 대한 법률의 적용과 문제점 — 미국의 저작권법과 상표법을 중심으로", 지적소유권법연구, 제2집(1998.2), 349-367면(상표패러디 관련 미국 판례와 연구결과를 소개); 허희성, "패러디와 저작권", 계간 저작권, 제41호(1998년 봄호), 47-55면; 함석천, "패러디, 지적재산권과 표현의 자유", 저스티스, 제91호(2006.6), 63-90면(상표패러디 관련 일부 언급) 등이 있다.

2 저작물 관련 패러디 사례로는 대법 1991.8.27, 89도702 판결 — "노동과 노래"; 서울지법 2001.11.1, 2001카합1837 결정 — "컴배콤"; 서울지법 2001.7.20, 2000카합2526 판결 — "안티 포스코" 등이 있다. "노동과 노래" 사건 판결에서는 노동운동을 하는 피고가 원작곡가나 작사자의 허락없이 32개의 곡을 개사한 경우로 법원은 이에 대해 저작인격권과 저작재산권의 침해를 인정하였다. "컴배콤" 사건판결에서는 피고가 "컴백홈"이라는 원곡을 개사한 것인데, 비평이나 풍자의 의도가 없이 단지 웃음만을 자아내는 경우에는 패러디라고 볼 수 없다고 판시했다. "안티 포스코" 사건 판결은 가처분이의 사건인데, 여기서는 포스코의 로고를 포함한 홈페이지 디자인을 패러디한 것에 대해 인격권이 침해되었다고 보기 어렵고, 홈페이지 디자인의 저작물성 인정 여부 및 저작권침해 여부도 단정하기 어렵다는 이유로 가처분결정을 취소하였다.

3 프랑스판례의 소개 및 연구논문으로 양대승, "프랑스에서의 상표패러디 문제에 관한 연구 — 판례를 중심으로", 원광법학, 제24권 제3호(2008.9), 333-353면 참조.

상을 아직 상표패러디라고 하는 주제하에 다루지 못하고 있을 뿐이다. 실제 패러디로 다투어질 수 있는 사례가 단순히 유사상표의 문제로 다루어지고 있는 경우도 볼 수 있다. 이에 상표패러디가 외국에서는 법적으로 어떻게 다루어지고 있는지를 분석하고, 이를 참고로 하여 우리 법에서는 어떻게 취급될 수 있는지 연구하는 것이 필요하다고 판단된다. 미국의 경우는 상표패러디를 주로 희석화 문제를 중심으로 판단하고 있고, 독일이나 프랑스의 경우에는 그 밖에 명예훼손에 의한 불법행위책임의 성립 여부도 고려하고 있다. 상표패러디는 패러디라는 표현형식만을 생각하면 응당 헌법상 표현의 자유에 의해 허용되어야 하지만, 타인의 상표권과의 충돌문제를 해결하여야 한다. 따라서 패러디라는 독창적인 문화현상을 인정하면서 상표권과의 조화를 이루는 방법을 모색하는 연구가 필요하다.

상대적으로 빈번하게 발생하는 저작물패러디 분야에서, 패러디는 그 목적에 따라 크게 세 가지 유형으로 분류된다. 우선 "단순 희화(戱化) 패러디(spoof)"로서, 이는 비판 또는 논평적 성격이 없이 타 저작물을 패러디하여 단순히 웃음을 주는 것을 일컫는다. 둘째, "직접적 패러디(direct parody)"로서, 이는 어떤 저작물을 패러디하여 그 저작물을 비판하거나 이에 대한 논평을 하는 것을 일컫는다. 셋째, "매개적 패러디(vehicle parody)"로서, 이는 어떤 저작물을 그와 무관한 주제에 대하여 비판 또는 논평을 하는 수단으로 이용하는 패러디를 말한다.[4] 상표패러디도 위와 동일한 기준에 의하여 유형을 나눌 수 있을 것이다. 상표패러디를 통하여 어떤 상표의 소유자 또는 그의 상품에 대한 비평을 하는 것은 "직접적 패러디", 상표권자나 그의 상품과 무관한 주제에 대한 비평을 하는 것은 "매개적 패러디", 비평적 성격이 없는 것은 "단순 희화 패러디"로

4　Lisa Moloff Kaplan, "Parody and the Fair Use Defense to Copyright Infringement: Appropriate Purpose and Object of Humor", 26 Ariz. St. L.J. 857, 859 (1994).

나눌 수 있을 것이다.

우리나라의 경우 패러디를 직접적인 원인으로 한 상표 관련 판례는 아직 전무한 상태인데, 만일 상표패러디와 관련하여 분쟁이 실제 발생한다면, 우리나라의 경우 상표법상 상표권 침해, 부정경쟁방지 및 영업비밀보호에 관한 법률(이하 "부정경쟁방지법"이라 함)상 상품주체 및 영업주체혼동행위, 특히 희석화의 인정 여부가 문제되며, 그 밖에 명예훼손 등의 일반불법행위책임도 고려될 수 있을 것이다. 이하에서는 상표패러디의 법적 의미를 명확히 규명하고, 패러디의 허용범위를 비교법적으로 분석함으로써 실무상 상표권침해의 판단에 대한 적절한 기준을 제시하고자 한다. 다만, 지면제약상 비교법적 논의는 미국을 중심으로 하고, 독일이나 프랑스 등에 대해서는 필요한 범위 내에서 일부 판례를 소개하기로 한다.

II. 상표패러디의 상표법상 평가

1. 상표패러디와 상표로서의 사용여부

(1) 문제제기

상표법상 상표권침해를 판단하기 위해서는 우선 그 상표가 상표로서 사용되고 있는지를 검토하여야 한다. 상표로서의 사용이 아니라면 현행법상 상표권침해가 성립되지 않으며, 혼동가능성 여부도 심사할 필요가 없게 된다. 타인의 상표를 상표로서 사용하지 않는 대표적인 예는 상표를 장식적으로 사용하는 경우이다.

(2) 외국의 사례

패러디상표를 장식적으로 사용한 경우에는 원칙적으로 상표권침해는

발생하지 않는다. 다만, 독일의 판례는 명예훼손 등을 이유로 일반불법
행위책임을 인정한 경우가 있는가 하면, 비판목적을 강조하여 상표권침
해가 아닌 것으로 판단한 경우도 있다.

1) 불법행위책임 또는 상표권침해를 긍정한 사례

건축박람회의 시설을 담당하는 기업에서 폐기물을 처리하는 손수레
에 독일 우체국의 "Deutsche Post"를 패러디하여 "Deutsche Pest"라는
문구를 부착한 사례가 있다.[5] 피고는 표현의 자유와 예술의 자유를 주장
했으나, 법원은 원고의 상표모욕에 대한 주장을 받아들여 피고의 행위
는 불법행위에 해당한다고 판결하였다. 또한 정유회사인 Shell사의 조
개모양의 로고를 해골로 변형한 패러디상표를 티셔츠에 장식적으로 부
착하여 판매한 사례도 있다.[6] 피고는 Shell사에 대한 비판의 목적으로
패러디를 이용한 것이라고 주장했지만, 법원은 원고회사의 명예를 중대
하게 훼손했기 때문에 허용할 수 없다고 판단하고 불법행위 책임을 인
정했다. 상표권침해와 관련한 것으로 "Lusthansa"[7] 사건은 선물용품과
조크용품을 제조·판매하는 피고가 자동차유리, 문, 가방 등에 부착할
수 있는 스티커를 판매하면서, 그 스티커에 "Lufthansa"라는 항공회사의
이름을 패러디하여 "Lusthansa"를 인쇄하여 판매한 사건으로, 법원은
위 패러디는 오로지 웃음을 목적으로 패러디를 이용한 것으로 판단하고
비판의 목적이 없다는 이유로 상표권의 침해를 인정했다. 일반적으로
독일 판례는 상표의 사용이 예술 또는 의사표현의 목적인 것이 분명할
수록 그리고 상업적 동기가 전면에 등장하지 않을수록 상표패러디는 허
용된다고 보고 있다고 한다.[8]

---

5 LG Hamburg GRUR 2000, 514 — "Deutsche Pest".
6 OLG Hamburg ZUM-RD 1998, 121 — "Shell".
7 OLG Frankfurt GRUR 1982, 319 — "Lusthansa".
8 Christian Born, "Zur Zulässigkeit einer humorvollen Markenparodie", GRUR
   2006, 192; Anne Catrin Mahr, "Die Zulässigkeit von Markenparodien", WRP
   2006, 1083 참조.

오스트리아 대법원의 2009년 "Styriagra" 결정[9]도 위의 독일 판례와 같은 맥락에 선 것으로 판단된다. 동 사건에서는 파란색으로 염색한 호박씨를 판매하기 위하여 Pfizer사의 유명한 의약품인 비아그라(Viagra)를 익살스럽게 모방한 "Styriagra"[10] 상표를 사용한 것이 상표권침해에 해당하는지가 문제되었다. 여기서 법원은 우선 상표패러디가 해당 상표의 명성 또는 식별력을 이용한다 하더라도, 그것이 예술적인 창작의 표현 또는 사회적인 토론에 기여하는 것으로 평가될 수 있는 경우에는 헌법적 고려(표현의 자유)에 의해서 그 위법성이 부정된다고 하였다. 다만, 패러디상표가 우선적으로 패러디스트(parodist) 자신의 상품 또는 서비스의 판매를 위하여 해당 상표의 주지성을 이용한 경우에는 그러하지 않다고 판시하였다. 동 결정에서 상표패러디를 허용하지 않은 이유를 열거하면, 우선 "비아그라(Viagra)"는 월등하게 알려진 상표이고, 양 상표가 유사해서 보통의 소비자라면 양 상표 사이에 어떤 연관을 짓게 되고, "Styriagra"는 "Viagra"를 희화한 것으로 이해한다는 것이다. 즉, 오스트리아에서 거래관계자들은 "Styriagra"를 보고 "steirisches Viagra"(슈타이어마르크 지방의 비아그라)로 이해하게 될 것이고, 호박씨기름과 호박씨를 원료로 한 상품에 대해서 평소 자부심을 갖고 있는 슈타이어마르크 지방의 사람들은 이를 재미있다고 여길 것이다. 패러디상표 "Styriagra"는 예술적인 창작도 아니고, 오히려 패러디스트는 자신의 상품에 대한 관심을 이끌기 위하여 "Viagra"의 고도의 주지성을 이용한 것이라고 하였다. 오스트리아 대법원결정은 패러디가 의사표현의 목적보다는 주로 상업적 목적으로 행해진 경우에는 허용되지 않는다고 판시한 것으로 이해된다.

---

9 OGH Beschluss vom 22.09.2009, 17 Ob 15/09v — VIAGRA/STYRIAGRA.
10 오스트리아의 동남쪽에 위치한, 오스트리아에서 두 번째로 면적이 큰 주(州)인 "슈타이어마르크(Steiermark)"주를 의미하는 "Styria"와 농업(Agrar)을 의미하는 "Agra"를 조합하여 만든 것임.

전술한 오스트리아 대법원판결이 상업적 목적이 있었다는 점만으로 패러디를 금지한 것인지는 분명하지 않다.[11] 그러나 상업적 목적이 있었다는 것 자체만으로 상표침해를 인정하는 것은 무리가 있다고 본다. 독일판례도 패러디가 상업성이 있다는 것 자체는 그 허용 여부의 판단에 있어 장애가 되지 않는다고 분명히 밝히고 있다.[12] 실제로 대부분의 패러디에는 상업적 요소가 내포되어 있으며, 이는 시장경제상황에서 바람직한 것으로 볼 수 있다. 만일 상업적 요소가 없는 상표패러디라면, 애초에 적어도 상표권침해 여부는 문제되지 않을 것이기 때문이다. 중요한 것은 상업성 자체가 아니라, 예컨대 원상표권자와 패러디상표사용자가 경쟁관계에 서게 됨으로써, 원래 상표권자의 이익을 침해하였는가 여부일 것이다.[13]

2) 불법행위책임 또는 상표권침해를 부정한 사례

독일판례는 전술한 바와 같이, 악의적이고 명예나 신용을 실추시키는 패러디는 허용되지 않는 것으로 보고 있으나, 주지상표를 친근하고 익살스럽게 사용하는 것은 부당하지 않다고 보고 있다. 독일연방대법원은 유명한 초콜릿상표를 익살스럽게 우편엽서에 복제하여 사용한 것과 관련하여, 헌법상 보장된 예술의 자유에 의하여 해당 상표의 식별력을 이용한 행위의 부당성이 배제된다고 판시하였다.[14] 또한 도이치텔레콤의 통신가격이 높다는 것을 비판하기 위해서 원고의 회사를 나타내는 "T" 자를 이용하여 우편엽서에 "Alles wird Teurer"라는 패러디를 한 경우 표현의 자유를 인정한 사례가 있다.[15] 또한 유명한 신문사인 Bild의 로

---

11 위 사건에서는 아마도 해당 재판부의 입장에서는 패러디상표가 의사표현의 목적보다는 상업적 목적이 주된 목적이었다고 생각한 것으로 파악된다.

12 BGH NJW 1986, 2951 — "BMW/Bums Mal Wieder".

13 Clemens Thiele, Anmerkung zum OGH Beschluss vom 22.02.2009 — "VIAGRA/STYRIAGRA". 〈http://www.eurolawyer.at/pdf/OGH-17-Ob-15-09v.pdf〉 (2011.10.10. 방문).

14 BGH GRUR 2005, 583 — "Lila-Postkarte".

15 KG GRUR 1997, 295 — "Alles wird Tuerer".

고를 이용한 광고문구인 "Bild Dir eine Meinung"를 익살스럽게 패러디하여 "Bild Dir keine Meinung"로 만들어 엽서에 사용한 경우에도 상표권의 침해가 아니라고 판단하였다. 패러디를 상표로서 사용한 것도 아니고 패러디에는 신문사를 비평하려는 목적이 있다고 보았기 때문이다.[16]

2. 상표패러디와 혼동가능성의 존부

(1) 문제제기

상표패러디의 경우 형식적으로 상표의 유사여부만을 가지고 침해여부를 판단한다면 상표권침해의 책임을 피할 수 없을 것이다. 그러나 패러디는 그 개념으로부터 원상표와 명확히 구별되는 것을 본질로 한다. 원상표와의 혼동을 초래한다면, 이는 실패한 패러디로서 패러디의 문제가 아니라 일반적인 상표도용의 문제가 된다. 따라서 패러디상표는 소비자들에게 원상표를 떠올리게 하면서 동시에 패러디상표를 그 패러디로 인식하게 한다. 따라서 상표가 외관상으로는 유사해 보일지라도 상표에 대한 혼동을 일으키지 않는다.

(2) 외국의 사례

1) 미국

패러디가 가지는 표현의 자유와 상표소유자의 상표에 대한 이익이 충돌하는 경우에 미국법원은 세 가지 경우로 나누어서 문제를 해결하고 있다. 첫째, 패러디를 상표권침해에 대한 항변사유로 인정하는 것이고, 둘째, 패러디가 가지는 수정헌법상 표현의 자유와 상표권자의 권리 사

---

16 OLG Hamburg ZUM-RD 1999, 90 — "Bild Dir keine Meinung"; "Bild Dir eine Meinung"은 신문을 통해 "자신의 생각을 가져라"라는 의미를 갖고 있고, "Bild Dir keine Meinung"은 "아무 생각도 갖지 말아라"는 뜻이다.

이에서 균형을 유지하는 것, 셋째, 패러디를 상표권침해에 대한 별도의 방어방법이 아니라 혼동가능성판단의 한 요소로서 고려한다는 것이다.[17] 다수의 법원은 패러디를 독자적인 항변사유로 인정하는 것이 아니라 혼동가능성을 판단하는 여러 요소 중의 하나로 고려하고 있다.

혼동가능성을 긍정한 사례를 보자. *Mutual of Omaha Ins. Co. v. Novak* 사건[18]에서 원고인 보험회사는 인디언 머리모양의 로고와 "Mutual of Omaha"라는 명칭을 상표로 사용하고 있었는데, 피고가 이를 패러디하여 여윈 모습의 인디언 머리모양과 "Mutant of Omaha"라는 문구를 넣어 티셔츠와 커피 머그잔 등을 만들어 판매하였다. 법원은 원고의 상표가 식별력이 강하고, 원고의 상표와 피고의 디자인이 매우 유사하다는 점 등을 근거로 혼동가능성이 존재한다고 판시하였다. 이 사건에서 법원은 혼동가능성 심사를 엄격하고 기술적으로 적용함으로써 혼동가능성에 의한 상표권침해를 인정한 것으로 파악된다.[19] 다음 *Anheuser-Busch, Inc. v. Balducci Publications* 사건[20]에서 원고는 "Michelob"이라는 맥주를 생산하는 회사인데, 피고 출판사가 자신이 발행하는 유머잡지 뒤표지에 "Michelob" 상표에 대한 패러디 광고를 게재하였다. 맥주 광고의 "One taste and you'll drink it dry"라는 문구를 "One taste and you'll drink it oily"라고 변경하고 기름투성이 강의 한가운데에 Anheuser-Busch사의 로고 및 상표를 배치하였다. 원심 법원은 혼동가능성과 희석화가능성이 없다고 판시했으나, 항소법원은 피고가 소비자를 혼동하게 할 의도는 없었지만, 패러디가 마치 원고에 의해서

---

17 Cartoons v. Major League Baseball Players Association, 868 F. Supp. 1266 (N.D.Okla. 1994).

18 836 F.2d 397 (8th Cir. Neb. 1987).

19 Gary Mayers, "Trademark Parody: Lessons from the copyright decision in Campbell v. Acuff-Rose Music, Inc.", 59 Law & Contemp. Probs. 181, 200 (1996).

20 Anheuser-Busch Inc. v. Balducci Publications, 28 F.3d 769 (8th Cir. Mo. 1994).

작성된 것으로 보여 혼동가능성이 크기 때문에, 혼동가능성이 발생하는 경우에 있어서는 표현의 자유는 배척된다고 판시하였다. *Elvis Presley Enters., Inc. v. Capece* 사건21에서도 상표권 침해여부를 판단하기 위한 기준은 혼동가능성이라고 하면서, 패러디는 별도의 항변이 아니라 혼동가능성 심사의 추가적 요소로 보았다. 이 사례는 "The Velvet Elvis"란 술집이 Elvis라는 이름을 사용한 것에 대하여 원고가 상표권침해를 이유로 소송을 제기한 사건이다. 원심법원은 원고의 상표권침해 및 희석화 주장을 인정하지 않았지만, 항소법원은 피고의 행위가 부정경쟁행위 및 상표권침해에 해당한다고 판시하였다.

혼동가능성을 부정한 사례도 있다. *Cliff Notes, Inc. v. Bantam Doubleday Dell Publishing Group* 사건22에서 유명한 출판사인 피고는 "Cliff Notes"를 패러디하여 "Spy Notes"라는 이름으로 출판하였는데, 피고의 표지는 원고의 표지와 유사한 색과 디자인을 사용하였다. 그러나 피고는 앞뒤 표지에 원고가 상표의 주체가 아니라는 문구를 적어 넣었다. 원심은 혼동가능성을 인정했다. 그러나 항소심에서는 패러디가 독창적인 표현 형태라는 점을 중요하게 고려하여 판단하면서 상표권 침해를 부정하였다. 또한 *Universal City Studios, Inc. v. Nintendo Co.* 사건23에서도 법원은 패러디를 이유로 혼동가능성을 부정하였다. 동 사건에서 "King Kong"이라는 명칭, 캐릭터 및 그 이야기에 대한 상표권을 갖고 있는 원고인 Universal사는 "Donkey Kong"이라는 명칭의 비디오게임을 제작·판매하고 있는 피고에 대하여 그 명칭, 캐릭터 및 이야기의 출처를 허위 표시함으로써 미국상표법 제1125조(a)를 위반하였다고 주장하였다. 법원은 "Donkey Kong"은 "King Kong"과는 완전히 다른

---

21 Elvis Presley Enters., Inc. v. Capece, 141 F.3d 188 (5th Cir. Tex. 1998).
22 Cliff Notes, Inc. v. Bantam Doubleday Dell Publishing Group, 886 F.2d 490 (2d Cir. N.Y. 1989).
23 746 F.2d 112 (2d Cir. N.Y. 1984).

관념과 느낌을 갖고 있으며, 전자는 후자의 패러디로 볼 수 있고, 명백히 패러디하였다는 사실로 인하여 혼동가능성은 불식된다고 판시하였다.[24] 패러디사실이 혼동가능성을 부정하는 데 있어 판단의 한 요소로 작용한 또 다른 사례가 있다. 즉, 유명청바지 상표인 "Jordache"를 패러디한 "Lardashe" 상표를 부착하여 뚱뚱한 여성용 청바지를 판매한 것이 상표권침해에 해당하는지와 관련된 *Jordache Enterprises, Inc. v. Hogg Wyld, Ltd.* 사건[25]에서 법원은 패러디는 원상표와의 차이(예컨대 익살스러운 차이)를 나타내기 위하여 행해진다고 전제하고, 패러디를 의도하였다고 해서 곧 혼동가능성을 의도하였다고 추단할 수는 없다고 판시하였다. 이 사건에서 법원은 상표의 외관, 호칭, 사용자의 패러디의도, 상품의 거래방법, 소비자의 주의력의 정도 등을 고려하여 결국에는 혼동가능성을 부정하였다.[26]

2) 독일

성공한 패러디의 경우 일반적으로 혼동가능성 판단에 의한 상표권침해를 인정하기는 어려울 것이다. 독일의 경우 혼동심사에 의해 상표권침해를 인정한 경우가 있는데, 엄격히 말하자면 이 사례들은 패러디로서의 요건을 갖추지 못한 경우에 해당한다고 볼 수 있다. 피고가 adidas 상표를 패러디하여 고유의 톱니모양의 잎들을 모방하고 "adihash GIVES YOU SPEED"라는 문구를 새겨 넣은 티셔츠를 만들어 판매한 사건[27]이 있었다. 법원은 잎의 형태가 상이한 것은 거의 눈에 띄지도 않고 세심한 관찰과 영어에 대한 지식을 필요로 하기 때문에 일반인들에게는 그 차이가 인식될 수 없어서 원상표를 풍자하려는 의도가 효력을 발휘할 수 없다고 판단하고 혼동가능성을 인정하였다. 그러나 인쇄물, 정기

24　746 F.2d 112, 116 (2d Cir. N.Y. 1984).
25　828 F.2d 1482, 1486 (10th Cir. N.M. 1987).
26　828 F.2d 1482, 1484 and 1489 (10th Cir. N.M. 1987).
27　OLG Hamburg GRUR 1992, 58 ― "adihash".

간행물 및 서적을 지정상품으로 하여 등록된 상표인 "Asterix"의 상표권자가 발간한 Asterix 만화책을 패러디하여 "Isterix"라는 제목의 만화책을 발간한 사건[28]에서 법원은 패러디 만화책의 제목과 그 부제[29]로부터 그것이 패러디라는 사실을 분명히 알 수 있다는 이유로 혼동가능성을 부정하였다.

3. 상업적 패러디와 비상업적 패러디

(1) 문제제기

미국법원은 패러디의 목적이 상업적인지 또는 비상업적인지를 구분하여 표현의 자유 또는 희석화 인정 여부 있어서 차이를 두고 있다. 미국 연방대법원은 상업적 패러디인지 비상업적 패러디인지를 구분하는 세 가지 원칙을 두고 있다.[30] 첫째, 상업적 패러디란 패러디가 패러디 그 자체보다는 상품이나 서비스를 위해서 사용되거나 상호로 사용되는 경우를 말한다. 둘째, 패러디에 다소 상업적인 의도가 있더라도 오로지 경제적인 목적을 위해서 패러디를 사용하는 게 아니라면 비상업적 패러디로 간주한다. 셋째, 패러디가 상업적인 면과 비상업적인 면을 동시에 가지고 있는 경우에는 어느 면이 우세하게 나타나느냐에 따라 상업적 여부를 판단하게 된다.

패러디는 상품이나 상표소유자에 대한 비평이나 풍자를 목적으로 하

---

28 BGH GRUR 1994, 191, 201 — "Asterix-Persiflagen".

29 원래 프랑스어로 된 원고의 만화책은 독일에서는 "아스테릭스의 모험(Die Abenteuer von Asterix)"이라는 시리즈 명으로 알려져 있었는데, 피고가 원고 만화책의 첫 발간일로부터 30주년이 되는 해를 기념하여 "이스테릭스의 히스테릭한 모험. 기념일-조롱(Die hysterischen Abenteuer von ISTERIX. Jubiläums-Persiflagen)"이라는 제목으로 패러디 만화책을 발간하였음.

30 Arlen W. Langvardt, "Protected marks and protected speech: establishing the first amendment boundaries in trademark parody cases", 36 Vill. L. Rev. 1, 84-85 (1991).

는 경우가 많기 때문에 비상업적인 사용이라고 볼 수 있다. 그러나 상업적·비상업적인지의 분류에 있어서 다소 상업적인 의도가 있다고 하더라도 패러디의 주된 목적이 비상업적인 면에 있다면 패러디의 성격이 비상업적이라는 판단에 큰 영향을 주지 않는다. 우리나라의 부정경쟁방지법에서는 비상업적으로 사용하는 경우에는 희석화 조항이 적용되지 않는다고 규정하고 있다(동법시행령 제1조의2 제1호). 상표법에서는 혼동가능성 판단에서 비상업적인 사용에 대한 예외를 명시적으로 규정하고 있지는 않으나, 자기의 "상품(商品)"과 타인의 "상품(商品)"을 식별하기 위하여 사용하는 표장(상표법 제2조 제1항 제1호)이라는 상표의 개념정의에 비추어 볼 때, 순수한 개인적 사용과 같은 비상업적 사용에 대해서는, 그것이 "상(商)"의 범주에 포함되지 않으므로, 상표권침해가 원칙적으로 인정되지 않는다.

(2) 외국의 사례

Lucasfilm Ltd. v. High Frontier 사건[31]에서 보면 스타워즈 상표의 소유권자인 Lucasfilm은 정부의 전략적 방어계획에 항의하기 위해서 "Starwars"라는 용어를 정치적 광고에 사용한 공공단체에 대해 상표소유자로서의 어떠한 권리도 주장할 수 없다고 판시했다. 그 이유는 피고의 상표 사용이 명백히 비상업적인 것이었기 때문이다. 상업적 패러디에 의한 상표침해가 주장되고 있는 경우에 법원이 혼동가능성이 없다고 판단하면 패러디는 표현의 자유를 문제 삼을 필요가 없다. 상업적 패러디가 혼동을 야기하는 경우에는 표현의 자유에 의한 보호가 불가능하지만, 혼동을 초래한 비상업적 패러디는 여전히 헌법의 보호를 받을 수 있다.[32] *University of Notre Dame Du Lac v. Twentieth Century-Fox Film Corp.* 사건,[33] *L.L. Bean Inc. v. Drake Publishers, Inc.* 사건,[34]

---

31 Lucasfilm Ltd. v. High Frontier, 622 F. Supp. 931 (D.D.C. 1985).

32 Langvardt, *supra* note 30, p.98.

Cliff Notes, Inc. v. Bantam Doubleday Dell Publishing Group 사건[35] 등에서는 패러디가 어느 정도 경제적인 이익을 추구했지만, 오락이나 비평을 제공하려는 비상업적인 의도가 더 지배적이라고 보았기 때문에 비상업적인 패러디라고 판단했다.[36]

독일판례도 상업성이 있다는 사실 자체는 상표패러디의 허용 여부를 판단함에 있어 중요하지 않다는 태도를 취하고 있다.[37] 실제로 대부분의 패러디상표가 상업적 목적으로 사용되고 있다는 점을 감안하면, 상업성 자체만으로 이를 금지할 것은 아니라고 판단된다. 오히려 중요한 것은 패러디로 인하여 원상표와 패러디상표가 혼동가능하게 되어 원상표권자의 이익을 실제로 침해하였거나 그 가능성이 있는가의 여부일 것이다.

III. 상표패러디의 부정경쟁방지법상 평가

1. 서

상표패러디에 대해 부정경쟁방지법을 적용하기 위해서도 해당 패러디상표가 표지로서 사용되어야 한다. 패러디가 단순히 장식적으로 사용되는 경우에는 상표법뿐만 아니라 부정경쟁방지법의 적용도 불가능하다. 상표로서의 사용 요건을 충족한다 하더라도, 성공한 패러디는 소비자에게 원상표를 떠올리게 하지만 이와 더불어 패러디를 그 자체로 인

---

33 University of Notre Dame Du Lac v. Twentieth Century-Fox Film Corp., 15 N.Y.2d 940 (N.Y. 1965).

34 L.L. Bean Inc. v. Drake Publishers, Inc., 811 F.2d 26 (1st Cir. Me. 1987), cert. denied, 483 U.S. 1013 (1987).

35 Cliff Notes, Inc. v. Bantam Doubleday Dell Publishing Group, 886 F.2d 490 (2d Cir. N.Y. 1989).

36 Langvardt, *supra* note 30, pp.84-85.

37 BGH NJW 1986, 2951 — "BMW/Bums Mal Wieder".

식하게 하기 때문에 혼동을 초래하기가 어렵다.

2. 희석화

(1) 문제제기

상표패러디에서 주로 문제가 되는 것은 오히려 희석화의 인정 여부에 있다. 혼동을 야기했다는 것은 실패한 패러디로 판단되기 때문에, 이 경우에는 일반적인 상표도용에 의한 법적 판단을 하면 되고, 패러디로서의 고려는 필요하지 않다. 반면, 성공한 패러디는 원상표의 식별력을 더욱 강화시키는 요인이 될 수도 있기 때문에, 식별력의 손상이나 약화는 발생하지 않는다고 볼 수도 있다. 한편, 패러디가 비판적 요소를 가지고 있는 경우, 이로 인한 원상표의 명성의 손상은 고려해 볼 만한 여지가 있다. 미국에는 혼동가능성을 전제로 한 상표권침해가 인정되지 않은 경우에도 상표희석화를 근거로(연방상표법에 희석화금지규정이 도입되기 전에는 각 주법을 근거로) 불법행위를 인정한 판례가 다수 존재한다. 아래에 이를 소개한다.

(2) 외국의 사례

먼저 희석화를 긍정한 사례를 보자. *Chemical Corp. of America v. Anheuser-Busch, Inc.* 사건[38]에서 원고(Anheuser-Busch)는 Budweiser맥주를 판매하면서 "Where there's life ⋯ there's Bud"라는 광고 문구를 사용하고 있었고, 피고는 살충성분이 있는 마루 광택제를 판매하면서 "Where there's life ⋯ there's bugs"라는 광고 문구를 사용하였다. 항소심에서 법원은 피고의 상품이 비경쟁적인 것으로 혼동가능성은 없지만, 직접적인 경쟁관계가 요구되지 않는 부정경쟁행위에는 해당한다고 판단

---

38 Chemical Corp. of America v. Anheuser-Busch, Inc., 306 F.2d 433 (5th Cir. 1962) cert. denied. 372 U.S. 965 (1963).

하고, 피고의 항소를 기각했다. *Pillsbury Co. v. Milky Way Productions, Inc.* 사건[39]에서 피고는 자신이 출판하는 잡지에 "Poppin Fresh"와 "Poppie Fresh"라는 캐릭터가 성관계를 하는 사진을 게재하였는데, 이 캐릭터들은 제빵회사인 원고가 상표로 사용하고 있는 것이었다. 원고는 저작권침해, 상표권침해 및 부정경쟁행위를 주장하였다. 저작권침해에 대해서는 공정사용의 항변이 받아들여졌고, 상표권침해는 혼동가능성을 증명하지 못하여 부인되었다. 그러나 법원은 피고의 행위가 조지아 (Georgia)주의 희석화금지법(Anti-dilution statute 1955)을 위반하는 것으로 원고 영업의 명성과 원고 상표의 식별력을 손상하는 행위라고 보고, 피고 잡지에 대한 출판 및 배포를 금지하였다. *Dallas Cowboys Cheerleaders Inc. v. Pussycat Cinema, Ltd.* 사건[40]에서는 포르노 영화에서 주인공 배우가 달라스 카우보이팀의 치어리더 복장과 유사한 의상을 입고 출연한 것이 문제가 되었다. 법원은 이에 대해 소비자들이 달라스 카우보이팀의 치어리더들과 포르노 영화 산업에 관련이 있을 것이라고 생각할 수도 있기 때문에, 혼동가능성이 존재하여 연방상표법상의 상표권을 침해 하였으며, 부정경쟁행위에 해당하고, 뉴욕주의 일반거래법(New York General Business Law)을 위반하여 상표를 희석화시켰다고 판단했다. *Deere & Co. v. MTD Products Inc.* 사건[41]은 앞의 판례들과는 구별되는 경우로, 자신의 상품에 대한 관심을 끌기 위해 저명한 상표를 희화 (戲化)한 경우에까지 희석화를 인정한 사례이다. 이 사건에서 피고는 잔디 깎는 트랙터를 생산하는 회사인데, 자기 회사의 트랙터에 대한 TV 광고(비교광고)에서 원고 회사(세계최대의 농업용 장비 제조회사)의 사슴로고와 유사한 사슴이 피고회사의 트랙터와 강아지로부터 놀라 도망가는

---

39 Pillsbury Co. v. Milky Way Productions, Inc., 215 U.S.P.Q. 124 (N.D.Ga. 1981).
40 Dallas Cowboys Cheerleaders, Inc. v. Pussycat Cinema, Ltd., 604 F.2d 200 (2d Cir. N.Y. 1979).
41 Deere & Co. v. MTD Products Inc., 41 F.3d 39 (2d Cir. N.Y. 1994).

모습을 담은 만화광고를 방송했다. 법원은 피고가 자신의 광고 또는 상품에 대한 관심을 끌기 위해 원고의 상표를 희화한 것으로 보고 이런 희석화의 유형을 "변질(alteration)"에 의한 희석화로 정의했다.

다음 희석화를 부정한 사례들을 보자. 우선, *Jordache Enters. v. Hogg Wyld* 사건[42]에서는 "Jordache"를 패러디한 "Lardashe" 상표가 문제가 되었다. 원고는 말머리 디자인과 "Jordache"를 결합한 상표를 청바지에 사용하였고, 피고는 뚱뚱한(large size) 여성들을 대상으로 돼지머리 디자인과 "LARDASHE"를 결합한 상표를 붙인 청바지를 제조하였다. 법원은 피고의 상표는 패러디로서 소비자들에게 상표에 대한 혼동을 일으키지도 않고 원상표의 명성을 손상시키지도 않았다고 판단했다. *Hormel Foods Corp. v. Jim Henson Productions, Inc.* 사건[43]에서는 SPAM의 제조사인 원고가 피고의 영화에서 괴상한 멧돼지인형 캐릭터의 이름을 Spa'am이라고 붙이는 것에 대해서 이를 금지해 줄 것을 청구하였다. 항소법원은 피고의 명백한 패러디의도, 피고의 패러디에 대한 공중의 인식도, 원고 상표의 저명성, 양 상표간의 피상적인 유사성 등으로 혼동가능성은 배제된다고 판시하였다. 또한 법원은 상표의 손상이 발생하기 위해서는 상표의 사용이 원고의 상표와 부정적인 연관 관계가 형성되어야 하는데, 피고의 Spa'am은 불유쾌한 연관관계가 아니라 호감이 가는 캐릭터로 비도덕적으로 사용된 것도 아니고 유머러스한 패러디로 상표를 손상한 것으로 볼 수 없다고 원고의 청구를 기각했다. 또한 *Tommy Hilfiger Licensing, Inc. v. Nature Labs, L.L.C.* 사건[44]에서 유명 의류 및 향수 제조회사인 원고는 피고가 애완동물용 향수의 상표로 "Timmy Holedigger"를 사용하고, 그 로고 밑에 익살스럽게 "If You

---

42 Jordache Enters. v. Hogg Wyld, Ltd., 828 F.2d 1482 (10th Cir. N.M. 1987).

43 Hormel Foods Corp. v. Jim Henson Productions, Inc., 73 F.3d 497 (2d Cir. N.Y. 1996).

44 Tommy Hilfiger Licensing, Inc. v. Nature Labs, L.L.C., 221 F. Supp. 2d 410 (S.D.N.Y. 2002).

Like Tommy Hilfiger Your Pet Will Love Timmy Holedigger"라는 문구를 사용하는 것[45]을 금지하도록 청구했는데, 법원은 이러한 문구의 사용이 명백한 패러디로서 원고의 상표를 손상시키지 않았다고 판단했다. 마지막으로 *Toho Co., Ltd. v. Sears, Roebuck & Co.* 사건[46]에서 원고는 "Godzilla" 캐릭터를 소유하고 있는 일본의 회사로, 음식물 쓰레기를 담는 용기를 판매하는 회사인 피고가 "Bagzilla"라는 상표를 사용하면서 "Monstrously Strong Bags"라는 문구를 사용한 것에 대해 명성의 손상에 의한 희석화를 주장했다. 그러나 법원은 피고의 상표가 "Godzilla" 캐릭터와 혼동가능성이 없고, Godzilla 상표와 비윤리적이거나 명성을 손상시키는 연상을 초래하지 않는다고 판단하면서 희석화를 인정하지 않았다.

3. 희석화와 공정사용

(1) 상표법상 공정사용의 개념

저작권은 저작자에게 그 창작물 자체에 대한 모방금지권이라는 강한 배타적 권리를 부여하는 데 비하여, 상표권은 상품 자체에 대한 배타적 권리가 아니라 그 출처의 혼동가능성에 대해서만 권리의 효력이 미치고, 따라서 태생적으로 제한된 권리로서 원칙적으로 공정사용의 원칙이 적용될 여지가 많지 않다. 그러나 현재 상표권은 전통적인 혼동가능성의 범위를 벗어나서 이른바 "희석화"에 대해서도 보호되기에 이르렀으며, 이에 따라 상표권의 경우에도 공정사용의 법리가 적용될 필요성이 대두되기에 이르렀다. 다만, 미국 저작권법 제107조에서 열거하고 있는 저작권법상의 공정사용에 대한 판단요소[47]가 상표패러디에 대해서도

---

45 피고는 원고 이외에 Calvin Klein, Gucci, Ralph Lauren's Polo Sports 등 저명상표들을 패러디하여 애완동물용 향수를 판매하였다.

46 Toho Co., Ltd. v. Sears, Roebuck & Co., 645 F.2d 788 (9th Cir. Cal. 1981).

동일하게 적용되기는 어렵다. 특히 사용된 부분의 양이나 경제적 대체가능성 등의 요소는 희석화와 관련이 없다. 상표패러디가 저작권법으로부터 도입할 수 있는 것은 공정사용 법리의 정신이다.[48]

 사실 상표패러디의 대부분은 해당 상표를 조롱하거나 비판하는 것이어서 희석화에 해당하기 쉽다. 더욱이 2006년 개정상표희석화금지법(Trademark Dilution Revision Act of 2006)[49]에 따라 개정된 미국상표법의 경우 "희석화의 가능성(likelihood of dilution)", 즉 식별력의 약화나 명성손상의 가능성만 있는 경우에도 이를 금지할 수 있도록 규정하고 있기 때문에(동법 제1125조(c)(1)), 상표패러디와 희석화이론은 충돌할 수밖에 없다.[50] 상품의 출처에 대한 혼동가능성은 없으나 희석화는 발생한 경우, 상표의 공정사용이 인정되기 위해서는 상표소유자의 상표 희석을 방지할 이익과 일반공중이 패러디로부터 얻게 되는 이익을 비교형량하여 일반공중의 이익이 더 큰 경우이어야 한다. 저작권법의 영역에서 문화의 향상 발전이라는 공익을 위하여 저작권의 제한이 가능하듯이, 상표법에서도 소비자의 이익이 상표권자의 이익보다 우월한 경우에는 상표권자의 권리가 제한될 수 있다. 패러디가 상표소유자나 상품에 대한 비평을 통해 소비자들에게 일정한 정보를 전달해 준다는 점을 고려하면, 이는 공정사용에 해당한다고 볼 수 있을 것이다. 그러나 패러디가 상품이나 상표소유자에 대한 혼동을 초래한다면 공정사용을 인정할 여지가 없다. 미국의 경우 2006년 개정상표법은 저명상표의 희석화 주장

47 미국저작권법 제107조는 공정사용 여부의 판단요소로서 ① 상업성이 있는지 또는 비영리 교육목적을 위한 것인지를 포함하는 이용의 목적과 성질, ② 저작물의 성질, ③ 저작물 전체에서 사용된 부분이 차지하는 양과 상당성, ④ 그 사용이 저작물의 잠재적 시장이나 가치에 미치는 영향 등을 언급하고 있다.

48 Robert J. Shaughnessy, "Trademark Parody: A Fair Use and First Amendment Analysis", 72 Va. L. Rev. 1079, 1101-1103 (1986).

49 PL 109-312, October 6, 2006, 120 Stat 1730.

50 Mohammad Amin Naser, "Trademarks and Freedom of Expression", IIC 2009, 188, 196, 201 and 205.

에 대한 예외로서 패러디를 공정사용의 예로 명시적으로 규정하고 있다
(동법 제1125조(c)(3)).[51] 즉, 저명상표권자 또는 그의 상품이나 서비스를
식별하도록 하고 이를 패러디하거나, 비판하거나 또는 논평하는 것과
관련하여 그 상표를 사용하는 것은 희석화를 이유로 금지되지 않는다
(동법 제1125조(c)(3)(A)(ii)). 단, 그것이 자신의 상품이나 서비스의 출처
를 나타내기 위한 목적이 아니어야 한다(동법 제1125조(c)(3)(A)본문).

　미국법상 상표의 공정사용(trademark fair use)은 크게 네 가지 유형으
로 분류된다. 즉, "기술적 공정사용(descriptive fair use)", "지명적(指名的)
공정사용(nominative fair use)", "비교광고로서의 공정사용(advertising as

51　(3) Exclusions. The following shall not be actionable as dilution by blurring or
　　dilution by tarnishment under this subsection:

　　(A) Any <u>fair use</u>, including a nominative or descriptive fair use, or <u>facilitation
　　　of such fair use</u>, of a famous mark by another person <u>other than as a
　　　designation of source</u> for the person's own goods or services, including
　　　use in connection with -

　　(i) advertising or promotion that permits consumers to compare goods or
　　　services; or

　　(ii) <u>identifying and parodying</u>, criticizing, or commenting upon the famous
　　　mark owner or the goods or services of the famous mark owner.

　　(B) All forms of news reporting and news commentary.

　　(C) Any noncommercial use of a mark.

　　(3) 배제. 다음과 같은 경우에는 이 항의 규정에 따른 식별력의 약화나 명성의 손
　　상에 의한 희석화를 이유로 소송을 제기할 수 없다:

　　(A) 타인이 자신의 상품이나 서비스의 출처를 나타내기 위한 목적이 아니라, 저
　　　명상표를 지명적(指名的) 또는 기술적(記述的)으로 공정사용하는 것을 포함
　　　하여 모든 <u>공정사용행위</u> 또는 그러한 <u>공정사용을 촉진하는 행위</u>로서 다음
　　　각호의 행위를 포함하는 행위 -

　　(i) 소비자로 하여금 상품이나 서비스를 비교하도록 하는 광고나 판매촉진활동
　　　과 관련한 상표의 사용; 또는

　　(ii) 저명상표권자 또는 저명상표권자의 상품이나 서비스를 <u>식별하도록 하고 패
　　　러디하거나</u>, 비판하거나 또는 논평하는 것과 관련한 상표의 사용.

　　(B) 모든 형태의 뉴스보도 및 뉴스논평.

　　(C) 상표의 비상업적 사용.

fair use)" 및 "패러디로서의 공정사용(parody as fair use)"이 그것이다. 그 중 첫째 유형은 이른바 "고전적 공정사용(classical fair use)"이라고도 하는 것으로 "법정(法定)의 공정사용(statutory fair use)"이며(미국상표법 제1115조 (b)(4)), 나머지 세 유형은 판례법으로 형성된 개념이다. 다만 1995년 희석화금지법(Federal Trademark Dilution Act of 1995)[52]에 의하여 미국상표법이 개정되면서 "비교광고로서의 사용"이 희석화에 대한 공정사용으로서 법률상 명시적으로 언급되었으며(당시 미국상표법 제1125조(c)(4)(A)), 2006년 개정희석화금지법(Trademark Dilution Revision Act of 2006)에 의하여 다시 미국상표법이 개정되면서 지명적 공정사용 및 기술적 공정사용과 함께 패러디가 추가로 공정사용의 한 예로 명시되기에 이르렀다 (현행 미국상표법 제1125조(c)(3)(A)).

(2) 외국의 사례

Stop the Olympic Prison v. United States Olympic Committee 사건[53]에서 비영리단체인 원고는 동계올림픽경기 후에 레이크 플래시드(Lake Placid)의 올림픽촌을 감옥으로 변경하려고 한다는 주정부의 계획에 대한 반대세력을 모으기 위하여 수직철창살 뒤에 오륜마크가 그려져 있고, "Stop the Olympic prison"이라는 글귀가 쓰인 포스터를 배포하였다. 원고는 대부분의 포스터는 무상으로 배포하였으나, 몇 개는 그들의 활동에 대한 기부를 요청하기 위하여 1달러에 판매하였다. 피고가 "Olympic"이라는 문자와 오륜마크에 대한 상표권침해를 경고하자 원고는 그것이 아니라는 확인판결을 구하였다. 이에 대해 법원은 원고는 거래목적으로 상표를 사용하지도 않았고, 상품이나 서비스의 판매를 유도하지도 않았기 때문에 상표권침해는 아니라고 판시하였다. 위 판결에서

---

52 PL 104-98, January 16, 1996, 109 Stat 985.
53 Stop the Olympic Prison v. United States Olympic Committee, 489 F. Supp. 1112 (S.D.N.Y. 1980).

는 패러디를 통해 상표권자가 감옥과 관련되어 있다는 점을 비판한 것이다. *Girl Scouts of the United States v. Personality Posters Mfg. Co.* 사건[54]에서 원고는 진실, 충성, 순수, 애국심 등의 덕목을 장려함을 목적으로 하는 비영리단체이다. 피고는 여러 종류의 포스터를 제작·판매하고 있다. 피고는 저명한 주니어 걸스카우트(Junior Girl Scouts)의 녹색 유니폼을 입고 있는 소녀가 볼록 나온(임신한 것이 명백한) 배를 양손으로 움켜잡고 있고, 손 옆에 "준비(BE PREPARED)"라는 글귀가 쓰인 포스터를 제작·배포하였다. 원고는 "GIRL SCOUTS"라는 문자상표, "준비(BE PREPARED)"라는 표어, 공식유니폼 등의 식별력을 부정이용하면서 포스터의 출처를 허위로 표시하였기 때문에 상표권을 침해하였다고 주장하였다. 그러나 법원은 공중이 포스터의 출처가 원고라고 혼동할 가능성이 존재하지 않는다고 판시하였다. 법원은 소비자들이 포스터를 보고 분개(憤慨)할 수도 있으나, 그러한 감정이 혼동은 아니라고 하였다. 또한 혼동가능성이 존재하지 않는 한 희석화이론도 적용되지 않는다고 판시하였다.[55] 이 사건에서는 패러디를 통해서 상표권자의 순결하고 건전한 이미지는 환상이라는 것을 풍자적으로 비판한 것이다. 전술한 *Dallas Cowboys Cheerleaders Inc. v. Pussycat Cinema Ltd.* 사건[56]에서 피고는 패러디를 통해서 "운동경기에서의 성(性)"이라는 일반적인 사회문제 이외에 상표권자가 제공하는 특정운동경기에서의 성(性) 문제에 대해서도 자신의 비판을 전달하려고 했다고 주장하였다. 그러나 그 전달내용이 무엇인지 거의 인식할 수 없었으며, 일반적인 사회문제에 대해서는 원고의 상표권을 침해하지 않고도 비판을 제기할 수 있는 여러 방법이

---

54 Girl Scouts of the United States v. Personality Posters Mfg. Co., 304 F. Supp. 1228 (S.D.N.Y. 1969).

55 이 판결은 패러디 관련 초기 판례로, 전통적인 혼동가능성의 기준으로 패러디의 허용 여부를 판단한 것이다.

56 Dallas Cowboys Cheerleaders, Inc. v. Pussycat Cinema, Ltd., 604 F.2d 200 (2d Cir. N.Y. 1979).

있었기 때문에, 패러디는 허용되지 않으며 수정헌법 제1조에 의해서도
허용되지 않는다고 판시하였다. 즉, 이 사건에서도 법원은 상표권자와
관련한 비판이 아니라는 이유로 허용되는 패러디가 아니라고 판단했다.

Louis Vuitton Malletier S.A. v. Haute Diggity Dog, LLC. 사건[57]은
2006년 미국의 개정상표희석화금지법이 적용된 사례이다. 피고는 명품
가방과 핸드백을 생산하는 Louis Vuitton사의 가방의 디자인과 로고를
패러디하여 "Chewy Vuiton"이라는 강아지용 장난감을 만들어 판매하
였다. 원고는 상표, 트레이드 드레스(trade dress) 및 저작권침해를 주장
하였다. 원고의 상표와 트레이드 드레스는 L과 V로 된 결합문자를 구성
요소로 하였고, 피고는 C와 V를 결합한 표시를 사용하였는데, 그 색채
의 구성이 원고의 상표와 유사하였다. 원고도 개줄 또는 목걸이와 같은
애완동물용 고급 상품을 판매하였는데, 그 가격이 250 달러 내지 1600
달러에 달하였다. 피고의 상품은 대부분 약 10달러였다. 법원은 상표권
침해와 관련하여 혼동가능성이 없는 것으로 판단하였다. 법원은 피고의
상표사용은 저명상표에 대한 명백한 패러디이고, 소비자의 현실적 혼동
이 없었고, 피고의 악의도 없었고, 양 당사자들의 상품의 품질과 구매자
층의 차이가 존재한다는 점을 그 이유로 들었다. 또한 피고의 행위는 패
러디로서 저작권에 대한 공정사용이고, 원고 상표의 식별력이 약화되거
나 손상되었다고 볼 만한 근거가 없다고 판시하였다. 이 판결은 일반적
으로 상표권침해소송에서 강한 상표에 대해 유리하게 판단되었던 지금
까지의 관례와는 다르게 판단한 것이다. 피고의 행위가 패러디에 해당된
다면, 강한 상표의 저명성과 인지도는 오히려 혼동가능성을 발생시키지
않기 때문이라고 판시했다. 상표희석과 저작권침해 주장에 대해서도 패
러디라는 요소가 결정적인 역할을 했다. 이 판결은 상표희석화금지법상

57　Louis Vuitton Malletier S.A. v. Haute Diggity Dog, LLC., 464 F. Supp. 2d 495
　　(E.D.Va. 2006). 원고가 이 판결에 불복해서 항소하였으나, 항소법원은 원심의
　　판결을 유지했다.

희석화 주장에 대하여 패러디가 효과적인 항변으로 사용된 사례이다.

4. 희석화와 표현의 자유

(1) 표현의 자유와 희석화금지규정의 조화

상표패러디에서 가장 문제가 되는 경우는 명성의 손상에 의한 희석화의 판단 여부이다. 손상에 대한 정도를 어디까지 인정하느냐의 문제는 헌법상 표현의 자유와의 균형에 있다. 저명상표의 희석화에 대한 보호와 패러디를 통한 표현의 자유 사이에서 균형을 이루는 것은 어려운 문제로 결국은 각각의 사례에서 구체적 타당성을 실현하는 결론을 도출하여야 한다. 패러디로 인한 상표 희석이 발생한 경우 이런 침해는 상표를 허락 없이 사용함으로 인하여 발생하는 침해보다 훨씬 덜 심각하다고 볼 수 있다.[58] 패러디로 인해 상표의 식별력은 더욱 강해질 수 있기 때문이다. 소비자들이 원상표와 패러디상표의 연관성을 인식하지 못한다면 패러디는 실패한 것으로 볼 수 있다.

문헌에서는 헌법상 표현의 자유를 고려하여 상표패러디를 허용할 것인지 여부를 판단함에 있어서는 세 가지 요소를 고려하여야 한다고 주장하고 있다. 첫째는 패러디로 인하여 입게 될 상표권자의 손해의 성질과 그 정도, 둘째는 자신의 아이디어를 표현하기 위하여 해당 상표를 이용하고자 하는 패러디스트의 이익, 셋째는 패러디를 통한 해당 상표의 이용을 허용하는 것에 대한 공중의 이익이 그것이다.[59] 예컨대 패러디가 출처의 혼동가능성을 야기하는 경우에는 상표권자에게 미치는 손해가 본질적인 것이기 때문에 헌법적 고려를 한다 하더라도 이는 허용하

---

58 Shaughnessy, *supra* note 48, p.1113.

59 Shaughnessy, *supra* note 48, p.1112(15초 동안의 "인간포탄(human cannonball)" 실연을 방송한 것의 허용 여부와 관련하여 미국연방대법원이 *Zacchini v. Scripps-Howard Broadcasting Co.*, 433 U.S. 562 (U.S. 1977)에서 제시한 기준을 원용하면서 위와 같이 주장함).

지 말아야 한다. 사실 패러디하였음에도 불구하고 출처의 혼동가능성이 존재한다면, 그 패러디는 실패한 것으로 볼 수 있고, 이러한 패러디는 새로운 아이디어를 제공하지 못한다는 점에서 공익적 측면에서도 헌법상 보호할 필요는 없을 것이다.[60] 문제는 패러디가 성공적이어서 출처의 혼동가능성은 발생하지 않으나, 식별력 또는 명성을 손상시키는 이른바 "희석화"가 발생하는 경우이다. 이 경우에는 상표패러디를 표현의 자유의 차원에서 헌법상 보호하여야 할 공익과 희석화로부터 보호받아야 할 상표권자의 사익이 충돌하게 되며, 그 허용여부의 판단이 쉽지 않다.

상표패러디의 허용여부를 판단하기 위하여 헌법적 고려를 하는 데 있어서 궁극적인 기준은 공익이 될 것이다. 한편으로, 공중은 패러디스트의 사회적 또는 미적인 비평에 접근하는 데 큰 이익을 갖고 있다. 다른 한편으로, 패러디는 공중에게 간접적인 비용부담을 초래할 수도 있다. 왜냐하면, 예컨대 패러디로 인하여 어떤 상표가 희화되면, 상표권자는 그 상표의 원래 이미지를 회복시키기 위하여 광고노력을 할 것이며, 이는 결국 상품가격의 인상을 통하여 부분적으로 소비자가 부담하게 될 것이기 때문이다. 그러나 패러디가 간접적으로 공중에게 비용부담을 초래할 수 있다는 사실 자체만으로 표현의 자유에 대한 공익을 상쇄시키기에는 부족하다.[61]

상표권자가 의류 등에 상표를 사용하는 것도 상표권자의 측면에서는 일종의 표현형태이며, 패러디스트가 어떤 상표를 이용하여 자신의 아이디어를 표현하는 것[62]도 표현의 일종이다. 그러나 상표권자가 표현하는 아이디어는 패러디스트가 표현하는 아이디어와 다르다. 상표법은 원칙적으로 (희석화를 제외한다면) 상표권자가 의도했던 아이디어의 표현만을

---

60 Shaughnessy, *supra* note 48, p.1112.
61 Shaughnessy, *supra* note 48, p.1114.
62 상표는 공중이 그 아이디어를 표현하기 위한 "법적이고 사회적인 아이콘"이다(Naser, *supra* note 50, p.188).

보호한다. 즉 원칙적으로 해당 상표를 그 지정상품에 사용하는 것만을 보호한다.[63] 상표권은 제3자가 상표권자가 표현한 아이디어를 그대로 모방하는 것을 금지한다. 이렇게 제3자의 아이디어모방행위를 금지하더라도 공중에게는 아무런 손해도 발생하지 않는다. 왜냐하면 그 아이디어는 여전히 상표권자를 통해서 표현될 것이고, 공중에게 "표현된 아이디어의 감축" 현상은 발생하지 않기 때문이다. 그러나 제3자가 타인의 상표를 패러디하게 되면, 이는 상표권자의 그것과는 다른 아이디어의 표현이며, 이를 금지하게 되면, "표현된 아이디어의 감축" 현상이 발생하게 된다. 이는 결국 원칙적으로 모든 아이디어의 표현에 제한받지 않고 접근 가능하여야 한다는 공익에 반하는 것이다.[64]

문제는 "공익"이라는 것이 항상 가변적이고 애매모호하다는 점이다. 패러디로 인한 공익과 희석화로부터 보호받아야 할 상표권자의 이익(소비자에게 전가되는 일부 비용의 증가를 포함)을 세심하게 비교형량하여야 한다. 우선, 패러디상표로 인하여 출처의 혼동가능성이 발생하는 경우에는 상표권자의 이익이 우선한다고 보아야 할 것이다. 또한 패러디가 허위정보를 전달함으로써 손해를 끼치는 경우에도 상표권자의 이익이 우선한다고 보아야 할 것이다.

한편, 현재 미국상표법은 상표패러디를 공정사용의 일종으로서 희석화에 대한 항변사유의 하나로서 명시하고 있다. 이와 같은 상황에서 상표법 규정 이외에 헌법상 표현의 자유에 기하여 상표희석화에 대한 항변을 인정할 여지가 있는지 의문이 생긴다.[65] 그러나 현행 미국상표법

---

63 물론 우리나라의 현행 상표법은 상표권을 효과적으로 보호하기 위하여 추가로 유사영역에 사용되는 것도 금지하고 있다(동법 제108조 제1항 제1호 참조).

64 Shaughnessy, *supra* note 48, p.1115.

65 Naser, *supra* note 50, pp.189-190은 공중은 상표와 그 상표가 부착된 상품 간의 연상작용(보통의 상표는 저도의 연관성을 부여하고, 주지저명상표는 고도의 연관성을 부여함)을 통하여 상표에 가치와 의미를 부여한다는 점에서 상표등록인과 공중은 상표의 "공동저작자(co-author)"이며, 따라서 상표를 문화적 내지 표현적

상으로는 패러디가 상표권자 또는 그의 상품에 대한 비평을 그 주제로
삼지 않고, 다른 것을 주제로 삼는 경우에는 공정사용원칙에 의하여 이
를 허용하기 곤란하다(동법 제1125조(c)(3)(A)(ii)). 이 경우에는 오로지 헌
법상 보장된 표현의 자유에 기해서만 보호받을 수 있을 것이다. 2006년
미국상표법개정으로 패러디가 공정사용의 하나로 명시되기 전에도 문
헌에서는 만일 패러디가 상표권자 또는 그의 상품에 대한 비평을 주제
로 하지 않는 경우에는 공정사용의 원리는 충분하지 않고, 헌법상 표현
의 자유에 기한 항변이 도움이 될 수 있다고 보고 있었다.[66]

(2) 외국의 사례

그러나 지금까지의 미국판례들은 대부분 헌법상 고려에 의하여 패러
디를 허용하는 것에 대해서는 부정적인 태도를 취해 오고 있었다.[67] 일
부 판례는 상표패러디가 헌법상 보호받을 정도의 "표현(speech)"에 미치
지 못한다고 보기도 한다.[68] 그러나 헌법상 보장된 표현의 자유는 반드

으로 사용하는 것이 상표권에 대한 예외가 아니라 공중의 권리로 파악하여야 한
다고 주장하기도 한다.

[66] Shaughnessy, *supra* note 48, p.1116(이는 2006년 미국상표법 개정전의 논문이
나, 이 점에 관해서도 적절한 견해라고 판단됨. 피고가 "동성애자올림픽(Gay
Olympics)"이라고 홍보하는 행사를 후원한 것에 대해 금지청구를 인용한
International Olympic Committee v. San Francisco Arts & Athletics, 781 F.2d
733 (9th Cir. Cal. 1986) 판결에 대한 전원합의체 재심신청(petition for rehearing
en banc)을 기각한 판결문(789 F.2d 1319 (9th Cir. 1986)) 중 Kozinski 판사의 반
대의견을 소개하면서 위와 같은 매개적 패러디도 헌법상 고려에 의하여 허용될
필요가 있다고 함).

[67] 예컨대 Dallas Cowboys Cheerleaders, Inc. v. Pussycat Cinema, Ltd., 604 F.2d
206 (2d Cir. N.Y. 1979); L.L. Bean, Inc. v. Drake Publrs., Inc., 625 F. Supp.
1531, 1537-38 (D. Me. 1986); Reddy Communications, Inc. v. Environmental
Action Foundation, Inc., 199 U.S.P.Q. (BNA) 630, 633-34 (D.D.C. 1977);
COCA-COLA CO. v. GEMINI RISING, INC., 346 F. Supp. 1183, 1192-93
(E.D.N.Y. 1972).

[68] 예컨대 *Dallas Cowboys Cheerleaders, Inc. v. Pussycat Cinema, Ltd.*, 604 F.2d
200, 206 (2d Cir. N.Y. 1979)에서 법원은 피고가 패러디한 영화는 기껏해야 "겨

시 정치적 문제에 대해서만 적용되는 것은 아니다. 표현의 자유는 뉴스보도뿐만 아니라 오락성표현에 대해서도 미치며, 고상한 표현뿐만 아니라 저속한 표현에 대해서도 미친다.[69] 상표패러디를 통한 표현이라고 해서 달리 기준을 정할 것은 아니며, 따라서 상당수의 상표패러디는 원칙적으로 헌법상 보장된 표현의 형태에 속한다고 보아야 할 것이다.[70] 상표패러디는 언어적 표현과는 달리 주로 상징적인 수단으로 메시지를 전달하는데, 바로 그 이유 때문에 헌법상 덜 보호받는다고 볼 수도 없다.[71]

미국판례는 상표패러디의 내용이 시사적인 것으로서 헌법상 표현의 자유의 영역에 속하는 것이 명백한 경우에도 헌법에 기한 항변을 인정하지 않고 있다. 그 이유 중 하나는 패러디를 금지하는 상표권자의 권리행사는 국가행위가 아니라는 것이며,[72] 다른 하나는 패러디스트는 해당상표를 이용하지 않고도 다른 방법으로 자신의 아이디어를 표현할 수 있기 때문이라고 한다.[73] 그러나 국가가 사권의 행사를 승인하고 집행

우 인식할 만한 메시지"를 포함하고 있다고 판시하였다.

69 우리나라의 헌법문헌에서도 영화, 음반, 현수막 등도 표현의 자유의 보호대상이며, 영리목적의 표현, 상징적인 표현, 패러디도 이에 포함되는 것으로 보고 있으며(김철수, 헌법학신론, 제20판 전정신판, 2010, 785면; 장영수, 헌법학, 2006, 667-668면; 정종섭, 헌법학원론, 제6판, 2011, 584면; 이준일, 헌법학강의, 2005, 542-543면), 헌법재판소도 상업적 광고에 대해서 표현의 자유에 의한 보호대상임을 밝히고 있다(2005.10.7. 선고 2003헌가3 전원재판부 결정; 헌법재판소 2008. 6.26. 선고 2005헌마506 전원재판부 결정).

70 Shaughnessy, *supra* note 48, p.1109.

71 Shaughnessy, *supra* note 48, p.1109.

72 Reddy Communications, Inc. v. Environmental Action Foundation, Inc., 199 U.S.P.Q. (BNA) 630, 633-34 (D.D.C. 1977); International Olympic Committee v. San Francisco Arts & Athletics, 781 F.2d 733, 737 (9th Cir. Cal. 1986), affirmed by 483 U.S. 522.

73 Mutual of Omaha Ins. Co. v. Novak, 775 F.2d 247, 249 (8th Cir. Neb. 1985); Dallas Cowboys Cheerleaders, Inc. v. Pussycat Cinema, Ltd., 604 F.2d 200, 206 (2d Cir. N.Y. 1979); Reddy Communications, Inc. v. Environmental Action Foundation, Inc., 199 U.S.P.Q. (BNA) 630, 634 (D.D.C. 1977).

하도록 하는 것도 표현의 자유를 제한하는 국가행위에 준하여 볼 수 있다. 또한 패러디스트가 상표패러디 이외의 다른 방법으로 또는 해당 상표가 아닌 다른 상표를 패러디함으로써 자신의 아이디어를 표현할 수 있다고 하더라도, 이는 더 이상 패러디스트가 원래 의도했던 아이디어의 표현(특정상표의 패러디를 통해서만 상징적으로 표현가능하고 패러디스트가 실제로 표현하려고 했던 아이디어의 표현)은 아니다. 경우에 따라서는 패러디의 독특한 성질상 패러디스트가 만족할 만한 대체표현수단을 발견하지 못할 수도 있다.[74] 패러디스트는 자신의 아이디어를 표현하는 데 적합한 수단을 어떠한 것이든 자유롭게 선택할 수 있어야 한다.[75] 따라서 만일 단지 다른 방법이 존재한다는 이유만으로 특정상표의 패러디를 금지하는 것은 헌법상 보장된 표현의 자유의 본질을 훼손하게 되는 것이다.[76]

표현의 자유를 근거로 상표패러디를 허용한 사건 중 대표적인 것으로 *L.L. Bean Inc. v. Drake Publishers Inc.* 사건[77]을 들 수 있다. 동 사건에서는 성인잡지를 출판하는 피고가 운동복과 스포츠 관련 용품을 판매하는 원고의 상표를 "L.L. BEAM's Back-to-School-Sex-Catalog"이라는 제목으로 성인물사진과 함께 "유머와 패러디"라는 면에 게재했다. 원고는 상표침해 및 상표희석을 이유로 소송을 제기했고, 원심은 이 사건 패러디에 대하여 상표희석을 야기한다고 판단했다. 항소법원은 패러디의 성질이 상업적인지 비상업적인지를 중점적으로 판단하였다. 법원은 패러디는 헌법상 표현의 자유를 누린다고 전제하고, 패러디가 상표소유자에게 불쾌감을 주더라도 헌법상으로 보호되는 것에는 문제가 없다고 판

---

74 Tyrone Tasker, "Parody or Satire as a Defense to Trademark Infringement", 77 Trademark Rep. 216, 237 (1987).

75 Naser, *supra* note 50, p.196.

76 Shaughnessy, *supra* note 48, p.1110-1112.

77 L.L. Bean Inc. v. Drake Publishers, Inc., 811 F.2d 26 (1st Cir. Me. 1987), cert. denied, 483 U.S. 1013 (1987).

단했다.

반면, *Kraft Foods Holdings, Inc. v. Helm* 사건[78]에서는 패러디가 아니라는 이유로 수정헌법상 표현의 자유에 의한 보호를 부정하였다. 이 사건에서 원고는 유명한 치즈 상표인 "Velveeta"의 상표권자인데, 피고는 약 17년 동안 "King Velveeda"라는 표시를 그의 별명과 그의 작품에 대한 표시로 사용해 왔다. 피고는 그의 웹사이트에서 티셔츠, 커피 머그잔과 작품을 판매하였을 뿐만 아니라 성인용품도 판매하였다. 원고는 상표의 명성손상을 이유로 소를 제기하였고, 피고는 표현의 자유에 의한 보호를 주장하였다. 법원은 피고가 스스로 그의 별명은 원고회사 또는 벨비타 상품을 패러디하지 않았다고 진술하였다는 점을 이유로 표현의 자유에 의한 보호를 인정하지 않았고, 오히려 피고의 웹사이트가 성적 용품을 포함하고 있기 때문에 원고의 상표의 명성을 손상시켰다고 판시하였다.

IV. 상표패러디에 대한 일반불법행위법상의 평가

1. 상표패러디에 의한 일반불법행위책임

상표패러디가 상표법이나 부정경쟁방지법에 의한 상표권침해 또는 부정경쟁행위로 인정되지 않는다 하더라도 민법상 불법행위책임을 물을 수도 있을 것이다. 외국의 경우, 특히 독일이나 프랑스의 경우에는 상표모욕이나 명예훼손을 이유로 상표패러디에 대해 불법행위책임을 물은 사례가 있다.

---

[78]   205 F. Supp. 2d 942 (N.D. Ill. 2002).

2. 외국의 사례

(1) 독일

독일에서는 다음과 같은 경우에 상표에 대한 패러디가 불법행위를 구성한다고 판단하고 있다. 첫째는 패러디 상표가 출처표시 등의 상표로서 사용되지 않고 단순히 장식적으로 사용되었으나 타인의 명예를 훼손한 경우에 불법행위를 인정한 사례가 있다. 이와 관련한 사례는 Shell 정유회사의 조개모양 로고를 해골모양으로 변형하여 티셔츠에 디자인으로 사용한 경우다.[79] 동 사건에서 패러디스트는 상표소유자의 기업이미지를 비판하기 위하여 패러디를 사용하였지만, 법원은 패러디가 비판이나 풍자의 목적을 포함하고 있다 하더라도 기업의 명예를 중대하게 훼손하므로 표현의 자유에 의해서도 허용되지 않는다고 판시하면서 불법행위 책임을 인정하였다. 둘째는 상품이나 또는 상품을 생산하는 기업에 대한 비판의 목적으로 상표를 패러디를 하는 것이 아니라 단순히 상표의 명성이나 관심을 이용하는 경우에 불법행위책임을 물을 수 있다고 한다. "Doppelherz" 사건[80]에서 텔레비전 방송사는 자사의 기록영화(Dokumentarfilm)를 광고하기 위하여 유명한 홍분제의 상품형태를 모방하였는데, 이에 대해 법원은 이는 단순히 시청자의 관심을 끌기 위하여 해당 홍분제의 상품형태를 희화한 것으로 해당 상품 제조회사의 영업이익을 부당하게 침해한 것으로 민법상 불법행위책임을 인정하였다. 동 사건에서 법원은 방송사가 타인의 유명한 상품형태와 그 상표를 패러디하여 자신의 광고에서 사용하기는 하였지만, 이는 상표로서의 사용에는 해당하지 않는다고 판시하였다.

---

79 OLG Hamburg ZUM-RD 1998, 121 — "Shell".
80 OLG Hamburg MD 2000, 597 — "Doppelherz".

(2) 프랑스

프랑스 판례도 상표권 침해 이외에 일반불법행위책임의 성립 여부에 대해서도 고려하고 있어, 이 점에 관한 한 독일판례와 유사한 접근 방법을 보여 주고 있다. 다만, 불법행위책임에 대한 비난가능성보다 표현의 자유나 기타 공익이 우선하는 경우에는 패러디를 허용하고 있다.[81] 이와 관련된 대표적인 판례로는 *Camel v. CNMRT* 판결[82]이 있다. 동 사건에서 Camel은 유명한 담배상표이고, CNMRT는 결핵 및 호흡기 질환에 관한 정부기구이다. 사건은 담배의 위험을 경고하는 캠페인과 관련이 되었는데, CNMRT는 담배를 피우는 사람을 우스꽝스럽게 묘사하면서 Camel 상표를 상징하는 낙타를 패러디한 사건이다. 파리항소법원은 이 캠페인은 공공의 건강을 위하여 진행된 것으로 담배가 끼치는 해로운 영향에 대해 알리기 위한 것이라고 보았다. 그렇지만 특정 담배브랜드를 이용하는 것은, 비록 패러디의 형식을 인정하더라도 일반인들에게 지금까지의 이미지와는 다른 새로운 이미지와 연결시켜 담배제조업자의 신용에 영향을 준다고 보았다. CNMRT가 표현의 자유뿐만 아니라 공중의 건강을 염려한다는 정당성을 갖고 있다 하더라도, 그로 인하여 법률이 인정하고 있는 Camel사의 권리를 침해할 수는 없다고 판시했다. 그러나 프랑스 최고법원인 파기법원(Cour de Cassation)은 CNMRT의 표현의 자유를 인정했다. 이 사건은 해당 상품을 비평하거나 상표소유자에 대한 비판의 목적에서가 아니라 청소년의 흡연을 방지하려는 목적에서 상표를 패러디한 경우이다. 직접적으로 담배회사 또는 그 상품에 대한 비판을 한 것은 아니지만 흡연을 방지하려는 의도는 담배회사와도

---

81 패러디 관련 최근 프랑스 판례에 대한 간단한 소개로는 Bersay & Associes, "Trademark parody should be assessed under the ordinary rule of civil liability", March 2007 참조. ⟨http://www.legal500.com/assets/images/stories/firmdevs/bers10784/19-7.pdf⟩ (2011.10.10. 방문).

82 Cour de Cassation, civ 2ème, 19 octobre 2006, pourvoi 05-13.489, CNMRT c/ JT International GmbH.

밀접한 관계가 있기 때문에 넓은 의미에서 그 상표소유자에 대한 비판
이라고도 볼 수 있다고 판단했다.

다음 *Association Le Réseau Voltaire pour la liberté d´expression v.
Gervais Danone* 사건[83]에서는 원고인 유명한 낙농그룹인 Danone사가
자신의 상표를 모방하여 "jeboycottedanone.com"과 "jeboycottedanone.net"
이라는 인터넷 사이트를 개설한 피고를 상대로 상표권침해와 명예훼손
에 의한 불법행위책임을 주장한 것이 문제되었다. 원심은 Danone사의
주장을 받아들였으나, 항소법원은 피고의 행위는 헌법상 표현의 자유에
의해 보호받을 수 있다고 판단했다. 항소법원에 따르면, 표현의 자유는
타인을 존중하기 위한 범위에서만 제한될 수 있는데, 문제가 된 인터넷
사이트들은 Danone사의 상품을 비방하지도 않고, 상표의 혼동가능성
도 없다는 점에서 Danone사의 권리를 존중하면서 이루어졌다고 판단
했다. 해당 인터넷 사이트들은 일반인들에게 혼동을 주려는 의도가 아
니라 Danone사의 사회정책에 대한 비판과 노동자들의 고용위험 문제
를 노출시키려는 의도를 분명히 보여 주고 있다는 점이 고려되었다.

프랑스에서도 상표패러디와 관련하여 명예훼손에 의한 불법행위책임
을 인정한 판례가 있다. *SA Société des participations du Commissariat
à l'énergie atomique. v. Association Greenpeace France* 사건[84]에서
Areva의 핵 활동과 관련된 위험에 대한 공중의 경각심을 불러일으키기
위하여 Greenpeace는 Areva의 상표를 죽음을 의미하는 심벌로 패러디
하여 웹사이트에 올려놓았다. Areva는 민법상 불법행위책임을 주장하
면서 Greenpeace가 Areva의 상표를 이용한 것은 그들의 활동에 대한
명예를 훼손하고 가치를 떨어뜨렸다고 주장했다. Greenpeace는 표현

---

83 Cour d'appel Paris, 30 Avril, 2003, Association Le Réseau Voltaire pour la
    liberté d´expression v. Gervais Danone.
84 Cour d'appel Paris, 17 Novembre, 2006, Association Greenpeace France v. SA
    Société des participations du Commissariat à l'énergie atomique.

의 자유를 주장했고, 소송에서는 표현의 자유와 재산권이라는 두 권리가 충돌하였다. 항소법원은 표현의 자유가 정보를 제공한다는 측면에서 공중에게 이익을 가져다준다는 점을 인정했다. 그러나 이 권리는 절대적인 것이 아니고, 그 형식이나 그 내용에 의해 과도하게 남용해서는 안된다고 하였다. 항소법원은 Greenpeace의 캠페인에 대하여 명예훼손에 기초한 불법행위를 인정했다.

V. 상표패러디에 대한 각국 판례의 비교법적 평가

1. 미국

상표권침해에 대한 혼동가능성 심사에서 대부분의 미국판례는 패러디를 별도의 항변사유로 인정하는 것이 아니라 혼동가능성의 판단요소 중의 하나로 고려하고 있다. 상표패러디의 법적 쟁점은 희석화의 인정 여부에 달려 있다. 판례의 주류적인 태도는 상표패러디가 성(性)이나 마약 등 불법적인 것과 관련되어 이용되는 경우에는 희석화를 쉽게 인정하는 경향이 있다. 희석화를 넓게 인정해서 단지 저명상표를 희화한 경우에 상표권침해를 인정한 경우도 있지만, 단지 익살을 목적으로 상표를 패러디한 경우에는 패러디스트의 표현의 자유를 폭넓게 인정하고 있다. 2006년 개정상표희석화금지법은 미국전역에 널리 알려진 매우 저명한 상표에 한해서 희석화를 주장할 수 있도록 하여, 저명상표의 요건을 강화시켰다. 또한 패러디를 희석화의 예외에 해당하는 공정사용의 하나로 명시적으로 규정함으로써 패러디에 대한 보호를 강화하려는 의도도 보여진다. 패러디에 의한 상표 희석화를 인정한 대표적인 판례로는 "Dallas Cowboys Cheerleaders" 판결,[85] "Poppin Fresh" 판결[86] 등이 있고, 패러디의 표현의 자유를 고려하여 희석화를 부정한 사례로는

"Jordache" 판결,[87] "SPAM" 판결,[88] "Tommy Hilfiger" 판결,[89] "Godzilla" 판결[90] 등이 있다.

2. 독일

독일 판례는 상품이나 상품을 제조하는 기업에 대한 비판의 목적으로 상표를 패러디한 경우에는 이를 허용하고 있다. 그러나 상품이나 상품을 제조하는 기업에 대한 비판의 목적이 없는 경우, 즉 단순한 웃음거리나 조롱의 대상으로 상표를 패러디하거나, 자신의 상품판매나 영업을 위해 타인 상표의 명성을 이용하는 경우, 즉 소비자들의 관심을 끌기 위해 유명상표를 패러디하는 경우에는 상표권의 침해를 인정하고 있다. 이러한 행위는 우리 현행 상표법하에서라면 상표권침해를 인정하기 어려울 것이나, 독일상표법은 제14조 제3항에서 유명상표의 명성을 부정한 방법으로 이용하는 경우에도 상표권침해를 인정하고 있기 때문인 것으로 파악된다. 한편 상표패러디를 이용하여 상품을 제조하는 기업을 비방하거나 모욕하는 경우에는 일반불법행위책임을 인정하고 있다. 상표권침해를 부정한 대표적 판례로는 "Bild Dir keine Meinung" 판결[91]이 있다. "Deutsche Pest" 판결[92]은 패러디로 인한 상표모욕을 인정한

---

85 Dallas Cowboys Cheerleaders, Inc. v. Pussycat Cinema, Ltd., 604 F.2d 205 (2d Cir. 1979).

86 Pillsbury Co. v. Milky Way Productions, Inc., 215 U.S.P.Q. 124 (N.D.Ga. 1981).

87 Jordache Enters. v. Hogg Wyld, Ltd., 828 F.2d 1482 (10th Cir. N.M 1987).

88 Hormel Foods Corp. v. Jim Henson Productions, Inc., 73 F.3d 497 (2d Cir. 1996).

89 Tommy Hilfiger Licensing, Inc. v. Nature Labs, L.L.C., 221 F. Supp. 2d 410 (S.D.N.Y. 2002).

90 Toho Co., Ltd. v. Sears Roebuck & Co., 645 F.2d 788 (Cal. 1981).

91 OLG Hamburg ZUM-RD 1999, 90 — "Bild Dir keine Meinung".

92 LG Hamburg GRUR 2000, 514 — "Deutsche Pest".

사례이고, "Lusthansa" 판결[93]은 비판의 목적이 없이 단순히 웃음거리로 만든다는 이유로 상표권의 침해를 인정했다. 독일의 법문화와 유사한 오스트리아 대법원의 "Styriagra" 판결[94]은 의사표현의 목적보다는 상업적 의도가 주된 목적이라는 이유로 상표권 침해를 인정하였다.

3. 프랑스

프랑스의 경우 저작권법에서 패러디를 자유이용의 한 형태로 인정하고 있는데(동법 제122조의5 제4호) 상표패러디에 대해서도 동일하게 인정될 수 있는지가 논의되고 있다. 저작물에 대한 패러디가 저작권 침해로부터 자유로운 것은 패러디가 가지는 해학적 요소 때문인데, 저작권법상의 저작권제한과 패러디에 대해 관대한 프랑스의 전통을 상표법의 영역에까지 확대하려는 시도를 해왔다. 권한 없는 자의 상표 사용에 의해 상표권의 침해가 되는 경우라도 패러디의 목적으로 사용되었다면 그러한 사용은 허용되도록 하려는 것이다.[95] 과거 프랑스법원은 상표패러디를 상표법 내에서만 해결하려는 태도를 보였다. 혼동가능성이 없고, 비영리, 비평이나 풍자의 목적을 가진 패러디에 대해서는 상표권침해가 아니라는 것이 확립된 원칙으로 내려오고 있다. 그러나 2006년 "Camel" 판결[96] 이후에서는 상표법 이외의 명예훼손에 의한 불법행위책임을 고려하고 있다.[97] "Camel" 판결과 "Danone" 판결[98]에서는 패러디에 의한

---

93 OLG Frankfurt GRUR 1982, 319 — "Lusthansa".

94 OGH Beschluss vom 22.09.2009, 17 Ob 15/09v — "VIAGRA/STYRIAGRA".

95 Bersay & Associes, *supra* note 81.

96 Cour de Cassation, civ 2ème, 19 Octobre 2006, pourvoi 05-13.489, CNMRT c/ JT International GmbH.

97 Catherine Well-Szönyi, Anmerkung zum Cour de Cassation, civ 2ème, 19 octobre 2006, pourvoi 05-13.489, CNMRT c/ JT International GmbH, GRUR Int., 2008, 166.

98 Cour d'appel Paris, 30 Avril, 2003, Association Le Réseau Voltaire pour la

상표소유자의 명예훼손을 인정하지 않았고, "Areva" 판결[99]에서는 상표패러디에 대해 명예훼손에 의한 불법행위책임을 인정했다. 특히 프랑스 법원은 종래에 상표권은 어떠한 경우에도 침해될 수 없다고 하면서 매우 강하게 보호하는 입장을 취하였으나, "Danone" 판결에서는 표현의 자유가 우선한다는 입장을 보였다.

VI. 결 론

상표패러디에 대한 외국의 판례들을 살펴본 결과, 미국의 경우에는 주로 희석화 인정여부 및 표현의 자유가 쟁점이 되었고, 독일이나 프랑스의 경우에는 상표권침해 이외에 일반불법행위책임의 인정 여부 및 표현의 자유 등 다양한 시각에서 다루고 있다. 각국의 법률과 문화의 차이에서 나오는 결과라고 판단된다. 우리나라의 경우에도 상표패러디와 관련한 법적 분쟁이 발생할 경우, 현행 상표법의 적용범위가 협소함으로 말미암아 결국 부정경쟁방지법상 희석화나 일반불법행위책임의 인정 여부에 그 초점이 맞추어질 것으로 판단된다. 이 경우 희석화의 인정 여부에 대해서는 미국의 판례이론이 좋은 참고자료가 될 수 있다고 판단되며, 아울러 미국의 2006년 개정희석화금지법상 공정사용의 일종으로서 패러디를 예시하고 있는 점(동법 제1125조(c)(3)(A))도 고려할 만하다고 본다. 그 밖에 상표패러디로 인한 상표법 고유의 혼동가능성 판단과 관련하여서는 큰 어려움은 없을 것이나, 여기서도 독일, 미국 등의 판례가 참고될 수 있을 것이다. 한 가지 아쉬운 점은, 독일에서는 타인의 저명상표를 패러디하여 단순히 소비자의 관심을 끄는 행위에 대해서도 명

liberté d´ expression v. Gervais Danone.
99　Cour d'appel Paris, 17 Novembre, 2006, Association Greenpeace France v. SA Société des participations du Commissariat à l'énergie atomique.

성이용의 문제로 상표법(동법 제14조 제3항)에서 다루어질 수 있으나, 우리나라의 경우 관련 규정이 없기 때문에 일반불법행위책임의 성립 여부를 판단하여야 하는데, 상표이용과 관련한 일반불법행위책임에 관한 기존의 판례가 거의 없기 때문에 실제 그 판단이 쉽지 않을 것이다. 아울러 표현의 자유와 상표패러디의 허용 한계에 대해서는 지금까지의 미국, 독일, 프랑스 등의 판례들을 유형화하는 작업을 통해서 우리 나름의 기준을 제시할 수 있다고 판단된다.

어떤 경우에 상표패러디가 허용되는지 그 요건을 구체적으로 정하기는 쉽지 않다. 다만, 일반적으로는 상표패러디가 예술 또는 의사표현의 목적인 것이 분명할수록 그리고 상업적 동기가 전면에 등장하지 않을수록 상표패러디는 허용된다고 볼 수 있을 것이다. 또한 상표패러디가 악의적이고 상표권자의 명예나 신용을 실추시키는 경우는 허용되지 않을 것이고, 주지상표를 단순히 친근하고 익살스럽게 사용하는 것은 부당하지 않다고 보아야 할 것이다. 이 경우 상업적 목적이 있다는 사실만으로 상표패러디를 허용하지 않는 것은 너무 지나치게 상표권자의 이익을 보호하는 것이라고 판단되며, 예컨대 양 상품 또는 서비스 사이에 경쟁관계가 존재하는 등의 경우에만 허용하지 말아야 할 것이다.

국내판례는 저작물패러디와 관련하여 원저작물에 대한 비평적 내용을 부가하여 새로운 가치를 창출하는 경우에는 허용되나, 그 원저작물과 관계없는 사회현실을 비판하는 목적의 패러디는 허용되지 않는다고 판시하고 있다.[100] 이 논리를 상표패러디에도 적용한다면, 적어도 해당 상품 또는 나아가 그 상품의 제조 또는 판매기업에 대한 비판을 목적으로 하는 "직접적 패러디"는 허용된다고 볼 수 있을 것이다. 그러나 "매개적 패러디"라 하더라도, 전술한 프랑스 "Camel" 판결에서와 같이 그 목적이 공중의 건강과 같이 매우 중요한 공익의 문제이고, 패러디상표가

---

100 서울지방법원 2001.11.1.자 2001카합1837 결정 — "컴배콤".

건강을 위협하는 담배상표로서 대표적인 것이라고 인정되는 경우와 같이 예외적인 경우에는 해당 상품이나 그 기업과의 직접적인 관련성 없이 공익적 관심사를 표현하기 위한 매개적 상표패러디도 허용할 수 있다고 본다.

국내에서 상표패러디를 직접적인 원인으로 한 판례는 아직 없다. 그러나 외국의 사례들을 본다면 우리나라의 경우에도 상표패러디가 법적 분쟁을 야기할 여지가 충분히 있다. 국내에서 상표패러디가 법적 문제로 다루어지지 않은 이유는 아직 상표패러디의 개념조차 정립되지 못했고, 이에 대한 연구가 적고, 실무경험이 거의 없기 때문이라고 판단된다. 실제로 국내에서도 상표패러디로 분류될 수 있는 사례가 적지 않고, 장래 이와 관련된 법적 분쟁이 발생할 가능성도 높다. 이 글이 상표패러디에 관한 국내에서의 연구를 촉발시키는 계기가 되길 기대한다. 2006년 미국의 개정희석화금지법은 공정사용의 일종으로 상표패러디를 예시하고 있는데, 이는 장래 국내 상표법이나 부정경쟁방지법의 개정 시 패러디와 희석화금지규정의 관계에 대한 규정을 도입하는 경우 좋은 입법참고자료로 활용될 수 있을 것이다. 이 글이 상표권자나 패러디스트에게 무엇이 허용되는 패러디이고, 허용되지 않는 패러디인지에 대한 기준을 제시함으로써 상표사용 실무에서 법적 분쟁을 예방하는 효과가 있길 기대한다.

블록체인 기술의 제도권 진입 동향에 관한 고찰*
─암호화폐를 기준으로─

이대희**

I. 서 론

블록체인(blockchain) 내지 분산원장(distributed ledger)은 P2P로 연결되어 있는 노드들의 합의에 의하여 인증된 거래 데이터들이 하나의 블록으로 묶여 저장되고, 시간적 순서에 의하여 서로 연결되는 블록 내지 블록상의 데이터가 각 노드에 분산되어 중복적으로 저장되는 원장 내지 데이터베이스라 할 수 있다. 블록체인은 '신뢰기반 제3자'인 중앙화된 관리를 탈중앙화(decentralization)하고, P2P로 연결된 노드들이 거래를 승인하고(채굴 내지 작업증명), 토큰(token)이나 코인(coin)이라는 암호화폐(cryptocurrency)가 발행되는 형식으로 구동된다. 비트코인 블록체인은 해시방식에 의한 작업증명에 의하여 당사자 신원과 거래에 대한 진정성

---

* 이 글은 경영법률 제29집 제2호(2019.1.31)에 게재된 논문을 바탕으로 하여 작성된 것임.

** 고려대학교 법학전문대학원 교수.

및 무결성을 인증한다. 비트코인에서 채굴은 새로운 비트코인이 만들어지는(구해지는) 과정을 의미하거나, 블록체인(분산원장)에 일련의 새로운 거래들의 기록을 추가하는 방식으로 그 일련의 새로운 거래들을 확인하고 최종화하는 과정을 의미한다. 채굴에 대한 보상으로 주어지는 비트코인은 21만 개의 블록, 곧 대략 4년(블록당 약 10분)마다 반감된다. 2009년 50 비트코인이 주어진 이후 2012(25) 및 2016(12.5)에 반감되었는데, 2020(6.25), 2024(3.125), 2018(1.56)에 계속 반감될 예정이다. 전체 2,100만 비트코인이 모두 채굴되는 시기는 2,140년이 될 것으로 예상된다.

비트코인 블록체인이 블록체인 기술을 처음으로 활용한 것이라면, 이더리움(Ehereum)은 블록체인 기술을 플랫폼(platform)화한 것이다. 새로운 블록체인을 구축하기 위하여 처음부터 프로그램을 새로 만드는 것이 아니라 이더리움이라는 것을 플랫폼으로 활용하여 블록체인을 활용할 수 있고, 얼마든지 토큰을 발행할 수 있게 된다.

블록체인 기술을 활용함에 있어서는 이와 같이 토큰 내지 코인이 발행된다. 블록체인 기술은 새로이 탄생한 것이라기보다는 암호법, P2P, 분산원장이라는 기존의 3가지 기술에 바탕을 두고 있다. 블록체인 기술은 공개키 암호법 및 해시함수를 사용하므로, 블록체인을 통하여 발행되는 토큰이나 코인은 '암호화폐(cryptocurrency)'라고 불리고 있다. 블록체인을 통하여 발행되는 토큰 내지 코인, 특히 비트코인은 마치 화폐(법정 화폐)처럼 사용되고 있고 화폐의 기능을 발휘한다. 그러나 이더리움 블록체인을 통하여 발행되는 이더(Ether)는 화폐의 기능을 발휘하기도 하지만 이더리움 블록체인이 구동하는 데 연료의 역할을 한다. 또한 일정한 토큰은 화폐의 기능과 전혀 관계없고 해당 블록체인상에서 특정 서비스나 상품을 이용할 수 있는 기능을 가지고 있을 뿐이다.

암호화폐에 대한 주된 규율 분야는 암호화폐의 발행과 발행된 암호화폐의 유통이라는 2가지인데, 전자가 ICO(initial coin offering)에 관한 것이고 후자가 암호화폐거래소에 관한 것이다. 현재까지 약 2,000종 안팎의 암호화폐가 존재하고 있고, 한국에도 여러 개의 암호화폐거래소가 운영되고 있다. 한국에서는 거래소를 명시적으로 허용하거나 금지하고 있지 않은 반면에, 코인형 등 기술·용어 등에 관계없이 플랫폼에서 신규 가상통화를 발행하는 모든 형태의 ICO를 금지하겠다는 것이 정부의 입장이다.[1][2]

한국은 거래소에 대해서는 아무런 입장을 취하지 않으면서 묵시적으로 허용하고 있는 셈이고, ICO는 전면적으로 금지하고 있다. 한국의 이러한 입장은 블록체인 기술의 적용에 따른 위험이 존재한다는 것과 블록체인이 탈중앙화를 특성으로 하고 있기 때문에 다른 국가들의 입장을 지켜보겠다는 입장(wait and see)인 것으로 보인다. 그러나 현재 ICO 및 암호화폐의 거래에 대해서는 입법에 의하여 명시적으로 허용하거나, 가이드라인의 형태로 허용하거나, 규제 샌드박스(regulatory sandbox)[3]에 의하여 핀테크 분야에서 허용하는 국가들이 증가하고 있다. 또한 스마트계약(smart contract)나 블록체인상의 정보나 서명에 대한 법적 효력을 명시적으로 인정하는 입법이 생겨나고 있고, 암호화폐를 세금으로 납부하는 것도 허용되기도 한다. 이러한 외국의 입법 내지 태도는 블록체인 및 암호화폐가 제도권으로 진입한다는 것, 곧 법률적으로 인정받기 시작한다는 것을 의미한다. 이제 한국도 외국의 입장 내지 태도를 지켜보

---

1 금융위원회는 2017년 9월 29일 모든 형태의 ICO를 금지한다고 밝혔다. 이것은 2017년 9월 1일 '증권발행 형식'으로 가상통화를 이용한 자금조달 행위를 금지한다는 발표보다 금지의 범위를 더욱 확대한 것이다.

2 ICO에 대하여 적용가능한 법률로는 형법 제347조(사기) 및 특정경제범죄 가중처벌 등에 관한 법률, 방문판매 등에 관한 법률 제13조(다단계판매업자의 등록 등), 유사수신행위의 규제에 관한 법률 제3조(유사수신행위의 금지), 자본시장 및 금융투자업에 관한 법률의 유가증권 법정주의 등을 들 수 있다.

3 벤처나 신생기업은 일정한 규제요건을 충족하기 위하여 많은 어려움에 처하게 된다. 규제 샌드박스는 제한적인 규모로 매우 부담스러운 규제비용이나 규제에 따른 제한을 면제하거나 경감하도록 함으로써, 기업으로 하여금 일정한 제품이나 서비스를 일시적인 기간동안 시험할 수 있도록 하는 것을 의미한다.

기만 할 것이 아니라 적극적으로 입법을 하여야 하는 시점인 것으로 보인다. 한국에서도 최근 비트코인의 몰수를 인정하는 판결이 나오는 등 암호화폐를 법적으로 어떻게 취급할 것인가 하는 현실적인 문제가 발생하고 있다.

이 글은 블록체인 및 암호화폐에 대한 외국의 입법동향을 고찰함으로써 블록체인에 대한 입법 필요성을 옹호하는 것을 목적으로 한다. 이를 위하여 암호화폐, ICO, 거래소 등에 대한 외국의 입법이나 가이드라인 등에 관한 외국의 입법 동향을 고찰한다. 또한 한국에서 제도권에 의하여 인정된 것은 아니지만, 제도권에 의하여 판단받게 된 비트코인의 몰수에 관한 판결을 고찰하고자 한다.

II. 블록체인과 암호화폐

1. 암호화폐와 암호자산

블록체인과 관련하여 생성되는 코인과 토큰은 일반적으로 '암호화폐(cryptocurrency)'로 지칭된다. 블록체인은 전 세계적으로 분산되어 존재하는 거대한 데이터베이스로서 모든 거래기록을 보관하고 있는데, 이러한 데이터베이스는 전 세계적으로 존재하는 컴퓨터에 의하여 점검되고 인증된다. 기술적인 측면에서 본다면 암호화폐는 이러한 데이터베이스에 존재하는 데이터에 불과한 것이라 할 수 있다.

블록체인과 관련하여 생성되는 코인과 토큰에 대해서는 암호화폐 이외에 가상통화·화폐(virtual currency), 암호통화 등 여러 용어가 혼용되어 사용되고 있다. 그러나 통화 내지 화폐는 교환의 매개체, 가치의 척도, 가치의 저장 수단으로서 기능을 수행하는데, 블록체인을 통하여 생성되는 모든 코인과 토큰에 대하여 통화 내지 화폐라는 용어를 사용하는 것 자체는 잘못된 것이다. 블록체인을 통하여 생성되는 코인과 토큰 중에 통화나 화폐의 기능보다는 그 이외의 기능을 수행하는 코인이나 토큰이 훨씬 더 많이 존재한다. 비트코인은 위에서 언급한 기능만을 수행하므로, 법정 화폐로 지정되거나 인정되는가 여부와 관계없이, 통화 내지 화폐라 할 수 있다. 그러나 이더는 통화로서의 기능 이외의 기능을 수행하는데, 이러한 기능을 수행하는 이더를 통화라고 지칭하는 것은 잘못된 것이다. 이더리움 플랫폼을 통하여 토큰을 생성할 수 있지만, 토큰을 송부하기 위해서는 이더가 필요하다. 곧 이더는 이더리움 네트워크상에서 거래를 인증하는 컴퓨터에 대한 비용지급, 곧 채굴비용을 지급하는 것으로 사용되는 방식으로 이더리움 네트워크가 운용되기 위한 필수적인 수단이 된다. 곧 이더리움 네트워크상에서 거래가 이루어지도록 하기 위한 일종의 연료 역할을 하는 이더는 통화 이외의 기능을 수행하게 된다. 또한 유틸리티형 토큰은 해당 블록체인 네트워크상에서 제공하는 일정한 응용프로그램이나 서비스에 접근할 수 있도록 하는 것이므로 통화와 관계없는 것이 된다. 컴퓨터 Airbnb에 해당한다고 할 수 있는 Golem[4]이 발행하는 토큰으로서 컴퓨팅 자원에 접근할 수 있도록 하는 GNT(Golem Network Tokens)가 좋은 예이다. 발행자에 대하여 일정한 지분을 나타내는 증권형 토큰도 마찬가지이다.

　블록체인을 통하여 생성되는 코인이나 토큰은 대부분은 통화나 화폐로서의 기능을 하지 않는 것이 일반적이므로 통화나 화폐로 부르는 것은 옳지 않은 것으로 보인다. '암호'라는 단어가 포함되는 것은 블록체인 기술 자체가 해시함수나 공개키 암호화방식을 사용하기 때문에 적절한 것으로 보인다. 또한 가상통화 내지 가상화폐는 블록체인 기술과 관계없이 존재할 수 있는 것과 연관되므로 역시 적절하다고 하기 어렵다. 따

4　Golem은 컴퓨터를 사용하지 않는 동안에 컴퓨팅 자원을 제공하여 토큰을 받고, 많은 컴퓨팅 자원을 필요로 하는 경우 토큰을 이용하여 컴퓨팅 자원을 이용할 수 있도록 하는 블록체인 서비스이다.

라서 블록체인을 통하여 생성되는 코인이나 토큰은 암호화폐나 암화통화보다는 암호자산(cryptoasset)이 가장 적절한 것으로 보인다. 따라서 이 글은 가능한 한 암호자산이라는 용어를 사용하기로 한다.

2. 코인과 토큰의 구별

암호자산은 코인과 토큰으로 분류된다. 양자는 서로 구별되는 개념이지만 코인과 토큰을 구별하는 것이 항상 용이한 것은 아니다. 코인(coin, alternative cryptocurrency coin, Altcoin)은 독자적인, 자체의 블록체인 네트워크를 통하여 생성되는 것임에 반하여, 토큰(token, 디지털토큰)은 기존에 존재하는 블록체인 플랫폼을 통하여 생성되는 것이다. 대부분의 코인은 비트코인에 바탕을 둔 것인데[altercoin이라는 말은 비트코인의 대체물(alternative)라는 것을 의미], 비트코인 블록체인은 오픈소스 프로토콜이므로 기본 코드에 수정을 가함으로써 비트코인과 다른 특징을 가지는 완전히 새로운 코인을 생성할 수 있게 된다. 비트코인 오픈소스 코드를 수정한다는 것은 기존에 존재하던 체인(chain)에서 새로운 체인을 생성하는 방식인 포크(hardfork)에 의한다. 물론 비트코인 블록체인 이외의 별도의 블록체인을 구축하기 위해서는 새로운 프로토콜에 바탕을 둔 별도의 프로그램을 개발하는 것을 필요로 한다. 코인은 독자적인 자체의 블록체인 플랫폼에 의하여 생성되는 것이므로, 예컨대 비트코인은 비트코인 블록체인에서 작동하고 기능을 수행하며, 이더(Ether)나 NEO는 이더리움(Ethereum)이나 NEO 블록체인에서 작동하고 기능을 수행한다.

토큰을 생성함에 있어서는 특정 프로토콜의 코드를 수정하거나 처음부터 블록체인을 완전히 새로 만들지 않고 훨씬 용이한 절차에 의한다. 예컨대 이더리움 플랫폼의 표준적인 모형(template)을 이행하면 되는데, 이것을 가능하게 하는 것은 바로 스마트계약(smart contract)이다. 이더리움 플랫폼에 바탕하여 생성되는 토큰은 일반적으로 ERC-20 토큰이라고 불린다.

III. 암호화폐의 입법 동향

1. 미국 URVCBA 및 뉴욕주

2017년 7월 채택된 미국의 Uniform Regulation of Virtual-Currency Businesses Act(URVCBA)(현재까지 코네티컷, 하와이, 네브래스카 채택)는 '가상통화(virtual currency)'라는 용어를 사용하면서, 가상통화를 교환의 매개체, 가치의 척도, 가치의 저장수단으로 사용되지만 법정화폐는 아닌 것으로서, 가치를 디지털방식으로 나타낸 것(digital representation of value)으로 정의하여 비교적 광범위하게 정의하고 있다(§102 xxiii).

URVCBA는 가상통화에 ① 상인이 장려(affinity) 또는 보상(rewards) 프로그램의 일부로서 제공하는 가치(이러한 가치는 법정화폐, 은행 신용, 가상화폐와 태환하기 위하여 상인이 받거나 교환할 수 없는 것임), ② ㉮ 발행자를 위하여 또는 발행자를 대신하여 발행되고, ㉯ 동일한 발행자에 의하여 판매되고 동일한 게임 플랫폼에 의하여 제공되는 온라인 게임·게임 플랫폼·게임군(群)에서 사용되는 가치를 디지털 방식으로 나타낸 것은 제외된다(§102 xxiii).

뉴욕주의 BitLicense Rule[5]도 '가상통화'라는 개념을 사용하면서, 가상통화를 교환의 매개체나 일종의 디지털 방식으로 저장된 가치로 사용되는 모든 형태의 디지털 단위로 정의하고 있다. BitLicense Rule은 가상통화를 ① 중앙화된 저장소(repository)나 관리자를 가지고 있거나, ② 탈

---

5 NEW YORK CODES, RULES AND REGULATIONS, TITLE 23 OF FINANCIAL SERVICES, CHAPTER I. REGULATIONS OF THE SUPERINTENDENT OF FINANCIAL SERVICES, PART 200. VIRTUAL CURRENCIES.

중앙화되어 있고 중앙화된 저장소나 관리자를 가지고 있지 않거나, ③ 계산(컴퓨팅) 또는 생산노력에 의하여 생성하거나 획득될 수 있는, 디지털 교환단위를 포함하도록 광범위하게 해석될 것을 규정하고 있다 [§200.2 (p)].

그러나 가상화폐에는 ① 온라인게임 플랫폼에서만 사용되고, 이러한 게임 플랫폼 외부에서는 시장이 없거나 응용되지 않으며, 법정화폐나 가상화폐로 전환될 수 없거나 태환될 수 없으며, 실제세계의 상품·서비스·할인·구매를 위하여 태환될 수 있거나 태환될 수 없는 디지털 단위, ② 발행자 또는 지정 상인과의 장려 또는 보상 프로그램의 일부로서 상품·서비스·할인·구매와 교환될 수 있으나, 법정화폐나 가상화폐로 전환될 수 없거나 태환될 수 없는 디지털 단위, ③ 선불카드(prepaid card)의 일부로서 사용되는 디지털 단위는 제외하고 있다[§200.2 (p)].

2. 몰타 등

2018년 7월 4일 통과된 몰타(Malta)의 Virtual Financial Assets Act는 분산원장기술(Distributed Ledger Technology: DLT)을 정의한 후, 분산원장기술 자산(DLT asset)을 '본질적으로 DLT에 의존하거나 이를 이용하는 ① 가상토큰(virtual token), ② 가상금융자산(virtual financial asset), ③ 전자 화폐(electronic money), ④ 금융증권(financial instrument)으로 정의하고 있다[§2(2)]. 이 중에서 블록체인과 관련되는 핵심적인 것은 가상토큰과 가상금융자산인데, 가상토큰은 DLT 플랫폼 이외의 곳에서는 ㉮ 효용성이나 가치를 가지지 않거나 응용되지 않으며, ㉯ DLT 자산 발행자에 의하여 발행되어 플랫폼상에서 직접 자금과 태환될 수 있을 뿐인, 일종의 디지털 형태의 매체기록(digital medium recordation)으로 정의된다. 가상금융자산은 ㉮ 교환을 위한 디지털 매개체, 가치의 척도, 가치를 저장하는 것으로 사용되고, ㉯ 전자화폐, 금융증권, 가상토큰이 아닌, 모든 디지털 형태의 매체기록으로 정의된다. 전자가 유틸리티(기능성) 토큰에 가까운 암호자산이라고 한다면, 후자는 통화로 사용되는 암호자산에 해당하는 것이라 할 수 있다.

버뮤다는 블록체인 내지 ICO와 관련하여 Companies and Limited Liability Company (Initial Coin Offering) Amendment Act와 Digital Asset Business Act(DABA)(2018.9.7. 발효)에 의하여 규율하고 있다. 전자는 기업이 자신의 영업상 목적을 위하여 자금조달 방법으로서 수행하는 ICO를 규율하는 것으로서 기존의 Companies Act 및 Limited Liability Company Act를 개정한 것이고, 후자는 가상화폐 발행, 디지털자산거래소 운영, 디지털자산 관련 서비스제공에 대하여 새로이 제정된 법이다. 법의 명칭 등이 다르지만 암호화폐 등에 대한 정의는 모두 동일하다. 버뮤다 법은 ① 2진법 형태로 존재하면서 사용할 권리가 부여되어 있으며, ② 다음에 해당하는 가치를 디지털 방식으로 나타낸 것을 포함하는 것으로 디지털 자산(digital asset)을 정의하고 있다. 곧 ㉮ 교환의 매개, 가치의 척도, 가치의 저장으로 사용되지만 법정화폐(법정화폐로 명명되는가 여부와 관계없이)는 아니거나, ㉯ 설립자(발행인)에 대한 부채나 자본과 같은 자산을 나타내기 위한 것이거나, ㉰ 블록체인에 의하여 응용프로그램이나 서비스 또는 상품에 접근할 수 있도록 하는 가치를 디지털 방식으로 나타낸 것이다. 그러나 ㉮ 개인이 장려 또는 보상 프로그램의 일부로서 가치를 부여하는 거래(가치를 부여하는 그 개인이 법정화폐, 은행신용, 디지털자산으로 받지 않는 가치 또는 그 개인과 법정화폐, 은행신용, 디지털자산으로 교환하지 않는 가치)나 ㉯ ㉠ 발행자에 의하여 또는 발행자를 위하여 발행되고, ㉡ 온라인게임, 게임 플랫폼, 동일한 발행인이 판매하거나 동일한 게임 플랫폼상에서 제공되는 게임군은 포함하지 않는다[DABA §2(1)]. 이러한 정의는 토큰이 유틸리티 토큰, 증권형 토큰, 자본형 토큰 등인가에 관계없이 ICO 및 토큰 판매를 통하여 발행되는 모든 유형의 디지털 코인 및 토큰을 포함하는 개념이라고 할 수 있다.

3. 국내 법률안의 암호화폐

지금까지 발행된 많은 토큰은 법정화폐(legal currency)는 아니지만 경제적인 측면에서 화폐로서 기능을 수행하기도 하고 다른 일정한 기능을 제공하기도 한다. 현재까지 한국에서 암호화폐와 관련된 법안이나 기존법의 개정안이 나와 있는 상태이고, 몇몇 국가에서는 특별법 등을 통하여 암호화폐를 정의하고 있기도 한다. 최근 전자금융거래법 일부개정법률안(하태경 의원 대표발의)[6]은 '암호통화'를 분산원장 기술(거래에 참여하는 사람들이 동기화된 거래 내역을 공동으로 관리하여 위조 등을 방지하는 기술을 말한다)을 사용하여 이전 가능한 재산적 가치 등을 전자적으로 저장된 형태로 발행한 것으로서 교환의 매개수단 및 가치의 저장수단으로 사용되는 증표 또는 그 증표에 관한 정보(화폐·전자화폐·재화·용역 등으로 교환될 수 없는 전자적 증표 또는 그 증표에 관한 정보 및 전자화폐는 제외)로 정의하고 있다(§2 xxiii).

가상화폐업에 관한 특별법안(정태욱 의원 대표발의)[7]은 '가상화폐'를 불특정 다수인 간에 재화 또는 용역의 제공과 그 대가의 지급을 위하여 사용할 수 있거나 불특정 다수인이 매도·매수할 수 있는 재산적 가치(전자기기 혹은 그 외의 것에 전자적 방법에 의해 기록되어 있는 것에 한하며, 내국통화, 외국통화와 가상화폐 이외의 「전자금융거래법」 제2조에 따른 전자지급수단 등을 제외)로서 전자적 방법으로 이전 가능한 정보로 정의하고 있다(§2 i).

암호통화 거래에 관한 법률안(정병국 의원 대표발의)[8]은 '암호통화'를 컴

---

6   의안번호 015745 (2018.9.28).
7   의안번호 2011752 (2018.2.2).
8   의안번호 2011786 (2018.2.6).

퓨터 기술이나 생산 노력에 의하여 창조하거나 획득할 수 있는 교환의 매개수단 또는 디지털 가치저장방식으로 사용되는 모든 종류의 디지털 단위로서, 분산된 비중앙집중식 저장소 및 관리자 방식의 컴퓨터 암호학 기술에 기반을 둔 것(오직 온라인 게임 플랫폼 내에서만 사용되어 그 게임 플랫폼 외에 시장이 없거나 사용할 수 없는 디지털 단위, 화폐 · 전자화폐 · 재화 · 용역 등으로 교환될 수 없는 디지털 단위, 「전자금융거래법」에 따른 전자화폐 등은 제외)으로 정의하고 있다(§2 i).

전자금융거래법 개정안(박용진 의원 대표발의)[9]은 '가상통화'를 교환의 매개수단 또는 전자적으로 저장된 가치로 사용되는 것으로서 전자적 방법으로 저장되어 발행된 증표 또는 그 증표에 관한 정보(화폐 · 전자화폐 · 재화 · 용역 등으로 교환될 수 없는 전자적 증표 또는 그 증표에 관한 정보 및 전자화폐는 제외)로 정의하고 있다(§2 xxiii).

IV. 블록체인 기술의 제도권 진입 동향

1. ICO 입법 동향

블록체인과 관련하여 현재까지 입법 내지 제도에 의하여 규율하는 것과 논의되는 주요 대상은 대체로 암호화폐의 발행, 암호화폐의 유통, 스마트계약이나 블록체인 기록의 유효성 인정, 조세 등으로 분류할 수 있다. 암호화폐의 발행 내지 생성에 관한 ICO에 대해서는, ① ICO를 전면적으로 금지하거나, ② 한국의 자본시장법과 같은 기존의 입법에 의하여 허용하거나, ③ 새로운 법률을 제정하여 허용하거나, ④ 규제 샌드박스(regulatory sandbox)에 의하여 허용하는 국가로 분류할 수 있다.

---

9 의안번호 2008288 (2017.7.31).

한국은 현재 발행되는 가상통화가 증권발행 형식인가, 아니면 코인형인가 등 기술적인 용어와 관계없이 모든 형태의 ICO를 금지하고 있는 상황이다. 중국도 한국과 마찬가지로 ICO가 전면적으로 금지되어 있다. 한국의 자본시장법과 같은 기존의 입법에 의하여 허용하는 경우, 정부가 가이드라인을 제정·발표하여 ICO를 적극적으로 허용하거나 ICO에 대한 입장을 표명하여 허용하는 입장을 취하기도 한다. 새로운 입법을 함으로써 허용하는 국가로는 주로 소규모 국가가 이에 해당하였으나, 최근 프랑스가 입법을 하면서 새로운 국면을 맞이하고 있다. 또한 여러 국가들이 규제 샌드박스에 의하여 주로 핀테크(fintech)와 관련된 분야에 적용하면서 ICO를 허용하고 있다고 할 수 있다.

(1) 몰타

2018년 7월 4일 통과된 몰타(Malta)의 Virtual Financial Assets Act는 대체로 정의규정, ICO 및 암호화폐 거래소에 관하여 규정하고 있다. 분산원장기술(Distributed Ledger Technology: DLT)은 '네트워크로 구성된 여러 노드들을 통하여 정보가 기록되고, 이후 정보가 공유되고, 정보가 동기화되는 데이터베이스 시스템'[10]으로 정의되고 있다. 분산원장기술 거래소(DLT exchange)는 DLT 자산(DLT asset)이 해당 규칙에 따라 거래될 수 있는 거래·교환 플랫폼이나 설비(facility)로 정의된다. 가상금융자산 발행(initial virtual financial asset offering, initial VFA offering)은 발행자가 조달하고자 하는 자금과 교환하여 가상금융자산을 발행하고 제공하는 자금조달 방법으로 정의되고 있다. 가상금융자산 거래소(VFA exchange)는 당국에 의하여 허가받은 것으로서 가상금융자산만이 해당 규칙에 따

---

10 그 이외에 분산원장기술을 디자인하고 제공하는 소프트웨어 및 아키텍처와 스마트계약 및 관련 응용프로그램 등 혁신적 기술 설비를 개념의 추가적 요소로 규정하고 있다. First Schedule of the Innovative Technology Arrangements and Services Act.

라 거래될 수 있는 거래·교환 플랫폼이나 설비로 정의된다.

VFAC는 가상금융자산(VFA)을 발행하고 가상금융자산을 DLT 거래소에 상장하기 위해서는 발행자가 일정한 요건을 충족하고 등록하여야 하는 '백서(whitepaper)'를 작성하여야 한다[§4(1)]. 먼저 백서는 그 유포가 이루어지는 날의 10영업일 전에 발행자의 이사회 구성원이 서명한 백서 사본을 이 당국에 제출하여야 발행하거나 공표할 수 있고, 요건이 충족되는 경우 당국은 백서를 등록하게 된다[§4(2), (3)].

백서는 날짜가 기록되고, 요건을 충족하였다는 것을 이사회가 선언하고, 다음과 같은 사항에 따라 작성되어야 한다(§4). 곧 백서는 투자자가 발행자에 대한 전망(prospect), 발행자가 제안한 프로젝트, 가상금융자산의 특성을 인지하여 평가할 수 있도록 하는 데 필요한 정보가 포함되어야 한다. 다만 정보를 공개하는 것이 공익에 반하거나 발행자에게 심각한 손상이 되는 경우 등에는 포함시키지 않아도 된다. 또한 백서는 요약(summary)을 포함하여야 하는데, 요약은 발행과 관련된 주된 정보(key information), 곧 투자자가 프로젝트의 성격 및 위험 등을 이해할 수 있도록 하는 필수적이고 적절하게 작성한 정보를 포함하여야 하고, 투자자에 대한 경고를 포함하여야 한다.

백서에 포함되어야 할 사항은 (i) 백서에 대한 책임주체, (ii) 공중에 대한 발행에 관한 사항(VFA 발행의 논거 설명, 프로토콜·플랫폼·응용프로그램·관련 이익 등에 대한 상세한 기술적 설명 등), (iii) 발행자에 관한 사항, (iv) 발행자의 주된 행위 설명, (v) 발행자의 이사회에 관한 사항, (vi) 제3자에 제공되는 이익 및 기타 비용, (vii) 발행자의 금융기록 등이다.

(2) 버뮤다

버뮤다는 블록체인 내지 ICO와 관련하여 Companies and Limited Liability Company (Initial Coin Offering) Amendment Act와 Digital Asset Business Act(DABA)에 의하여 규율하고 있다. 전자는 기업이 자

신의 영업상 목적을 위하여 자금조달 방법으로서 수행하는 ICO를 규율하는 것으로서 기존의 Companies Act 및 Limited Liability Company Act를 개정한 것이고, 후자는 가상화폐 발행, 디지털자산거래소 운영, 디지털자산 관련 서비스제공에 대하여 새로이 제정된 법이다.

버뮤다의 Companies Act(§34A 이하) 및 Limited Liability Company Act(§85A 이하)는 ICO를 규율하고 있는데, '블록체인'을 디지털자산에 관한 거래에 대하여 시간순으로 기록되고 검사(audit)가 가능한 디지털 원장 또는 데이터베이스라고 정의하고 있다(§34A, 85A). ICO는 회사가 디지털자산을 구매하거나 기타 획득하도록 일반공중에게 발행하는 것으로 정의되어 있다(§§34A, 85A). 디지털자산 및 DLT에 대한 정의는 DABA와 동일하다.

ICO를 위해서는 첫째, ① (회사법이나 책임제한회사법이 적용되는) 회사나 책임제한회사이어야 하고, ② 회사법이나 책임제한회사법에 따라 등록되어야 한다(§§34B, 85B).

둘째, 회사나 책임제한회사는 ① 전자적인 형태로 ICO 발행서류(ICO offer document)를 공표하고, ② ICO 발행서류를 공표하기 전 또는 공표 이후 실행가능한 한 합리적으로 가장 이른 시점에 회사나 책앰제한회사의 모든 이사들이 서명한 ICO 발행서류의 사본을 제출하여야 한다. 다만 ① 디지털자산이 지정된 주식거래소나 지정된 디지털자산거래소에 상장되었거나, 디지털자산을 상장하기 위하여 신청이 이루어지고, 해당 지정된 거래소가 ICO 발행서류를 공표하거나 제출할 것을 요구하지 않는 경우, ② 회사 또는 책임제한회사가 당국의 규정이나 규칙의 적용을 받고 이러한 규칙이 공표나 제출을 요구하지 않는 경우, ③ 지정된 거래소나 기타 규제 당국이 ICO와 관련하여 ICO 발행서류나 기타 서류를 수령하거나 기타 수락한 경우에는 ICO 발행서류의 제출은 면제된다(§§34C, 85C).

ICO 발행서류는 (i) 발기인(ICO 발행서류나 디지털자산의 발행인이 될 수 있는 회사 또는 ICO 발행서류를 준비하는 당사자인 기타의 자, §§34A, 58A)의 명칭, 등록된 또는 주된 사무소의 주소, (ii) 발기인 임원의 성명, 설명, 직위, (iii) 회사의 업무나 추진하고자 하는 업무, (iv) 프로젝트의 설명, 프로젝트를 추진하고자 하는 시간, (v) ICO에 의하여 조달하고자 하는 액수, (vi) 발행 국면(pre-sale, post ICO 등)에 따라 조달하고자 하는 각각의 액수에 대한 설명, (vii) 발행되는 디지털자산에 대한 권리나 제한, (viii) 디지털자산 발행의 개시 및 종료 일시, (ix) ICO 위험에 대한 일반적인 경고, (x) 개인정보 사용에 대한 설명을 포함하거나 이에 대한 서류가 부착되어야 한다(§§34D, 58D).

(3) 애리조나

애리조나 주법은 ICO라는 용어 대신에 VCO(virtual coin offering, 가상코인발행)이라는 용어를 사용하면서, ① 애리조나 주법에 규정된 증권에 대한 정의규정을 충족하거나, ② 발행자가 증권과 관련된 일정한 금지규정의 예외 규정 중 예외조항(44-1844, subsection A, paragraph 22)에 따라 증권으로 취급하기를 선택한 가상통화 판매를 위한 발행으로 정의된다. 그러나 ① 발행자에 의하여 투자로서 상품화된 적이 없거나, ② 플랫폼상에서 상품이나 서비스를 사용할 권리나 플랫폼을 사용하는 비용에 대한 할인 등, 구매자가 가상화폐를 수령한 이후 90일 이내에 블록체인 기술을 사용하는 플랫폼을 사용하거나, 플랫폼을 개발하는 것에 기여하거나, 플랫폼의 사용을 이용허락할 권리를 부여하는 가상화폐의 판매를 위한 발행은 포함하지 않는다[AZ REV. STAT. §44-1801. 32].

일정한 증권의 발행에 대해서는 증권과 관련된 일정한 금지규정, 곧 부등록증권의 판매 금지, 부등록 딜러나 판매인의 거래 금지, 일정한 면제된 증권에 대한 특별요건, 일정한 통지요건에 관한 규정의 적용이 면제되는데, 그중의 하나가 크라우드 펀딩이나 VCO이다. 이러한 면제를 받기 위해서는 추가적인 요건이 요구되는데, 추가적인 요건 중의 하나는 다음의 사항을 포함하는 통지를 제출하여야 한다. 곧 발행자의 명칭, 발행으로 인하여 수령하는 액수를 사용하려는 계획, 발행자를 위하여 증권의 발행이나 판매에 관여되는 모든 자의 신원, 발행자의 특정 유형의 증권에 대하여 10%를 초과하는 지분을 소유하는 자의 신원, 발행자의 임원·이사·관리자 등의 신원, 발행자가 이 규정에 따른 면제에 의한다는 통지, 투자자가 금전 등을 예치할 기관의 명칭과 소재지 등이다. 또한 면제규정에 따른 VCO에 의하여 수령하는 총액수가 12개월 동안 500만 달러를 초과하지 않으며, 발행자는 어느 하나의 구매자로부터, 연방법에 따라 승인된 투자자(accredited investor)가 아닌 경우에는, 10,000달러를 초과하지 않는 액수를 수령하여야 한다[AZ REV. STAT. §44-1801. 32].

(4) 프랑스

프랑스는 통화금융법(Code monétaire et financier)을 개정하여 토큰발행과 ICO를 규율하고자 하는데, 2019년 1월 현재 개정 법안이 상원을 통과하지 않은 상태이다.[11] 이 법안에 따르면 '토큰'은 숫자 형태로 되어 있는 무형의 재산으로서, 재산의 소유자를 직·간접적으로 표시하는 것을 용이하게 하는, 공유를 위한 전자등록 메커니즘을 사용하여, 발행·등록·보존·이전될 수 있는, 하나 이상의 권리를 표시하는 무형의 재산으로 정의된다. ICO는 어떠한 형태로 되어 있는가에 관계없이 토큰을 구입하도록 일반 공중에게 발행하는 것으로 정의된다. 토큰 발행자는 그 구매자에게 ICO에 의하여 자금을 조달하고자 하는 프로젝트의 상

---

11 개정 법안은 프랑스의 통화금융법 제5장 제5편의 명칭을 현재의 '상품중개자'에서 '기타 자산중개자 및 토큰 발행자'로 변경하고, 550-6 이하를 신설하여 토큰이나 토큰발행자 등을 규율하는 것이다. Cointelegraph, Crypto, Revolutionized: New French ICO Regulation on Its Way, https://cointelegraph.com/news/crypto-revolutionized-new-french-ico-regulation-on-its-way.

태, 토큰의 거래시장 시설을 통지하여야 한다. 토큰 발행자는 AMF의 승인을 얻어야 하며, AMF의 승인을 얻기 위해서는 필요한 요건을 충족하여야 한다. 다만 금융증권과 동일한 성격을 가지는 토큰에 대해서는 새로 만들어지는 규칙이 적용되는 것이 아니라 증권의 발행에 적용되는 규범이 적용된다.[12]

2. 가이드라인 및 규제 샌드박스에 의한 ICO

특정 토큰이나 코인에 대해서는 형법상의 물건이나 대가 해당 여부, 범죄수익은닉규제법상의 재산 해당 여부, 자금세탁방지의 대상 여부, 자본시장과 금융투자업에 관한 법률(자본시장법)의 적용 여부, 소비자(투자자) 보호, 실명제의 집행 여부 등 여러 문제점이 발생한다. 이러한 문제점을 해결함에 있어서는 토큰이 어떠한 기능을 수행하는가 여부를 결정하는 것이 관건이 된다. 이에 따라 스위스, 싱가포르, 호주, 리투아니아 등 여러 국가들은 가이드라인을 제시하여 토큰이 어떠한 유형에 해당하는가에 따라 자본시장법, 자금세탁방지법, 실명제법 등의 적용을 안내하고 있다. ICO의 경우 토큰이 기존의 자본시장법 등에 따라 증권에 해당하는 경우 자본시장법 등이 적용된다는 것을 밝히는 것에 불과한 것으로서, ICO를 새로이 허용하는 것이라 할 수는 없다.

스위스의 금융기관인 FINMA(Financial Market Supervisory Authority)는 ① 상품이나 서비스를 구매하거나 금전이나 가치를 이전시키는 수단으로 사용하는 지급토큰(payment token), ② 블록체인에 바탕을 둔 인프라에 의한 애플리케이션이나 서비스에 디지털 방식으로 접근할 수 있도록 하는 기능형 토큰(utility token), ③ 자기자본(equity)이나 타인자본(debt)

---

12   Kramer Levin, A New Legislation Framework for ICOs in France, https://www.kramerlevin.com/en/perspectives-search/a-new-legislative-framework-for-icos-in-france-Funds-Talk.html#one.

과 같이 일정한 자산을 표시하는 자산토큰(asset token, 증권형 또는 채권형 토큰), ④ 혼합형 등으로 분류하고 있다.[13][14] FINMA가 토큰 유형에 대하여 3가지로 분류한 것은 대체로 타당한 것으로 보이는데, 토큰 유형을 구분하는 가장 중요한 이유는 발행되는 토큰에 대하여 자본시장법이 적용되는가 여부를 결정하기 위한 것이다. 곧 FINMA는 자산토큰을 한국의 자본시장법에 해당하는 FMIA(Financial Market Infrastructure Act)에 따른 증권으로 파악하고 있다.[15]

싱가포르는 2017년 발표한 가이드라인[16]을 통하여, 디지털 토큰이 자본시장상품(capital market product)에 해당하는 경우 한국의 자본시장법에 해당하는 Securities and Futures Act를 적용한다. MAS(Monetary Authority of Singapore)는 해당 디지털 토큰이 자본시장상품에 해당하는지 여부를 결정하기 위하여 디지털 토큰의 구조와 성격을 심사하게 된다.

호주의 ASIC(Australian Securities and Investments Commission)는 2017년 ICO를 통한 자금을 조달하고자 하는 주체 또는 기타 암호화폐나 디지털토큰(암호자산) 업무에 회사법(Corporations Act 2001)이 적용될 수 있는지 여부에 대한 가이드라인[17]을 발표하였다. 이 가이드라인에 의하면, 암호자산이나 ICO에 어떠한 법이 적용되는지 여부는 암호자산이나 ICO가 호주 회사법상의 금융상품(financial product)에 해당하는가 여부

---

13   FINMA Guidelines for enquiries regarding the regulatory framework for initial coin offerings (ICOs) (16 February 2018).

14   범죄수익은닉규제법 시행령은 은닉재산이란 몰수·추징의 판결이 확정된 자가 은닉한 현금, 예금, 주식, 그 밖에 재산적 가치가 있는 유형·무형의 재산이라고 정의하고 있는데(§2②), 위 FINMA가 분류한 상당수의 토큰이 이러한 재산에 해당할 수 있을 것이다.

15   FMIA에 의한 증권은 표준화된 인증·비인증 증권, 선물(derivatives), 중급증권(intermediate securities)을 의미하고, 이러한 증권은 주식시장에서 거래될 수 있다. FMIA §2.

16   MAS, A GUIDE TO DIGITAL TOKEN OFFERINGS (2017).

17   ASIC: Initial coin offerings and crypto-currency (2017) (INFO 225).

에 따라 결정된다. 우선 암호자산이나 ICO가 금융상품에 해당하는가 여부와 관계없이, 소비자법에 의하여 오해를 야기하거나 기망적인 행위는 금지된다. 또한 회사법상의 금융상품에 해당하는 경우에는 회사법 및 그 외의 법이 적용되고, 금융상품에 해당하지 않으면 소비자법 및 그 외의 법이 적용된다.[18]

3. 암호화폐의 유통: 암호화폐거래소

암호화폐 거래소는 입법에 의하여 명시적으로 허용되어 운영되는 경우도 있지만, 대부분 허용하거나 금지하는 입법 없이 운영되고 있다고 할 수 있다.

(1) 미국

(a) URVCBA

미국 URVCBA는 가상화폐업무행위(virtual currency business activity)를 [직접 또는 가상화폐통제서비스상인(virtual currency control services vendor) 과의 계약에 의한 것인가에 관계없이] 가상화폐를 (해당 주의) 거주자와 또는 거주자를 위하여 교환, 송금 또는 저장하거나, 가상화폐관리(virtual currency administration)에 종사하는 … 것을 의미한다[§102(24)].[19] 가상화폐관리는 가상화폐를 법정화폐, 은행신용 또는 기타 가상화폐와 태환하기 위하여 일정한 권원에 따라 가상화폐를 발행하는 것을 의미한다 [§102(24)].

---

18 스위스, 싱가포르, 호주 이외에도 리투아니아는 ICO Guidelines(2018.6)를 발표하였고, 지브롤터는 Token Regulation: Proposals for the regulation of token sales, secondary token market platforms, and investment services relating to tokens를 제안하였다(2018.3).

19 가상화폐통제서비스상인은 가상화폐의 통제업무를 인수하거나 타인을 위하여 인수하는 자와의 계약에 따라 가상화폐의 통제권을 가지는 자로 정의된다. §102(26).

URVCBA는 가상화폐의 발행을 포함하는 가상화폐업무행위를 운영하는 것에 대하여 규제의 면제, 등록, 허가라는 3가지 접근방법을 취하고 있다. 첫째, 주민과의 또는 주민을 위한 가상화폐업무행위가 연간 총액 5,000달러 이하인 것으로 기대되는 자는 URVCBA가 적용되지 않으므로[§102(8)], 등록이나 허가가 면제된다.

둘째, 가상화폐업무행위가 연간 총액 5,000달러를 초과하고 35,000달러를 초과하지 않는 자는 허가를 필요로 하지 않고 등록만 함으로써 거래를 할 수 있다(§210). 이것은 일종의 규제박스(regulatory box)에 해당하는 것이라 할 수 있는데, 2년간 허용된다.

셋째, 가상화폐업무행위의 연간 총액이 35,000달러 이상인 경우에는 허가를 받아야 한다(§201).

(b) 뉴욕주 BitLicense Rules

뉴욕주는 소위 BitLicense Rules를 제정하였는데, 가상화폐업무행위를 ① 가상화폐의 송금을 위한 수령 및 가상화폐의 송금(거래가 비금융적 목적으로 이루어지고 명목적 액수를 초과하지 않는 경우에는 제외), ② 타인을 위한 가상화폐의 저장, 보유, 보관 및 통제, ③ 고객업무로서 가상화폐의 구매 및 판매, ④ 고객업무로서 환전 서비스의 수행, ⑤ 가상화폐의 통제, 관리, 발행행위를 수행하는 것으로 정의된다. 다만 소프트웨어를 개발하고 유포하는 것 자체는 가상화폐업무행위가 되지 않는다(NY Codes, Rules and Regulations §200.2).

뉴욕주에서 가상화폐업무행위를 하기 위해서는 허가를 필요로 한다[§200.3(a)]. 다만 ① 뉴욕주의 은행법에 따라 설립되고 가상화폐업무행위에 종사하도록 승인받은 자와 ② 상품이나 서비스를 구매하거나 판매할 목적만으로 또는 투자의 목적만으로 가상화폐를 이용하는 상인이나 소비자는 허가를 필요로 하지 않는다[§200.3(c)]. 따라서 가상화폐를 사용하는 일반 상인과 소비자는 규칙이 적용되지 않는 셈이다. 결국 뉴욕주에서 가상화폐업무행위를 위해서는 뉴욕주로부터 허가를 받거나, 뉴욕주 은행법에 따라 설립된 주체가 뉴욕주로부터 가상화폐업무행위에 종사하는 것에 대하여 승인받는 경우가 있게 되는 셈이다.

(c) 애리조나

애리조나 주는 블록체인이라는 독립된 조항을 마련하여, 블록체인 및 스마트계약을 정의하고 있다. 블록체인은 '공개형이거나 폐쇄형인가에 관계없이, 토큰에 의한 암호경제학(crypto economics)에 의하거나 토큰 없이 이루어지는가에 관계없이, 분산되고, 탈중앙적이고, 공유되며, 중복된(replicated) 원장을 이용하는 분산원장기술로 정의된다(AZ REV. STAT. §44.7061 E.1).

(2) 몰타

VFAC는 가상금융자산(VFA) 서비스를 제공하기 위해서는 허가(license)를 받도록 하고 있는데(§§2, 15), 가상금융자산 서비스는 가상금융자산의 구매나 판매 등 주문의 수령 및 그 이행을 위하여 제3자에 대한 주문 전달, 타인을 위한 주문의 이행, 투자 권유, 포트폴리오 관리, 가상금융자산 거래소의 운영 등을 의미한다(Schedule 2). 따라서 몰타는 암호화폐 거래소를 운영하기 위해서는 허가를 필요로 하는 셈이 된다.

(3) 버뮤다

DABA에 의하면, 분산원장기술(DLT)은, 고객으로부터 또는 고액을 위하여, ① 네트워크 전역 또는 여러 노드들이 정보를 기록하고, 합의에 의하여 정보를 공유하고 동기화하며, ② 데이터베이스에 존재하는 사본이 모두 동일하게 진정성이 있는 것으로 간주되는, 데이터베이스 시스템으로 정의하고 있다. 거래소는 ① 디지털 자산을 법정화폐, 은행신용 또는 1개 이상의 디지털 자산으로, 또는 ② 법정화폐나 은행신용을 1개 이상의 디지털 자산으로, 판매, 거래, 태환하기 위하여, 디지털 자산을 통제하는 것을 의미한다(§2). 또한 지갑(wallet)은 개인키 및 공개키를 저장하고, 이용자들이 디지털 자산을 송금, 수령, 모니터할 수 있도록 분산원장기술을 사용하는 소프트웨어로 정의된다.

디지털자산업무(digital asset business)는 ① 가상 코인, 토큰 기타 모든 형태의 디지털자산을 발행, 판매, 태환하거나, ② 자금이체를 위한 서비스제공 등 디지털자산을 이용하여 지급서비스제공자업무로서 운영하거나, ③ 전자거래소로서 운영하거나, ④ 지급관리서비스를 제공하거나, ⑤ 디지털자산 서비스상인으로서 운영하는 행위 중 어떠한 업무행위나 모든 업무행위를 공중에게 제공하는 업무를 의미한다(§2). 디지털자산업무를 수행하기 위해서는 허가를 필요로 한다(§11).

(4) 지브롤터

지브롤터는 2017년 'DLT 규칙'을 제정(2018.1.1. 발효)하여[20] DLT서비스제공자(DLT provider)를 규율하면서 암호화폐와 관련된 사항을 규율하고 있다. DLT서비스제공자는 금융서비스법[Financial Services(Investment and Fiduciary Services) Act]에 따른 허가에 의하여 DLT 서비스를 제공하는 주체로 정의된다(규칙 §2).

규칙에 의하여 개정된 금융서비스법은 'DLT 서비스 제공'을 타인이 소유하고 있는 가치(value)를 저장하거나 송부하기 위하여 분산원장기술(DLT)을 영업적으로 이용하는 것으로 정의된다. DLT는 여러 노드들의 네트워크를 통하여 정보가 기록되고 합의에 의하여 공유되고 동기화되며, 데이터베이스의 모든 사본이 동일하게 진정성이 있는 것으로 취급되는 데이터베이스시스템으로 정의된다. 또한 가치는 가치의 이전이나 지급, 정산(clearing), 결산(settlement)을 위한 합의나 거래와 같이, 관련된 정보가 있는가 여부와 관계없이, 자산, 소유(holding) 및 다른 형태의 소유, 권리 또는 이해관계(interest)를 포함한다(Schedule §10). 타인이

20　Financial Services (Investment and Fiduciary Services) Act, Financial Services (Distributed Ledger Technology Providers) Regulation 2017 (Oct. 12, 2017).

소유하는 가치를 저장하거나 송부하기 위하여 DLT를 활용하는 영업행위
에는 중앙화된 가상화폐 관리, 가상화폐 지갑서비스 제공, 거래 플랫폼,
가상화폐 거래소, 지급서비스제공자, 자산기반토큰(ABT, asset-backed
token, 자산기반토큰)[21]의 발행 등을 의미한다.[22]

이 규칙의 적용을 받는 DLT 서비스제공자는 타인이 소유하는 가치를
저장하거나 송부하기 위하여 분산원장기술(블록체인기술인가 여부와 관계
없이)을 사용하는 모든 사업자로서, 매우 광범위하게 적용된다. 이 규칙
은 DLT 서비스제공자가 준수하여야 할 원칙으로서 진실성 및 무결성
등 9개의 원칙을 규정하고 있는데(Schedule 2), 이것은 새로운 사업행위,
제품, 영업모델에 대해서는 엄격한 규칙보다는 원칙을 적용함으로써 보
다 더 융통적인 접근방법을 취하기 위한 것이라 할 수 있다.[23]

4. 스마트계약 및 서명

미국에서는 블록체인에 의한 스마트계약(smart contract) 및 서명에 대
한 법적 구속력을 인정하는 주들이 생겨나고 있는데, 이에 의하여 전자
상거래에서 블록체인 기술 및 스마트계약의 법적 효과가 인정되고 일반
적인 계약 및 서명과 동일한 효과가 인정된다. 또한 블록체인 기술에 의
하여 이루어진 일정한 정보에 대한 소유권도 보호되는 셈이다. 이러한
법적 구속력의 인정을 선도하는 주는 애리조나 주인데, 애리조나 주는

---

21 자산기반토큰(ABT)은 예컨대 부동산이나 귀금속 등에 대하여 일정 숫자의 토큰
    을 발행하고, 해당 재산에 발행된 토큰 전체나 일부를 양도하는 등 유통시킬 수
    있는 토큰을 의미한다. 자산기반토큰에 의하여 그동안 유동성(liquidity)이 미약
    했던 자산에 대한 유동성이 확보될 수 있게 된다.

22 NoMoreTax, Gibraltar introduces a legal framework for cryptocurrency
    businesses, http://www.nomoretax.eu/gibraltar-legal-framework-cryptocurrency.

23 Hassans, Gibraltar's Regulatory Framework for Distributed Ledger Technology
    and its proposals for Token Sale Regulations, The Government of Gibraltar's
    responsible approach to supporting innovation.

스마트계약은, 일정한 상태(state)를 표시하면서,[24] 분산되고, 탈중앙적이고, 공유가 이루어지고 중복되는(replicated) 원장에서 구동되고, 이러한 원장상의 자산을 관리하고 이전을 지시할 수 있는, 거래에 의하여 운용되는(event-driven)[25] 프로그램으로 정의되고 있다(AZ REV. STAT. §44.7061 E.2). 그런데 애리조나 주법은 블록체인상의 기록이나 블록체인상에서 구동되는 스마트계약에 대하여 실제세계에서의 법적 효과와 동일한 법적 효과를 부여하고 있다. 첫째, 블록체인 기술을 통하여 이루어진 서명은 전자형태로 이루어지고 또한 전자서명으로 취급된다(AZ REV. STAT. §44.7061 A).

둘째, 블록체인 기술을 통하여 이루어지는 기록(record)이나 계약은 전자형태로 이루어지고 또한 전자기록으로 취급된다(AZ REV. STAT. §44.7061 B).

셋째, 통상에서 스마트계약이 이루어질 수 있으며, 거래에 관한 계약은 해당 계약이 스마트계약이라는 용어를 사용하고 있다는 것만을 이유로 하여 그 법적 효과, 유효성, 이행가능성이 부인되어서는 아니 된다(AZ REV. STAT. §44.7061 C).

테네시 주는 블록체인 기술을 (공개형이거나 폐쇄형이거나 관계없이, 또

---

24 이더리움은 거래에 바탕하여 일정한 시점에서의 '상태'를 표시하는 기계(transaction-based state machine)라고 하는데, 이더리움은 일련의 입력값을 읽고 이러한 입력값에 기초하여 새로운 상태로 변환시키는 플랫폼이라 할 수 있다. 예컨대 수백만 개의 거래가 하나의 블록으로 묶어지고 각 블록은 이전의 블록과 서로 연결되는데, 일정한 시점에서의 이더리움은 그 시점에서의 상태를 표시하게 된다.

25 이더리움에 바탕을 둔 스마트계약의 계정은 EOA(externally owned account)와 CA(contract account)이라는 2가지 유형이 존재한다. (1) EOA가 EOA를 목적지로 하는 경우(EOA→EOA)는 다른 EOA로 거래를 생성(송금)하거나 다른 CA로 메시지를 송부하는 것이며, EOA가 CA를 목적지로 하는 경우는 EOA로부터 전달받은 거래에 대한 응답으로 계약을 실행하거나 계약 실행과정에서 다른 CA로 메시지를 전달하게 된다. 결국 하나의 거래(transaction)는 EOA에서 촉발되어 특정 코드를 실행하는 것을 의미하게 되는데, 이와 같이 스마트계약은 거래라고 하는 일정한 사건(event)에 바탕하여 진행되는 것이라 할 수 있다.

는 토큰에 의한 암화경제에 의하여 구동되거나 토큰 없이 구동되는가에 관계없이) 분산된, 탈중앙의, 공유되고 있으며 중복되는 원장으로 정의하면서, 블록체인에 대하여 원장상의 데이터가 암호법에 의하여 보호되고, 변경할 수 없고 검사가 가능하며(auditable), 외부에 의하여 수정되지 않는 사실(censored truth)을 제공한다고 정의하고 있다[Tenn. Code §47-10-201(1)]. 스마트계약은 애리조나 주와 사실상 동일하게 정의되어 있는데, "일정한 상태(state)를 표시하면서"라는 용어만 포함되어 있지 않다. 블록체인을 통하여 이루어진 서명, 기록이나 계약, 스마트계약의 법적 구속력에 대해서는 애리조나 주와 동일하게 규정되어 있다.[26]

몰타의 VFAA는 '스마트계약'을 ① 컴퓨터 규약(protocol)으로 구성되거나, ② 전체 또는 일부분이 전자적인 형태로 이루어지는 계약(일부분은 인간의 개입 및 통제를 요구하고 일반적인 법적 수단에 의하여 또는 일반적인 법적수단 및 인간의 개입 및 통제 양자에 의하여 집행될 수 있더라도, 컴퓨터코드에 의하여 자동화될 수 있고 집행될 수 있음)으로 구성되는, 일종의 기술적으로 조치한(arranged) 형태라고 정의된다(§2).

5. 납 세

암호화폐는 가격이 안정적이지 않아 등락을 거듭하므로,[27] 정부가 획

---

26 입법이 이루어진 애리조나 및 테네시 주 이외에 이들 입법과 사실상 동일한 문구의 입법안이 뉴욕, 오하이오, 네브래스카 주 등에서 제안되었다. N.Y. A8780, Relates to allowing signatures, records and contracts secured through blockchain technology to be considered in an electronic form and to be an electronic record and signature; allows smart contracts to exist in commerce (2018); OH SB 300, Revise Electronic Transactions Act/blockchain/smart contracts (2018); NE LB 695, Authorize and define smart contracts and authorize use of distributed ledger technology as prescribed (2018).

27 비트코인은 2018.1.6. 역대 최고가격인 2,598만 원이었는데, 2019.1.6. 현재 428만 원으로서 최고가 대비 84% 정도 가격이 폭락하였다. 매일경제, "광풍 가라앉

득한 암호화폐를 기존의 법정통화와 언제, 어떻게 태환(교환)할 것인지
는 매우 중요한 문제를 야기한다. 미국의 애리조나주 의회의 법안[28]은
비록 주지사에 의하여 거부되었지만 암호화폐의 태환에 대한 입장을 나
타내는 것이라 할 수 있다. 이 법안은 세금이나 연체료, 벌금을 전자적
인 P2P 시스템을 이용하는 비트코인 기타 암호화폐와 같은 방법으로 지
급할 수 있도록 하고 있다. 해당 주 정부 부처는 암호화폐를 미국 달러
로 태환하여야 하는데, 수령 이후 24시간 이내에 가장 유리한(prevailing)
비율로 태환한 달러화를 납세자가 납부한 것으로 한다.

비트코인과 같은 암호화폐는 일반인들에 의하여 마치 화폐처럼 사용
되고 있는데, 암호화폐는 등락을 거듭하는 것이므로 정부가 획득한 암
호화폐를 어떻게 처분할 것인가는 매우 흥미로운 문제가 아닐 수 없다.
이와 관련하여 지난 2018년 11월 오하이오주는 미국에서 처음으로 비
트코인을 비롯한 암호화폐로 세금을 납부할 수 있도록 하였다. 암호화
폐로 세금을 납부하는 것은 의회나 주지사의 승인 없이 이루어질 수 있
는 것으로서, 오하이오주의 재무담당관(Treasure, 선출직)이 오하이오주
를 기술을 선도하는 주로 리드할 수 있도록 결정한 것이었다. 암호화폐
에 의한 세금 납부는 개인에게는 허용되지 않고 기업에게만 허용되며,
23개의 세금을 암호화폐에 의하여 납부하는 것이 가능하다.

은 비트코인 … 제도화 논의 필요", 2019.1.6.

28 State of Arizona Senate, AN ACT AMENDING SECTION 43-505, ARIZONA
    REVISED STATUTES; RELATING TO INCOME TAX PAYMENTS (SB 1091, 53rd
    Legislature, Second Regular Session, 2018).

V. 한국법원의 암호화폐 취급: 몰수

1. 사건의 개요 및 쟁점

피고인은 미국에 서버를 둔 성인사이트를 개설·운영하면서 유료회원들로 하여금 미리 컬처랜드 상품권이나 비트코인 등으로 결제하여 이 사이트 내에서의 포인트를 적립하게 한 후, 유료회원들이 영상 등을 내려받은 경우 이러한 포인트를 차감하는 방법으로 대가를 지급받는 방식으로 이 사이트를 운영한 자이다. 이러한 행위에 의하여 음란한 부호·문언·음향·화상 또는 영상을 배포·판매·임대하거나 공공연하게 전시하는 내용의 정보에 대한 유통을 금지하는 정보통신망 이용촉진 및 정보보호 등에 관한 법률, 영리를 목적으로 아동·청소년이용음란물을 판매·대여·배포·제공하거나 이를 목적으로 소지·운반하거나 공연히 전시 또는 상영하는 것을 금지하는 아동·청소년의 성보호에 관한 법률, 도박개장방조 및 국민체육진흥법, 전자금융거래법 등에 대한 피고인의 위반이 인정되었다.

피고인은 유료회원에 의한 영상 등의 내려받기 및 인터넷 도박 사이트의 광고에 대하여 후원금이나 수수료 명목으로 비트코인 등을 받았고, 검사는 피고인이 범죄수익으로 얻은 비트코인의 몰수를 구형하였다.

범죄수익은닉의 규제 및 처벌 등에 관한 법률(이하 '범죄수익은닉규제법')은 재산상의 부정한 이익을 취득할 목적으로 범한 일정한 '특정범죄'를 '중대범죄'로 정의하고(§2 i), 중대범죄에 해당하는 범죄행위에 의하여 생긴 재산 또는 그 범죄행위의 보수(報酬)로 얻은 재산을 '범죄수익'으로 정의하면서(§2 ii 가), 범죄수익이나 범죄수익에서 유래한 재산에 대하여 몰수할 수 있음을 규정하고 있다(§8① i, ii). 한편 형법은 범죄행위에 제공하였거나 제공하려고 한 '물건'이나 범죄행위로 인하여 생하였거나 이로 인하여 취득한 '물건'에 대하여 몰수할 수 있음을 규정하고 있다(§48① i). 또한 형법은 몰수의 대상인 물건을 몰수하기 불능한 때에는 그 가액을 추징할 수 있도록 하고 있다(§48②).

이 사건의 쟁점은 비트코인이 몰수의 대상인가, 아니면 추징의 대상인가 여부이다. 몰수는 범죄행위와 관련된 물건의 재산권을 박탈하여 국고에 귀속시키는 것으로서, 범죄행위에 제공하였거나 제공하려 한 물건, 범죄행위로 인하여 취득한 물건, 범죄의 대가로 취득한 물건을 대상으로 한다(형법 §48①). 추징은 몰수할 물건의 전부 또는 일부를 몰수할 수 없을 때 몰수에 갈음하여 가액의 납부를 명하는 사법적인 처분이다(§48②).

한편 형법은 몰수의 대상으로 '물건'만을 규정하고 있음에 반하여, 범죄수익은닉규제법은 범죄수익이나 범죄수익에서 유래한 재산에 대하여 몰수하고 있음을 규정하고 있다. 따라서 이 사건의 부수적인 쟁점은 비트코인이 형법상의 몰수의 대상인가, 아니면 범죄수익은닉규제법상의 몰수의 대상인가 여부가 된다.

2. 소송의 경과

비트코인 몰수 구형에 대하여 1심법원은 비트코인이 현금과는 달리 물리적 실체 없이 전자화된 파일의 형태로 되어 있어 몰수하는 것이 적절하지 아니하므로 피고인이 얻은 범죄수익을 '추징'하는 것이 타당하다고 판시하였다.[29] 이러한 1심법원의 판단에 대하여, 검사는 압수된 비트코인이 모두 특정되어 현존하고 있을 뿐만 아니라, 피고인이 이 사건 음란사이트를 운영하면서 회원들 및 광고업체로부터 후원금 및 광고수익 등 명목으로 교부받아 취득한 재산으로서 범죄수익은닉의 규제 및 처벌 등에 관한 법률에서 규정하고 있는 '범죄수익'에 해당하므로 몰수가 이

---

29 수원지방법원, 2017.9.7, 2017고단2884 판결.

루어져야 한다고 주장하면서 항소하였다. 2심법원은 이 사건에서 압수된 비트코인은 '범죄수익은닉의 규제 및 처벌 등에 관한 법률'에서 규정하고 있는 '재산'에 해당하여 몰수의 대상이 된다고 판시함으로써, 1심법원의 판단을 파기하였다.[30]

대법원은 범죄수익은닉규제법에서 규정하고 있는 중대범죄에 해당하는 범죄행위에 의하여 취득한 것으로 재산적 가치가 인정되는 무형재산도 몰수할 수 있고, 피고인이 취득한 비트코인이 재산적 가치가 있는 무형의 재산에 해당하는 것으로서, 범죄수익은닉규제법이 규정하고 있는 몰수의 대상이 될 수 있다고 판시하였다.[31]

3. 몰수 또는 추징

비트코인을 비롯한 많은 암호화폐는 화폐 내지 통화와 동일한 경제적 기능을 수행하거나 암호화폐 거래소를 통하여 일반 법정화폐와 교환될 수 있는데, 암호화폐가 경제적 가치를 가지는가 여부를 먼저 고려하여 몰수나 추징할 수 있는지 여부를 고려하여야 할 것이다. 몰수는 범죄행위와 관련된 물건의 재산권을 박탈하여 국고에 귀속시키는 것으로서, 범죄행위에 제공하였거나 제공하려 한 물건, 범죄행위로 인하여 취득한 물건, 범죄의 대가로 취득한 물건을 대상으로 하고, 추징은 몰수할 물건의 전부 또는 일부를 몰수할 수 없을 때 몰수에 갈음하여 가액의 납부를 명하는 것이다. 몰수나 추징은 모두 범죄행위에 의하여 범죄자가 얻은 물건이나 이익을 국고에 귀속시킨다는 점에서 동일하다고 할 수 있다. 비트코인은 법정화폐와 교환될 수 있고 화폐처럼 사용되고 있으므로, 몰수나 추징의 대상이 될 수 있는 것은 당연하다.

이 사건에서의 쟁점은 비트코인이 몰수의 대상인가, 아니면 추징의

---

30 수원지방법원, 2018.1.30, 2017노7120 판결.
31 대법원, 2018.5.30, 2018도3619 판결.

대상인가 여부라고 할 수 있다. 비트코인이 몰수의 대상이라고 한다면 비트코인이 형법상 몰수의 대상인 물건에 해당하는 것이고, 추징의 대상이라고 한다면 추징의 대상인 (몰수할 수 없게 된 물건의) 가액이라 할 것이다. 그런데 이 사건에서 항소심과 대법원은 비트코인이 몰수의 대상이라고 판시하였지만 비트코인이 물건에 해당한다고 판시한 것이 아니었다. 곧 형법은 몰수의 대상을 물건으로, 추징의 대상을 물건의 가액이라고 분류하고 있으나, 범죄수익은닉규제법은 몰수의 대상을 재산으로 확대하고 있기 때문이다. 따라서 이 사건의 실제 쟁점은 비트코인이 형법상의 몰수나 추징에 해당하는가, 아니면 범죄수익은닉규제법상의 몰수에 해당하는가 여부라 할 수 있다.

4. 법원의 판단

(1) 1심법원

1심법원은 '각주'에서 비트코인이 몰수의 대상인가, 아니면 추징의 대상인가 여부를 논의하였다. 검사는 비트코인의 몰수를 구형하였으나 법원은 범죄수익을 추징하여야 한다고 판시하면서, 그 근거를 비트코인의 객관적 가치를 상정할 수 없다는 것과, 비트코인이 현금과 달리 물리적 실체가 없이 전자화된 파일의 형태로 되어 있다는 것을 제시하고 있다. 비트코인의 몰수나 추징을 논의함에 있어서 1심법원은 형법에 기하여서만 판단하였다.

(2) 항소심

(a) 검사의 주장

검사는 압수된 비트코인이 모두 특정되어 현존하고 있고, 음란사이트를 운영하면서 회원들 및 광고업체로부터 후원금 및 광고수익 등을 명목으로 하여 피고인이 교부받아 취득한 재산으로서 범죄수익은닉규제법이 규정하고 있는 '범죄수익'에 해당하므로 몰수가 이루어져야 한다고 주장하면서 항소하였다.

(b) 비트코인의 특성

항소심은 비트코인의 특성을 다음과 같이 밝히고 있다. 첫째, 가상화폐는 '자연인 또는 법인이 교환수단으로 사용하는 경제적인 가치의 디지털 표상으로 그 경제적인 가치가 전자적으로 이전, 저장 또는 거래될 수 있는 것이다. 곧 기존의 가상화폐와 달리 발행이나 거래의 승인 등을 담당하는 일정한 발행기관이나 감독기관이 존재하지 않는 대신 P2P 네트워크와 '블록체인' 기술을 이용하여 거래 기록의 보관, 승인 등을 네트워크 참가자들이 공동으로 수행한다. 이것은 블록체인이 신뢰기반 제3자(trusted third party)에 의하지 않으며, 암호적 해싱기술(cryptographic hashing)을 이용하고, P2P 네트워크 참여자들에 의하여 작업증명된다는 것(채굴, mining)을 설명하는 것이다.

둘째, 비트코인 거래자는 비트코인을 전자지갑에 보관할 수 있고, 비트코인은 공개주소와 비밀키를 통하여 거래될 수 있고, 비트코인 거래는 10분마다 생성되는 블록에 기록되어 기존블록에 덧붙여짐으로써 확정된다. 이것은 비트코인의 거래과정을 설명한 것이라 할 수 있는데, 좀 더 정확하게 말하면, 비트코인 거래는 ① 비트코인 지갑(wallet)의 암호 알고리즘에 의한 비밀키(private key)의 생성, ② 비밀키에 의한 공개키(public key)의 생성 및 상대방에 대한 공개키의 제공, ③ 공개키의 비트코인 주소로의 변환, ④ 은행거래에서의 계좌에 해당하는 비트코인 주소(bitcoin address)로의 비트코인 송금, ⑤ 대략 10분 간격으로 이루어지는 12.5 비트코인의 채굴 및 이러한 시간동안 이루어지는 비트코인 거래에 대한 작업증명, ⑥ 작업증명이 이루어진 12.5 비트코인과 다른 여러 거래들이 포함된 블록의 기존의 블록 추가 등의 과정으로 이루어진다.

또한 항소심은 모든 거래가 일종의 공개 장부인 블록체인을 통하여 네트워크상에 기록되어 공유되므로 비트코인의 복제 내지 이중사용은 사실상 불가능하다고 설명하고 있다. 하나의 블록에는 12.5 비트코인의 채굴 및 다른 (수천 개의) 거래가 포함되어 있고, 이러한 각 거래는 해시값(hash value)의 형태로 머클트리(merkle tree, 2개 거래의 해시값을 하나의 해시값으로, 다시 이러한 해시값을 하나의 해시값으로 표시하면 나무의 모양과 같게 되고, 궁극적으로는 최상단에 존재하는 하나의 해시값은 모든 거래의 해시값을 하나의 해시값으로 나타낸 것이 됨)로 표시된다. 블록 내에 존재하는 특정 거래를 변경(수정)하면 머클트리의 상위에 존재하는 해시값이 모두 변경되어야 하고 머클트리의 최상단 해시값을 반영한 블록의 해시값도 변경하여야 하므로, 특정 거래를 변경시키기 위한 해킹은 사실상 불가능하다.

셋째, 비트코인은 비트코인 거래기록들을 이용하여 일종의 수학문제를 푸는 작업이라 할 수 있는 채굴을 통하여 생성되고, '채굴'에 참여하는 사람들(nodes, participants, peer, computer)은 그 채굴과정에서 비트코인 네트워크 시스템의 운영에 기여하고, '채굴'에 성공하는 자에게는 새로 발행된 비트코인이 주어지고, 비트코인은 총 2,100만 비트코인까지만 생성될 수 있도록 자체 설계되어 있다.

넷째, 비트코인은 개별적인 거래 내지 '채굴' 작업을 통해 획득하는 것 외에도 거래소를 통하여 획득할 수도 있고, 거래소의 중개를 통해 수요와 공급의 상대적인 규모에 의해 정해진 교환비율에 따라 법정통화로 비트코인을 구입할 수 있다.

(c) 형법 및 범죄수익은닉규제법

항소심은 1심법원과 달리 비트코인이 형법상의 몰수대상인 '물건'이 아니라 범죄수익은닉규제법이 규정하고 있는 '범죄행위에 의하여 생긴 재산 또는 범죄행위의 보수로 얻은 재산'인 범죄수익에 해당하는지 여부가 이 사건의 쟁점이라고 밝히고 있다. 대법원도 항소심과 같은 입장을 취하고 있다. 1심법원과 상급법원의 이러한 차이는 상급법원이 비트코인이 형법상 몰수의 대상인 물건에 해당하는가, 아니면 추징의 대상

인 재산상 이익에 해당하는가 여부에 대하여 판단하였다기보다는, 비트
코인이 범죄수익은닉규제법상의 범죄수익에 해당하는가 여부를 판단한
것을 의미한다. 따라서 1심법원은 비트코인이 형법상의 물건이 아니고
재산이라고 판단한 것이라 할 수 있지만, 상급법원은 비트코인이 범죄
수익은닉규제법상 재산에 해당하는지 여부를 판단한 것이라 할 수 있
다. 범죄수익은닉규제법이 형법과 달리 재산을 몰수의 대상으로 규정하
고 있으므로, 결국 상급법원은 비트코인이 형법상 몰수의 대상인 물건
에 해당하는지 여부는 판단하지 않은 것이라 할 수 있다.

항소심은 범죄수익은닉규제법의 입법취지를 조직범죄·해외재산도
피범죄 등 특정범죄에 의하여 발생한 범죄수익을 합법적인 수입으로 가
장하거나 이를 은닉하는 행위를 규제하는 한편, 당해 범죄수익의 몰
수·추징에 관하여 형법 등에 대한 특례를 규정함으로써 반사회적인 범
죄행위를 사전에 예방하고 범죄를 조장하는 경제적 요인을 근원적으로
제거하기 위한 것으로서, 이러한 정책적 고려에 의하여 몰수의 대상을
형법에서 규정하고 있는 '물건'에 제한하지 않고 '재산'으로 확장한 것으
로 설명하고 있다.

형법은 몰수의 대상으로서, ㉮ 범죄행위에 제공하였거나 제공하려고
한 물건, ㉯ 범죄행위로 인하여 생하였거나 이로 인하여 취득한 물건,
㉰ 이러한 물건의 대가로 취득한 물건을 규정하고 있다(§48①). 이에 대
하여 범죄수익은닉규제법은 몰수의 대상으로서, ㉮ 범죄수익이나 ㉯ 범
죄수익에서 유래한 재산 등을 규정하고 있다(§8①).[32] 범죄수익은닉규제

---

32 제2조(정의) 이 법에서 사용하는 용어의 뜻은 다음과 같다.
   1. "특정범죄"란 재산상의 부정한 이익을 취득할 목적으로 범한 죄로서 별표에 규
     정된 죄(이하 "중대범죄"라 한다)와 제2호 나목에 규정된 죄를 말한다. 이 경우
     중대범죄 및 제2호 나목에 규정된 죄와 다른 죄가「형법」제40조에 따른 상상
     적 경합(想像的 競合) 관계에 있는 경우에는 그 다른 죄를 포함하며, 외국인이
     대한민국 영역 밖에서 한 행위가 대한민국 영역 안에서 행하여졌다면 중대범
     죄 또는 제2호나목에 규정된 죄에 해당하고 행위지(行爲地)의 법령에 따라 죄

법 시행령은 '은닉재산'을 "몰수·추징의 판결이 확정된 자가 은닉한 현금, 예금, 주식, 그 밖에 재산적 가치가 있는 유형·무형의 재산"이라고 정의함으로써 간접적으로 몰수의 대상이 되는 '재산'으로 규정하고 있는데, 항소심은 몰수의 대상이 되는 범죄수익을 이루는 '재산'이란 사회통념상 경제적 가치가 인정되는 이익 일반을 의미한다고 해석하고 있다.

(d) 항소심의 판단

항소심은 이 사건에서 압수된 비트코인이 다음의 근거에 의하여 범죄수익은닉규제법이 규정하고 있는 '재산'에 해당하여 몰수의 대상이 된다고 결론을 내렸다. 첫째, 예정된 발행량이 정해져 있고 P2P 네트워크 및

에 해당하는 경우 그 죄를 포함한다.

2. **"범죄수익"**이란 다음 각 목의 어느 하나에 해당하는 것을 말한다.

가. 중대범죄에 해당하는 범죄행위에 의하여 생긴 재산 또는 그 범죄행위의 보수(報酬)로 얻은 재산

나. 다음의 어느 하나의 죄에 관계된 자금 또는 재산

　1)「성매매알선 등 행위의 처벌에 관한 법률」제19조 제2항 제1호(성매매알선 등행위 중 성매매에 제공되는 사실을 알면서 자금·토지 또는 건물을 제공하는 행위만 해당한다)의 죄

　2)「폭력행위 등 처벌에 관한 법률」제5조 제2항 및 제6조(제5조 제2항의 미수범만 해당한다)의 죄

　3)「국제상거래에 있어서 외국공무원에 대한 뇌물방지법」제3조 제1항의 죄

　4)「특정경제범죄 가중처벌 등에 관한 법률」제4조의 죄

　5)「국제형사재판소 관할 범죄의 처벌 등에 관한 법률」제8조부터 제16조까지의 죄

　6)「공중 등 협박목적 및 대량살상무기확산을 위한 자금조달행위의 금지에 관한 법률」제6조 제1항·제4항(제6조 제1항 제1호의 미수범에 한정한다)의 죄

제8조(범죄수익 등의 몰수) ① 다음 각 호의 재산은 몰수할 수 있다.

1. 범죄수익

2. 범죄수익에서 유래한 재산

3. 제3조 또는 제4조의 범죄행위에 관계된 범죄수익 등

4. 제3조 또는 제4조의 범죄행위에 의하여 생긴 재산 또는 그 범죄행위의 보수로 얻은 재산

5. 제3호 또는 제4호에 따른 재산의 과실 또는 대가로 얻은 재산 또는 이들 재산의 대가로 얻은 재산, 그 밖에 그 재산의 보유 또는 처분에 의하여 얻은 재산

블록체인 기술에 의하여 그 생성, 보관, 거래가 공인되는 가상화폐로서, 무한정 생성·복제·거래될 수 있는 디지털 데이터와는 차별화된다.

둘째, 온라인 게임업체가 발급하는 것으로 온라인 게임상에서 게임 아이템을 거래하는 데 사용하는 '게임머니'도 '재산적 가치가 있는 모든 유체물과 무체물'을 의미하는 부가가치세법상의 '재화'에 해당하므로, 물리적 실체가 없이 전자화된 파일의 형태로 되어 있다는 사정만으로 재산적 가치가 인정되지 않는다고 단정할 수 없다.

셋째, 수사기관은 피고인이 진술한 전자지갑의 주소 및 '비밀키'를 근거로 피고인이 보유하고 있던 비트코인을 특정하고, 비트코인을 수사기관이 생성한 전자지갑에 이체하여 보관하는 방법으로 압수하였고, 이러한 이체기록이 블록체인을 통해 공시되어 있으므로, 비트코인의 블록체인 정보가 10분마다 갱신된다는 점만으로는 압수된 비트코인의 동일성이 상실되었다고 보기 어렵다.

넷째, 현재 비트코인은 거래소를 통해 일정한 교환비율에 따라 법정화폐로 환전하는 것이 가능하고, 법정화폐 대신 비트코인을 지급수단으로 인정하는 비트코인 가맹점이 존재하는 등 현실적으로 비트코인에 일정한 경제적 가치를 부여하는 것을 전제로 하는 다양한 경제활동이 이루어지고 있다.

다섯째, 미국 뉴욕지방법원이 2014년경 마약 밀거래 사이트인 '실크로드'의 서버에서 위 사이트의 운영을 통해 취득한 것으로 확인된 비트코인을 몰수하여 경매를 통해 환가 처분한 다음 국고로 귀속하였던 사례가 있고, 그 밖에 독일, 호주, 프랑스 등 여러 나라에서 비트코인을 몰수한 사례가 존재한다.

여섯째, 피고인도 음란사이트를 운영하면서 회원들부터 비트코인을 지급받는 대신 회원들에게 해당 비트코인의 가치에 상응하는 포인트를 지급함으로써 음란사이트를 이용할 수 있도록 하고, 회원들로부터 취득한 비트코인 중 일부를 현금으로 환전하여 상당한 수익을 얻었다.

일곱째, 압수된 비트코인을 몰수하지 않은 채 피고인에게 환부하는 것은, 사실상 피고인으로 하여금 이 사건 음란사이트 운영을 통해 얻은 이익을 그대로 보유하게 하는 것인데, 이것은 범죄수익은닉규제법의 제정취지에 비추어 보더라도 매우 불합리하다.

(3) 대법원의 판단

대법원은 항소심의 판단을 인용하면서 비트코인이 재산적 가치가 있는 무형의 재산이라고 판단하였다. 먼저 대법원은 범죄수익은닉규제법의 입법목적을 국제적 기준에 맞는 자금세탁방지 제도를 마련하고 범죄수익의 몰수·추징에 관한 특례를 규정함으로써 특정범죄를 조장하는 경제적 요인을 근원적으로 제거하여 건전한 사회질서의 유지에 이바지함을 목적으로 제정된 법률이다. 특정범죄를 직접 처벌하는 형법 등을 보충함으로써 중대범죄를 억제하기 위한 것이라고 설명하고 있다. 또한 범죄수익은닉규제법은 "중대범죄에 해당하는 범죄행위에 의하여 생긴 재산 또는 그 범죄행위의 보수로 얻은 재산"을 범죄수익으로 규정하고 (제2조 제2호 가목), 범죄수익을 몰수할 수 있다고 규정한다(제8조 제1항 제1호). 그리고 범죄수익은닉규제법 시행령은 "은닉재산이란 몰수·추징의 판결이 확정된 자가 은닉한 현금, 예금, 주식, 그 밖에 재산적 가치가 있는 유형·무형의 재산을 말한다"라고 규정하고 있다(제2조 제2항 본문).

이러한 범죄수익은닉규제법의 입법취지 및 법률 규정의 내용을 종합적으로 고려하여 대법원은 범죄수익은닉규제법에 정한 중대범죄에 해당하는 범죄행위에 의하여 취득한 것으로 재산적 가치가 인정되는 무형재산도 몰수할 수 있고, 피고인이 범죄수익은닉규제법에 정한 중대범죄에 해당하는 정보통신망법 위반(음란물유포)죄와 도박개장방조죄에 의하여 취득한 비트코인이 재산적 가치가 있는 무형의 재산이라고 결론을 내리고 있다.

또한 대법원은 비트코인이 재산적 가치가 있는 무형의 재산이라는 근거로서, 첫째, 비트코인이 경제적인 가치를 디지털로 표상하여 전자적으로 이전, 저장 및 거래가 가능하도록 한, 이른바 '가상화폐'의 일종이라는 것, 둘째, 피고인이 음란물유포 인터넷사이트를 운영하면서 사진과 영상을 이용하는 이용자 및 이 사건 음란사이트에 광고를 원하는 광고주들로부터 비트코인을 대가로 지급받아 재산적 가치가 있는 것으로 취급하였다는 것을 제시하였다.

VI. 결 어

비트코인의 몰수가 법원에 의하여 인정된 것 이외에도, 최근 법원은 금융기관이 암호화폐거래소의 법인계좌 입금정지 조치를 취하자 암호화폐거래소가 제기한 법인계좌의 입금정지 금지 가처분 소송을 인용하였고,[33] 입법에 의한 허용 여부와 관계없이 여러 암호화폐거래소가 운영되고 있다. 법원에 의한 암호화폐 취급에 대한 입장과 암호화폐거래소의 운영은 비록 입법 형태는 아니지만 암호화폐 내지 블록체인이 한국에서도 제도권에 진입하고 있거나, 진입의 필요성을 역설하고 있는 것이라 할 수 있다. 또한 암호화폐에 대한 금융실명제의 적용, 자금세탁의 금지 관철, 증권형 토큰에 대한 자본시장법의 적용, 비트코인의 통화 여부 인정 등 블록체인에 대한 입법 내지 규율 필요성은 불가피한 것으로 보인다. 뿐만 아니라 ICO는 벤처기업들이 전 세계적으로 자금을 조달할 수 있는 방법이고, 또한 블록체인 시장은 급격하게 확대되고 있는 것으로서[34] 한국의 입장에서는 매우 중요한 분야이다.

---

33 이데일리, "법원, 암호화폐 거래소 은행 입금정지조치금지가처분 최초 인용", 2018. 10.30.

34 Stratista Report 2017에 의하면, 2016년 블록체인기술 시장규모는 2.1억 달러였으나, 2019년 14.3억 달러, 2021년에는 23.1억 달러로 확대될 것으로 예상된다. https://www.statista.com/statistics/647231/worldwide-blockchain-technology-

ICO 과정에서의 대규모 사기 및 이에 따른 소비자·투자자의 피해, 이미 광범위하게 사용되고 있는 인프라에 대한 블록체인기술의 적용의 어려움, 탈중앙화에 따른 우려, 암호화폐의 가치의 불안정 등으로 한국은 블록체인 기술의 활용에 다소 소극적인 자세를 취한 것으로 보인다. 이러한 우려는 불합리한 것이 아니라 정당한 이유가 있는 것으로서, ICO를 전면적으로 허용하거나 비트코인을 통화로 인정하는 것 등은 용이하지 않을 것이다. 그러나 블록체인에 대한 우려가 정당하다고 하더라도 소극적이거나 심지어 부정적인 태도로 인하여 블록체인 기술의 발전이 저해되는 것은 방지되어야 할 것이다. 그렇다면 블록체인 기술을 활용하는 것을 최소한 규제 샌드박스나 지역특구의 방식으로 허용하는 것을 고려할 수 있다. 그러나 규제 샌드박스나 지역특구와 관련된 입법은 정보통신 진흥 및 융합 활성화 등에 관한 특별법(ICT 특별법), 산업융합촉진법, 금융혁신지원특별법, 지역특화발전특구에 대한 규제특례법 등을 들 수 있는데, 이들 입법으로 블록체인 기술의 발전을 충분히 장려할 수 있을지는 미지수이다.

블록체인 내지 암호화폐와 관련하여서는 암호화폐와 관련된 과세, 암호화폐의 사용 및 암호화폐에 의한 납세, 프라이버시(개인정보), 자산기반토큰(ABT), 블록체인상의 정보·서명이나 계약의 법적 효과 등 많은 법적 문제점이 제기되고 있다. 그러나 가장 중요한 분야는 암호화폐의 발행에 관한 ICO와 암호화폐의 거래(유통)에 관한 암호화폐거래소라 할수 있다. 따라서 ICO 및 암호화폐거래소에 관한 사항을 조속히 입법하거나 최소한 규제 샌드박스나 지역특구에 의하여 실험적으로 허용하여야 할 것이다.

---

market-size.

'악의적이거나 현저히 상당성을 잃은 공격'과 민사상 명예훼손*

이제우**

I. 서 론

우리 법원이 명예훼손[1]과 관련하여 선고한 최근의 판결들을 살펴보면 무게의 추(錘)가 명예의 보호에서 표현의 자유를 보장하는 쪽으로 이동해 왔음을 알 수 있다. 이는 우리나라 국민의식의 성장과 사회 전반의 선진화 등에서 비롯된 것으로서 우리 법원이 이러한 변화를 판결에 반영한 결과이다. 동시에 이는 세계적으로 표현의 자유에 대한 보호가 강

---

* 이 글은 민사법학 제78호(2017.2)에 게재한 논문('악의적이거나 현저히 상당성을 잃은 공격'과 민사상 명예훼손에 관한 소고)을 일반 독자가 쉽게 이해할 수 있도록 수정·보완한 것임을 밝혀 둡니다.

** 강남대학교 부동산건설학부 조교수.

1 명예란 "사람의 인격적 가치에 내재하는 고유의 평가로서 주관적, 내부적 명예와 동 가치에 대한 사회적 평가인 객관적 명예, 개인이 스스로의 인격적 가치에 대하여 가지는 명예감정"을 말하는데 불법행위법에서는 객관적 명예만이 명예훼손의 대상이 된다[김용담, 주석민법 채권각칙(8) §750~§766(제4판), 한국사법행정학회 (2016), 270].

화되는 일반적인 추세에 따른 발전 방향이기도 하다. 특히 이와 같은 추세는 표현의 자유를 중요하게 여기는 미국에서 20세기 중·후반부터 본격화되었다. 1964년 New York Times v. Sullivan 판결[2]을 시작으로 미국 연방대법원이 선고한 일련의 판결로 인하여 미국 내에서 표현의 자유에 대한 보호가 공직자(public official) 및 공인(public figure)과 관련해서 한층 강화되었으며, 이는 일정한 시차를 갖고 우리나라를 비롯한 세계의 여러 나라에 직·간접적인 영향을 미쳤다. 물론 우리 대법원은 미국의 법리를 그대로 가져오지는 않았으며, 명예와 표현의 자유에 대한 보호 사이에서 우리나라 국민의 법감정에 부합하는 균형점을 찾고 그러한 균형점의 달성을 위한 독자적인 법리를 발전시켰다. 이는 바로 우리 대법원이 2000년대 들어서 공인 및 공적 관심 사안과 관련된 명예훼손 사건에서 적용하기 시작한 '악의적이거나 현저히 상당성을 잃은 공격' 법리(이하 '악의성 법리')이며, 벌써 10년이 훨씬 넘는 기간 동안 관련 판례를 축적해 오고 있다.

　그런데 안타깝게도 아직까지는 악의성 법리와 직접적으로 관련된 연구가 많지 않은 상황이다.[3] 오늘날 우리 민사법에서 명예훼손에 의한 불법행위가 차지하는 비중이 커지고 있고, 특히 우리나라에서 공인 또는 공적 관심 사안과 관련된 명예훼손이 자주 문제되고 있는 점을 고려하면 그 어느 때보다 악의성 법리에 관한 자세한 분석이 요구된다. 특히 악의성 법리가 법률상 근거 규정 없이 판례에 의해서 발전해 온 만큼 이를 적용한 대법원의 주요 판결들을 구체적으로 검토하여 정리하는 것이 필요하다.

　이를 위해서 아래에서는 우선, 우리 대법원에 의해서 악의성 법리가

2　376 U.S. 254 (1964).

3　권태상, "공직자에 대한 명예훼손", 이화여자대학교 법학논집 제19권 제1호(2014. 9); 김준호, "공인에 대한 명예훼손―그 민형사상 면책 구조에 관한 판례 이론의 분석", 동북아법연구 제9권 제2호(2015.9) 등이 있다.

확립된 배경을 소개(II)하기로 한다. 비교법적으로 중요한 미국 연방대법원의 판례를 먼저 정리하고 우리 대법원 판례에서 악의성 법리가 발전하게 된 취지와 근거를 살펴보기로 한다. 다음으로, 악의성 법리의 구체적인 내용이 무엇인지를 고찰하고 우리 법체계상 악의성 법리가 독자적인 지위를 갖는지 검토(III)하기로 한다. 악의성 요건이 명예훼손과 관련하여 중요하게 고려되는 기존의 다른 요건들과 구분될 수 있는지, 구분된다면 어떤 면에서 차이를 보이는지 분석하기로 한다. 마지막으로 이 글 II.와 III.의 내용을 바탕으로 우리 판례에서 명예의 보호와 표현의 자유 사이의 균형을 달성하는 데 개선할 문제에 관하여 논의(IV)하기로 한다. 우리 명예훼손법에서 악의성 법리의 타당성, 그리고 악의성 법리가 갖는 한계의 보완 등에 관한 사견을 제시하는 것으로 글을 마무리하고자 한다.

II. 악의성 법리의 도입 배경

우리 대법원이 악의성 법리를 도입하게 된 근거와 취지를 살펴보기 위해서 미국의 판례를 먼저 검토하기로 한다. 이와 관련하여 전통적으로 미국의 코먼로(Common law)[4]에서 발전한 명예훼손(defamation)을 간략하게 소개한 뒤 미국 연방대법원이 Sullivan 판결에서 도입한 '현실적 악의(actual malice)' 법리를 고찰하겠다. 특히 1964년에 미국 연방대법원이 Sullivan 판결을 선고하게 된 그 당시의 상황과 취지에 초점을 맞추기로 한다.

---

4 코먼로(또는 '보통법'이라고도 한다)란 영국, 미국, 캐나다 등 영미법국가에서 발전해 온 불문법(不文法), 즉 문자로 표현되지 않아 문서의 형식을 갖추지 않은 법을 의미한다.

1. 미국

(1) 코먼로상 명예훼손(Common law defamation)[5]

1960년대까지 미국의 코먼로에서 명예훼손(defamation)에 의한 손해배상책임은 엄격하였다. 20세기 중·후반까지 미국에서 확립되었던 판례에 따르면 명예훼손적(defamatory) 행위가 있고 공연히 적시된(published) 사실[6]이 허위(false)라면 표현자인 피고는 손해배상책임(liability for damages)을 부담하였다. 다만 가해자가 적시된 사실이 진실(true)임을 입증하면 설사 명예훼손적 행위가 있었더라도 이에 대한 손해배상책임을 면할 수 있었다.[7][8]

문제는 특정 사실의 진실성을 입증하는 것이 어려울 뿐만 아니라 설사 가능하다고 하더라도 이를 위한 비용과 시간이 많이 든다는 데 있었다. 게다가 가해자가 진실성에 대한 입증책임을 진다는 것은 그가 사실의 진실성을 입증하지 못하는 한 그러한 사실이 허위인 것으로 추정된다는 것을 의미하였다. 이처럼 코먼로상 명예훼손에 대해서 가해자가 엄격한 책임을 졌다는 점은 미국 사회에서 명예라는 인격권이 전통적으로 두텁게 보호받고 있었음을 잘 보여 준다.

---

5 미국 연방대법원이 확립한 명예훼손(defamation)을 코먼로상 명예훼손과 구별하기 위하여 전자를 '헌법적 명예훼손(constitutional defamation)'이라고 부르기도 한다.

6 '사실'이란 "실제로 있었던 일이나 현재에 있는 일"을 뜻하는 개념으로서 '진실', 즉 "거짓이 없는 사실"과 구분된다[국립국어원, 표준국어대사전, http://stdweb2. korean.go.kr/search/List_dic.jsp (인터넷 확인: 2018.11.27) 참조].

7 "One who publishes a defamatory statement of fact is not subject to liability for defamation if the statement is true."[Restatement (Second) of Torts § 581A (1977)].

8 코먼로상 진실성은 적극적 항변사유(affirmative defense)로서 가해자인 피고가 입증책임을 진다("It has been consistently held that truth is an affirmative defense which must be raised by the defendant and on which he has the burden of proof.")[Restatement (Second) of Torts § 581A (1977), Comment b].

(2) 현실적 악의(actual malice) 법리

1964년 New York Times v. Sullivan 판결을 통해 미국 연방대법원은 공직자(public official)에 대한 명예훼손이 인정되기 위해서는 '현실적 악의(actual malice)'[9]가 입증되어야 함을 판시하였다. 연방대법원은 현실적 악의가 있기 위한 요건을 구체적으로 설시하였는데 '허위성에 대한 악의(knowledge of falsity)' 또는 '허위성이나 진실성의 무모한 무시(reckless disregard for the truth/falsity)'가 있었다는 사실을 입증하면 명예훼손이 성립할 수 있다고 판시하였다.[10] 이로써 피고는 적시된 명예훼손적 사실이 진실이 아닌 허위에 해당하더라도 현실적 악의 요건이 입증되지 않는 한 손해배상책임을 부담하지 않게 되었다. 이런 의미에서 Sullivan 판결은 미국 연방대법원이 수정헌법 제1조[11]상의 표현의 자유를 강하게 보호하기 시작한 전환점을 이루었다.[12]

9　법률에서 '악의'는 원칙적으로 '나쁜 마음'이 아니라 '어떤 사정을 알고 있는 것', 즉 '인식'을 의미한다. 이 글에서 '현실적 악의'와 관련해서는 후자의 의미로, 아래 논의하는 '코먼로상 악의'와 관련해서는 전자의 의미로 사용한다.

10　N.Y. Times Co. v. Sullivan, 376 U.S. 254, 279-80 (1964).

11　"Congress shall make no law […] abridging the freedom of speech, or of the press […]".

12　한편 Sullivan 판결 이후 연방대법원은 표현의 자유에 대한 보호를 더욱 더 강화해나갔다. Sullivan 판결에서 대법원이 현실적 악의 법리를 공직자에 대해서만 적용하였다면 그로부터 3년 뒤 1967년 Curtis Publishing Co. v. Butts 388 U.S. 130 (1967) 판결에서는 원고가 공직자가 아닌 공인(public figure)인 경우에도 그 적용을 인정하였다. 더 나아가 연방대법원은 1971년 Rosenbloom v. Metromedia, Inc., 403 U.S. 29 (1971) 판결에서 현실적 악의 법리의 적용범위를 공적 관심 사안(matter of public concern)과 관련하여 사인의 명예가 훼손되는 경우에까지 확장하였다. 다만 얼마 지나지 않아 1974년 Gertz v. Welch 418 U.S. 323 (1974) 판결에서는 현실적 악의 법리가 사인(private figure)에 대해서는 적용되지 않는다고 하는 쪽으로 입장을 정리하였다. 공인이 아닌 사인의 경우에는 명예훼손으로 인한 손해배상책임을 인정하기 위해서 과실(negligence)의 입증이 요구된다고 강조하였으며 이러한 태도는 오늘날까지 미국 명예훼손법의 근간을 이루고 있다 [Catherine Hancock, Origins of the Public Figure Doctrine in First Amendment Defamation Law, 50 N.Y.L. Sch. L. Rev. 81, 84 (2005)]. 결국 연방대법원은 Gertz 판결을 통해 명예훼손적 행위가 공적 관심 사안에 해당하는지와 상관없이

한편 현실적 악의와 구분해야 할 개념으로 '코먼로상 악의(Common law malice)'가 있다. 코먼로상 악의는 '앙심(spite)' 또는 '증오감(ill will)'을 본질로 하는 개념[13]이며 현실적 악의와 달리 명예훼손에 의한 손해배상 책임 그 자체를 인정하기 위하여 요구되는 요건이 아니라는 점에 유의할 필요가 있다. 명예훼손이 성립한 상태에서 코먼로상 악의가 입증되면 피고는 징벌적 손해배상(punitive damages)에 대한 책임을 부담한다.[14]

2. 우리나라

우리나라는 미국과 달리 판례법국가가 아니지만 명예훼손법의 발전에 대해서는 미국 못지않게 판례의 기여도가 크다. 이는 우리 민법에서 명예훼손을 자세히 규율하고 있지 않기 때문이다.

우리나라에서 민사상 명예훼손으로 인한 손해배상청구는 일반 불법행위에 관한 민법 제750조[15]와 비재산적 손해에 관한 제751조[16]에 근거하여 이루어진다.[17][18] 그러나 정작 실무적으로 가장 중요하다고 할 수

원고가 공인인지 사인인지에 따라 현실적 악의 법리가 적용된다는 원칙을 세움으로써 표현의 자유와 사인의 명예 보호 사이에서 적절한 균형을 도모한 것이다[김시철, "언론·출판의 자유와 인격권의 대립과 조화에 대한 비교법적 검토—미국의 언론·출판의 자유에 관한 우월적 지위이론, 현실적 악의 원칙 등에 관하여", 저스티스 통권 제147호(2015.4), 74].

13 현실적 악의(actual malice)와 코먼로상 악의(Common law malice)의 차이를 언급한 주(州) 판결로 Perez v. Scripps-Howard Broadcasting Co., (Ohio, 1988) 판결을 들 수 있다. 여기서 Ohio 주(州)대법원은 현실적 악의가 진실에 대한 피고의 태도라면, 코먼로상 악의는 원고에 대한 피고의 태도라고 하였다.

14 Gerald R. Smith, Of Malice and Men: The Law of Defamation, 27 Valparaiso University Law Review, 39, 47 (1992).

15 민법 제750조: "고의 또는 과실로 인한 위법행위로 타인에게 손해를 가한 자는 그 손해를 배상할 책임이 있다."

16 민법 제751조 제1항: "타인의 신체, 자유 또는 명예를 해하거나 기타 정신상 고통을 야기한 자는 재산 이외의 손해에 대하여도 배상할 책임이 있다."

17 우리 민법의 제정과 관련된 입법 자료를 보면 명예훼손에 관한 특별한 논의가 이

있는 명예훼손 불법행위 특유의 위법성조각사유[19]에 관해서는 민법에 관련 규정이 없다. 바로 이런 이유에서 법원은 민사상 명예훼손과 관련하여 형법 제310조(위법성의 조각)[20]에 의존하는 경향을 보여 왔다.[21] 그러므로 행위가 진실한 사실인지를 판단하는 '진실성 요건'과 그러한 행위가 공공의 이익과 관련이 있는지 여부를 판단하는 '공공성 요건'이 둘 다 입증되면 피고는 명예훼손으로 인한 손해배상책임을 면할 수 있다. 한편 명문규정은 없지만 피고가 진실성은 아니더라도 행위의 내용이 진실이라고 믿을 만한 상당한 이유가 있었음을 입증하면 위법성이 조각된다는 '상당한 이유 법리'가 도입되어 적용되어 왔다. 더 나아가 우리 법원은 명예훼손이 공인 및 공적 관심 사안과 관련된 경우에는 피고의 행위가 '악의적이거나 현저히 상당성을 잃은 공격'이 아닌 이상 손해배상책임을 인정하지 않는다고 하는 '악의성 법리'도 확립하였다.

이처럼 악의성 법리는 우리 명예훼손법에서 가장 최근에 있었던 중요한 발전단계에 해당한다. 그리고 이러한 발전이 판례를 통해서 이루어졌던 만큼 악의성 법리를 도입하고 확립시킨 주요 판결들을 자세히 검토할 필요가 있다. 아래에서는 상당한 이유 법리의 도입 배경부터 시작하여 그 이후에 명예훼손법이 어떻게 발전하여 악의성 법리가 확립되었는지 살펴보기로 한다.

루어지지 않았음을 알 수 있다. 그 결과 우리 민법의 제정자는 의용민법(즉, 일제 강점기 아래에서 의용되던 일본민법)을 사실상 그대로 이어 받는 방식으로 민법 제751조 제1항을 입법하였다[명순구, 실록 대한민국 민법 3, 법문사(2009), 792].

18 명예훼손의 성립요건에 관한 자세한 논의는 시간과 지면의 제약으로 생략하기로 한다. 이에 관해서는 김용담, 주석민법 채권각칙(8) §750~§766 (제4판), 한국사법 행정학회(2016), 276-281; 김서기, "언론보도로 인한 명예훼손 불법행위의 성립요 건", 법과 정책연구 제12집 제3호(2012.9), 1257-1264 참조.

19 위법성조각사유란 행위의 위법성을 배제하는 특별한 사유를 말한다.

20 형법 제310조: "제307조 제1항의 행위가 진실한 사실로서 오로지 공공의 이익에 관한 때에는 처벌하지 아니한다."

21 대법원 1988.10.11. 선고 85다카29 판결에서 대법원이 참조조문으로 형법 제310 조를 명시한 것이 그 예이다.

(1) 상당한 이유 법리의 도입

1988.10.11. 선고 85다카29 판결에서 대법원은 "형사상이나 민사상으로 타인의 명예를 훼손하는 행위를 한 경우에도 그것이 공공의 이해에 관한 사항으로서 그 목적이 오로지 공공의 이익을 위한 것일 때에는 진실한 사실이라는 증명이 있으면 위 행위에 위법성이 없으며 또한 그 증명이 없더라도 행위자가 그것을 진실이라고 믿을 상당한 이유가 있는 경우에는 위법성이 없다고 보아야 할 것이다."[22]라고 판시함에 따라 상당한 이유 이론을 도입하였다. 이 판결은 1966년 일본 최고재판소 판결(最判昭和41年6月23日民集20卷5号1項)[23]의 영향을 받은 것으로 보이며,[24] 대법원은 이를 필두로 형사상 명예훼손죄와 민사상 명예훼손으로 인한 손해배상책임에 대해서 상당한 이유 법리의 적용을 우리 법원의 기본 노선으로 확립하였다. 우리 대법원이 도입한 상당한 이유 법리는 표현의 자유에 대한 제한을 완화해주지만 명예의 보호 주체(공인 또는 사인) 또는 보호 범위(공적 관심 사안 또는 사적 영역)를 구분하지 않는다는 점에서 미국 연방대법원이 적용하는 현실적 악의(actual malice) 법리와 성격이 다르다.

---

22 인용된 판결문의 밑줄은 이 글의 저자가 설명의 편의상 임의로 표시한 것임을 밝혀 둔다. 아래에서도 모두 마찬가지다.

23 신문기사로 인한 명예훼손이 문제가 된 이 사건에서 일본 최고재판소는 다음과 같이 판시하였다[이하의 판결 번역문은 김준호, "공인에 대한 명예훼손—그 민형사상 면책 구조에 관한 판례 이론의 분석", 동북아법연구 제9권 제2호(2015.9), 357 참조]: "민사상의 불법행위인 명예훼손에 대해서는 그 행위가 공공의 이해에 관한 사실에 관계되고 오로지 공익을 도모할 목적에서 나온 경우에는 적시된 사실이 진실임이 증명된 때에는 위 행위에는 위법성이 없어 불법행위가 성립하지 않는다고 해석하는 것이 상당하"며 "만일 위 사실이 진실임이 증명되지 않더라도 그 행위자가 그 사실을 진실이라고 믿은 데에 상당한 이유가 있을 때에는 위 행위는 고의나 과실이 없어 결국 불법행위는 성립하지 않는다고 해석하는 것이 상당하다."

24 일본에서는 상당성 요건을 위법성이 아닌 고의과실의 문제로 본다는 점에서 우리 대법원에 대한 일본 최고재판소의 영향이 절대적이라고 볼 수는 없다. 명예훼손법상 상당성 요건의 법적 성격에 관한 자세한 논의는 전원열, "명예훼손 불법행위에 있어서 위법성 요건의 재구성", 서울대학교 박사학위논문(2001), 65-73 참조.

(2) 악의성 법리의 도입

(가) 헌법재판소의 결정

대법원이 89다카29 판결을 선고한 지 10년 만에 헌법재판소는 공인의 공적 활동과 관련된 명예훼손적 표현에 대해서 새로운 접근을 취하였다. 헌법재판소는 일정한 경우 명예훼손적 표현에 대한 제한이 완화되어야 한다고 결정한 것이다. 헌법재판소는 1999.6.24. 선고 97헌마265결정에서 "언론의 자유와 명예 보호라는 상반되는 헌법상의 두 권리의 조정 과정에 다음과 같은 사정을 고려하여야 한다. 즉, 당해 표현으로 인한 피해자가 공적 인물인지 아니면 사인(私人)인지, 그 표현이 공적인 관심 사안에 관한 것인지 순수한 사적인 영역에 속하는 사안인지, 피해자가 당해 명예훼손적 표현의 위험을 자초(自招)한 것인지, 그 표현이 객관적으로 국민이 알아야 할 공공성·사회성을 갖춘 사실(알권리)로서 여론형성이나 공개토론에 기여하는 것인지 등을 종합하여 구체적인 표현 내용과 방식에 따라 상반되는 두 권리를 유형적으로 형량한 비례관계를 따져 언론의 자유에 대한 한계 설정을 할 필요가 있는 것이다. 공적 인물과 사인, 공적인 관심 사안과 사적인 영역에 속하는 사안 간에는 심사기준에 차이를 두어야" 한다고 하면서 이 사건에서 "시간과 싸우는 신문보도에 오류(誤謬)를 수반하는 표현은, 사상과 의견에 대한 아무런 제한 없는 자유로운 표현을 보장하는 데 따른 불가피한 결과이고 이러한 표현도 자유토론과 진실확인에 필요한 것이므로 함께 보호되어야 하기 때문이다. 그러나 허위라는 것을 알거나 진실이라고 믿을 수 있는 정당한 이유가 없는데도 진위(眞僞)를 알아보지 않고 게재한 허위보도에 대하여는 면책을 주장할 수 없다."고 하였다.

이처럼 헌법재판소가 명예훼손과 관련하여 공인과 사인, 공적인 관심 사안과 사적인 영역을 구분하여 심사기준을 정해야 한다고 한 것은 미국 연방대법원 Sullivan 판결에서 확립된 현실적 악의(actual malice) 법리와 일부 유사한 면이 있다. 다만 헌법재판소는 이 결정에서 명예훼손

적 표현에 대한 형사제재의 면책요건만 직접적으로 다루었고, 그것도
이를 상세하게 설시하기보다는 일반적인 원리를 제시하는 것으로만 입
장을 제한하였다. 그럼에도 우리법의 특성상 형사상 명예훼손과 민사상
명예훼손에 관한 법리가 밀접하게 연관되어 발전해 왔다는 사실을 고려
한다면 헌법재판소의 97헌마265결정이 우리나라의 형사판례는 물론이
고 민사판례와 민법학 이론에 대해서 미칠 영향은 클 수밖에 없었다. 실
제로 명예훼손으로 인한 손해배상책임과 관련하여 공적인 관심 사안의
경우 언론·출판의 자유에 대한 제한을 완화해야 한다는 헌법재판소의
입장은 2년 반도 채 지나지 않아 대법원의 판결에서 반영되었다.

(나) 대법원의 과도기적 판결

대법원은 2002.1.22. 선고 2000다37524, 37531 판결에서 공인에 대
한 명예훼손과 관련하여 심사기준에 차이를 두어야 한다는 위의 헌법재
판소 97다265결정을 원용하였다. 대법원은 이 판결에서 명예훼손적 "표
현이 공적인 존재의 정치적 이념에 관한 것인 때에는 특별한 의미가 있
다. 그 공적인 존재가 가진 국가·사회적 영향력이 크면 클수록 그 존재
가 가진 정치적 이념은 국가의 운명에까지 영향을 미치게 된다. 그러므
로 그 존재가 가진 정치적 이념은 더욱 철저히 공개되고 검증되어야 하
며, 이에 대한 의문이나 의혹은 그 개연성이 있는 한 광범위하게 문제제
기가 허용되어야 하고 공개토론을 받아야 한다. […] 그러므로 이에 대
한 의혹의 제기나 주관적인 평가가 진실에 부합하는지 혹은 진실하다고
믿을 만한 상당한 이유가 있는지를 따짐에 있어서는 일반의 경우에 있
어서와 같이 엄격하게 입증해 낼 것을 요구해서는 안 되고, 그러한 의혹
의 제기나 주관적인 평가를 내릴 수도 있는 구체적 정황의 제시로 입증
의 부담을 완화해 주어야 한다."고 판시하였다. 이로써 대법원도 상당한
이유가 있는지에 대해서 피고, 즉 가해자가 부담하는 입증책임을 완화
해 주어야 함을 인정하게 된 것이다.

다만 대법원은 "아무리 공적인 존재의 공적인 관심사에 관한 문제의

제기가 널리 허용되어야 한다고 하더라도 구체적 정황의 뒷받침도 없이 악의적으로 모함하는 일이 허용되지 않도록 경계해야 함은 물론 구체적 정황에 근거한 것이라 하더라도 그 표현방법에 있어서는 상대방의 인격을 존중하는 바탕 위에서 어휘를 선택하여야 하고, 아무리 비판을 받아야 할 사항이 있다고 하더라도 모멸적인 표현으로 모욕을 가하는 일은 허용될 수 없다."고도 덧붙였다.

이로써 대법원은 한편으로는 상당성 요건과 관련하여 공적인 존재에 대해서 입증책임을 달리해야 한다는 헌법재판소의 입장을 받아들이면서도 다른 한편으로는 악의적인 모함이나 모멸적인 표현방법 등이 허용되어서는 안 된다는 점을 언급하여 독자적인 접근을 취할 것임을 예고하였다고 할 수 있다.

(다) 대법원에 의한 악의성 법리의 확립

대법원이 헌법재판소의 결정에 따라 입장 변화를 보인지 불과 1년 만에 악의성 법리에 관한 입장 정리를 마무리하였다. 2003.7.8. 선고 2002다64384 판결에서 대법원은 "공공적·사회적인 의미를 가진 사안에 관한 표현의 경우에는 언론의 자유에 대한 제한이 완화되어야 하고, 특히 공직자의 도덕성, 청렴성에 대하여는 국민과 정당의 감시기능이 필요함에 비추어 볼 때, 그 점에 관한 의혹의 제기는 악의적이거나 현저히 상당성을 잃은 공격이 아닌 한 쉽게 책임을 추궁하여서는 안 된다."라고 판시하였다. 이로써 우리 명예훼손법에서 공인과 사인 그리고 공적 사안과 사적 사안을 구분하는 입장이 확립된 것이다.

악의성 법리는 오늘날까지도 많은 판결에서 유지되고 있다. 가장 최근 판결 가운데 하나인 2015.5.28. 선고 2012다29618 판결에서도 대법원은 "원고가 이 사건 기사를 스스로 반박할 수 있는 매체를 가지고 있어서 이를 통하여 이 사건 기사로 인한 왜곡된 여론의 형성을 적절히 막을 수 있었다는 사정을 고려하면, 원고에 대한 부정적 기사를 이유로 한 피고들의 손해배상책임 인정 여부와 관련하여 원고는 언론사에 준하는 지위에 있다고 볼 수 있으므로, 이 사건 기사가 악의적이거나 현저히 상당성을 잃은 공격이라고 인정되지 아니하는 한 이 사건 기사로 인한 책임을 쉽게 인정하여서는 아니 될 것이다."라고 판시하였다.

(3) 평 가

이상으로 우리 대법원이 판결을 통해 악의성 법리를 도입한 배경과 그 과정을 살펴보았다. 이를 기초로 하여 다음의 평가를 내릴 수 있다.

우리 대법원이 명예훼손법을 발전시키면서 상당한 이유 법리를 확립한 후 악의성 법리를 도입한 것은 미국 연방대법원의 현실적 악의(actual malice) 법리를 그대로 수용한 것이 아니라는 점을 잘 보여 준다. 우리 대법원이 85다카29 판결에서 상당한 이유 법리를 도입함으로써 처음에는 공인과 사인 또는 공적 관심 사안과 사적 영역의 구분 없이 명예훼손에 관한 판단을 하였는데 적어도 상당한 이유 법리와 관련해서는 미국 연방대법원보다는 일본 최고재판소의 영향이 더 직접적이었음을 알 수 있다. 그 후 2002다64384 판결에서 대법원이 악의성 법리를 도입하면서 공인과 사인의 구분을 인정하게 된 것은 제한적이나마 미국 연방대법원의 현실적 악의(actual malice) 법리의 간접적인 영향이 있었음을 보여 준다. 물론 우리 대법원이 궁극적으로는 미국 연방대법원이나 일본 최고재판소와 다른 접근을 취함에 따라 독자적인 명예훼손법을 발전시키게 되었다. 특히 우리 대법원이 2002다64384 판결에서 악의성 법리를 도입하기 전 2000다37524, 37531 판결에서는 헌법재판소가 제시하였던 바와 같이 상당성에 대한 입증책임을 완화하는 입장을 취할 것처럼 하다가 1년 만에 이로부터 선회하여 기존의 상당한 이유 법리는 그대로 유지하면서 악의성 법리를 추가로 도입한 점이 결정적이었던 것으로 보인다. 명예의 보호와 표현의 자유 사이에서 균형점을 찾는 것이 나라마다 다를 수 있음을 감안하면 우리 대법원이 이처럼 독자적인 접근을 취한 것은 바람직한 현상이며, 이는 우리나라 국민의 법감정에 부합하는 균형점을 찾기 위한 우리 대법원의 노력에 따른 결과였다고 볼 수 있다.

Ⅲ. 악의성 법리의 내용과 성격

이상에서 악의성 법리가 도입된 배경을 살펴보았으므로 다음으로는 공인 또는 공적 관심 사안이 문제되는 경우 위법성 조각을 위하여 적용하는 악의성 법리의 구체적인 내용을 검토하기로 한다. 이를 위하여 악의성 법리뿐만 아니라 상당한 이유 법리도 같이 논의할 필요가 있다. 우리 판례에서 양자가 항상 뚜렷하게 구분되지 않을 뿐만 아니라 양자의 관계에 대해서 학설 대립이 존재하기 때문이다. 그러므로 아래에서는 악의성 법리의 내용 및 그 적용 기준을 상당한 이유 법리와 비교하며 고찰하기로 한다. 이와 더불어 악의성 요건과의 유사성이 문제될 수 있는 공공성 요건도 간단하게 살펴보기로 한다.

1. 악의성 법리의 내용

(1) 악의성

(가) 내용

대법원은 앞서 살펴본 2002다64384 판결에서 피고의 행위가 '악의적이거나 현저히 상당성을 잃은 공격'에 해당하여 위법성이 인정되는지 여부를 판단하기 위해서 피고의 성명이 "정당 대변인으로서의 공식적인 정치적 논평에 해당하는바, 민주정치제도 하에서는 정당활동의 자유도 너무나 중요하여 그 보장에 소홀함이 있어서는 아니 되고, 정당의 정치적 주장에는 국민의 지지를 얻기 위하여 어느 정도의 수사적인 과장표현은 용인될 수 있으므로, 정당 대변인의 정치적인 논평의 위법성을 판단함에 있어서는 이러한 특수성도 고려되어야 할 것"이라고 판시하였다. 이어서 대법원은 피고의 성명 내용이 진실로 밝혀지지 않았고 진실 규명을 촉구하는 수준을 넘어 제3자의 진술에만 의존하여 "단정적인 주장을 하였다고 하더라도 [···] 고위공직자의 도덕성에 관한 공적 사안에서 정당 대변인의 정치적 논평에 해당하는 이 사건 [···] 성명의 발표에 위법성을 섣불리 인정할 수는 없다"고 판시하였다.

대법원은 악의성 법리를 도입하면서 처음부터 악의성의 판단 기준을 구체적으로 설시하지는 않았다. 그러나 악의성 여부를 판단하는 중요한 기준으로서 표현의 적정성이 고려되었다는 점을 특기할 수 있다. 대법원이 표현자의 수사적인 과장표현이나 단정적인 주장과 같은 사정 등을 중요하게 고려한 것에서 이를 알 수 있다.[25]

(나) 판단 기준

대법원이 악의성의 판단 기준을 구체적으로 제시한 것은 2006.5.12. 선고 2004다35199 판결에서이다: "언론보도로 인하여 공직자의 사회적 평가가 다소 저하될 수 있다고 하여 바로 공직자에 대한 명예훼손이 된다고 할 수 없을 것이다. 그러나 이러한 경우에 있어서도 그 언론보도의 내용이나 표현방식, 의혹사항의 내용이나 공익성의 정도, 공직자 또는 공직 사회의 사회적 평가를 저하시키는 정도, 취재과정이나 취재로부터 보도에 이르기까지의 사실확인을 위한 노력의 정도, 기타 주위의 여러 사정 등을 종합하여 판단할 때, 그 언론보도가 공직자 또는 공직 사회에 대한 감시·비판·견제라는 정당한 언론활동의 범위를 벗어나 악의적이거나 심히 경솔한 공격으로서 현저히 상당성을 잃은 것으로 평가되는 경우에는, 비록 공직자 또는 공직 사회에 대한 감시·비판·견제의 의

25　단정적인 어법이나 수사적인 과정표현 등을 근거로 악의성을 판단한 또 다른 사례로 2005.5.27. 선고 2004다69291 판결을 들 수 있다: "정당의 정치적 주장에 관하여는 그것이 어느 정도의 단정적인 어법 사용에 의해 수사적으로 과장 표현된 경우라고 하더라도 구체적 정황의 뒷받침 없이 악의적이거나 현저히 상당성을 잃은 공격이 아닌 한 쉽게 그 책임을 추궁하여서는 아니 된다고 할 것이다."

도에서 비롯된 것이라고 하더라도 이러한 언론보도는 <u>명예훼손이 되는</u> <u>것으로 보지 않을 수 없다.</u>"고 판시하였다.

한편 대법원은 2014.4.24. 선고 2013다74837 판결에서는 정당한 언론활동의 범위를 벗어나 악의적이거나 심히 경솔한 공격으로서 현저히 상당성을 잃은 것인지에 대한 기준을 위의 판결에서와 같이 동일하게 제시한 후 피고가 원고에게 "서면질의서를 발송하여 이 사건 기사내용에 관한 <u>해명기회를 주기도</u>" 한 점, 피고가 "기자 자신의 의견을 내세우거나 <u>감정을 드러내지 아니하는 비교적 중립적인 표현형식을 사용한</u>" 점, "이 사건 기사에 사용된 '<u>강압수사</u>'라는 표현은 다소 과장된 느낌은 <u>있으나 허위라고 할 정도는 아니라</u>"는 점, "이는 공공의 이익을 위하여 중요한 의미를 가지는 사안이므로, 그에 대한 보도가 개인의 명예보호라는 명분으로 쉽게 봉쇄되어서는 아니 된다."는 점 등에 근거하여 피고가 보도한 기사내용이 악의적이라는 점을 부인하였다.

이 밖에 2012.8.23. 선고 2011다40373 판결에서 대법원은 "공적 존재의 공적 관심사에 관한 문제의 제기가 널리 허용되어야 한다고 하더라도 <u>구체적 정황의 뒷받침도 없이 악의적으로 모함하는 일이 허용되지</u> <u>않도록 경계해야</u> 함은 물론이고, <u>구체적 정황에 근거한 것이라 하더라</u> <u>도 그 표현방법에 있어서는 상대방의 인격을 존중하는 바탕 위에서 어</u> <u>휘를 선택하여야 하고, 아무리 비판을 받아야 할 사항이 있다고 하더라</u> <u>도 모멸적인 표현으로 모욕하는 것은 허용될 수 없다.</u>"라고 판시하였다.

(다) 평가

대법원은 그동안 악의성의 판단 기준으로 다양한 사정들을 제시하며 이를 종합적으로 고려해야 한다는 입장을 보여 왔다. 그러나 이상의 판결들을 분석해 보면 특별히 더 큰 의미를 갖는 것이 바로 표현의 방식 또는 성격, 즉 표현의 적정성이다. 검토한 여러 판결에서 대법원은 감정을 드러내지 않은 중립적인 표현형식, 인격을 존중하는 어휘의 선택, 비판을 넘어서는 모멸적인 표현의 사용 등에 기초하여 피고의 악의성 여부를 판단하였다. 이처럼 악의성 법리를 적용하는 데 표현의 적정성이 강조되는 것은 결국 피고가 원고에 대해서 어떤 태도를 취하였는지가 본질적인 문제라고 할 수 있다. 그러므로 피고가 타인의 명예를 훼손하였으며 그 행위의 내용이 공적 관심 사안과 관련된 경우일지라도 피고가 원고에 대해서 최소한의 인격적인 존중을 보이며 심히 경솔한 공격을 자제하고 중립적인 표현을 사용하였다면 위법성이 조각될 수 있음을 인정한 것이다.

2. 악의성 법리의 독자성: 상당성과의 관계

우리 명예훼손법에서 악의성 법리가 독자적인 지위를 갖는지에 대해서 학설대립이 존재한다. 무엇보다도 과연 위법성을 조각하는 데 악의성이 상당성과 구별되는 요건으로서 따로 고려될 수 있는지가 논쟁의 핵심이다. 그러므로 아래에서는 상당한 이유 법리의 내용을 간단하게 살펴본 후 악의성 요건과 상당성 요건의 관계를 검토하기로 한다.

(1) 상당성

상당한 이유 법리에 관한 우리 대법원의 판결을 분석해 보면 사실확인에 대한 피고의 태도가 상당성 요건의 본질임을 알 수 있다. 이는 다수의 판결에서 확인할 수 있는 법원의 확립된 입장이다. 가령, 1993. 11. 26. 선고 93다18389 판결에서 대법원은 "국가기관이 행정목적달성을 위하여 언론에 보도자료를 제공하는 등 이른바 행정상 공표의 방법으로 실명을 공개함으로써 타인의 명예를 훼손한 경우" 적시된 사실이 진실이라고 믿은 "상당한 이유의 존부의 판단에 있어서는, […] 사인의 행위에 의한 경우보다는 훨씬 더 엄격한 기준이 요구된다 할 것이므로, 그 사실이 의심의 여지없이 확실히 진실이라고 믿을 만한 객관적이고도 타당한 확증과 근거가 있는 경우가 아니라면 그러한 상당한 이유가 있다고 할 수 없을 것이다."라고 하였다.

또한 1997.9.30. 선고 97다24207 판결에서 대법원은 "신문에 보도된 기사의 내용이 허위의 사실이라고 하더라도 행위자가 이를 진실로 믿고 진실로 믿은 데 상당한 이유가 있었으며, 그 행위가 오로지 공공의 이익에 관련한 것인 경우에는 위법성이 조각되는 것이고, 상당한 이유가 있는지의 여부를 판단함에 있어서는 기사의 성격상 신속한 보도가 요청되는 것인가, 정보원이 믿을 만한가, 피해자와의 대면 등 진실의 확인이 용이한 사항인가와 같은 여러 사정을 종합적으로 고려하여 판단"해야 한다고 판시하였다.

이 밖에 2006.5.12. 선고 2004다35199 판결에서 대법원은 "언론매체의 보도를 통한 명예훼손에 있어서 행위자가 보도 내용이 진실이라고 믿을 만한 상당한 이유가 있는지의 여부는 적시된 사실의 내용, 진실이라고 믿게 된 근거나 자료의 확실성과 신빙성, 사실 확인의 용이성,[26] 보도로 인한 피해자의 피해 정도[27] 등 여러 사정을 종합하여 행위자가 보도 내용의 진위 여부를 확인하기 위하여 적절하고도 충분한 조사를 다하였는가, 그 진실성이 객관적이고도 합리적인 자료나 근거에 의하여 뒷받침되는가 하는 점에 비추어 판단하여야 한다."고 판단하였다.[28]

물론 대법원은 일부 판결에서 상당성 판단의 기준을 좁은 의미에서의 사실확인에 대한 태도에 국한시키지 않고 더 넓게 인정하기도 하였다. 2002.12.24. 선고 2000다14613 판결에서 대법원은 "이 사건 기사부분 중 […] 프로그램의 내용에 나타난 원고의 역사해석을 곧 주사파의 역사

---

26 2010.7.15. 선고 2007다3483 판결(영화 실미도 사건) 참조.
27 2007.6.29. 선고 2005다55510 판결 참조.
28 이 외에도 사실확인에 대한 태도를 중시하는 판결은 다음을 들 수 있다: 2003.7. 8. 선고 2002다64384 판결; 2006.5.12. 선고 2004다35199 판결; 2008.1.24. 선고 2005다58823 판결; 2009.7.23. 선고 2008다18925 판결; 2010.9.9. 선고 2008다 84236 판결; 2011.10.13. 선고 2011다44962 판결; 2012.12.27. 선고 2010다 61793, 2010다61809(병합) 판결 등.

해석으로 단정하여 원고를 주사파로 지목한 부분은 지나친 논리의 비약이라 할 것이고, 앞에서 본 바와 같이 그 부분이 공적 존재의 정치적 이념에 관한 것으로서 진실성에 관한 입증의 부담을 완화하여야 한다는 입장에서 보더라도 이 부분 사실적시는 진실하거나 진실하다고 믿을 만한 상당한 이유가 있다고 보기 어려우며, '주사파'가 그 당시 우리나라의 현실에서 가지는 부정적이고 치명적인 의미에 비추어 이를 단순히 수사적인 과장으로서 허용되는 범위 내에 속한다고 보기는 어렵다."고 하였다.

1998. 5. 8. 선고 96다36395 판결에서도 대법원은 "보도 내용이 진실이라고 믿을 만한 상당한 이유가 있는가의 여부는 기사의 성격, 정보원의 신빙성, 사실 확인의 용이성, 보도로 인한 피해자의 피해 정도 등 여러 사정을 종합하여 보도 내용의 진위 여부를 확인하기 위한 적절하고도 충분한 조사를 다하였는가, 그 진실성이 객관적이고도 합리적인 자료나 근거에 의하여 뒷받침되는가 하는 점에 비추어 판단하여야 할 것이다."고 판시하였다.

이상에서 살펴본 여러 판결에 기초하여 정리하면 상당성 요건을 판단하는 데 사실확인에 대한 피고의 태도가 가장 중요한 기준이라고 할 수 있다. 우리 대법원은 피고가 명예훼손적 행위의 내용이 진실이라고 믿었던 상당한 이유가 있는지 판단하면서 여러 사정을 종합적으로 고려하는 것은 맞지만 언론보도의 신속성이나 진실 확인의 용이성 등의 다양한 사정은 피고가 사실확인에 대한 조사를 얼마나 충실히 하였는지를 판단하기 위한 부수적 사정에 더 가깝다고 할 수 있다. 그러므로 원칙적으로 상당한 이유 법리의 적용에서 핵심 기준을 사실확인에 대한 피고의 태도로 보는 데는 큰 무리가 없다고 하겠다.[29]

---

29 이는 형사상 명예훼손의 경우에도 마찬가지다. 우리 법원은 명예훼손죄의 위법성 조각사유로서 상당성 요건을 판단하는 데 가장 중요한 기준으로 행위자가 사실의 적시 전 관련 내용을 합리적인 범위 내에서 얼마나 철저하게 조사하였는지 고려한다. 가령, 2002. 9. 24. 선고 2002도3570 판결; 2007. 5. 10. 선고 2006도8544 판결

(2) 악의성과 상당성

앞에서 확인하였듯이 상당한 이유 법리와 악의성 법리가 도입된 것은 각각 1988년과 2003년이므로 우리 법원은 짧지 않은 기간 동안 두 법리를 발전시켜 왔다. 그래서 이와 관련하여 어느 정도 판례가 확립되어 있음을 볼 수 있었다. 그러나 동시에 관련 판례상 불확실성이 존재하는 점 또한 사실이다. 특히 두 법리의 관계가 어떠한지와 관련하여 우리 법원의 판례가 일관적이지만은 않았다. 이런 이유로 학설은 악의성 법리의 독자성을 긍정하는 입장과 부정하는 입장으로 나뉜다.

(가) 상당성과 구별되는 악의성

양자가 별개의 법리라고 하는 견해가 지배적이다.[30] 이 글의 저자 역시 우리 판례에서 원칙적으로 상당한 이유 법리와 악의성 법리가 구분되어 적용되고 있다고 생각한다. 이러한 입장의 근거로 크게 세 가지, 즉 ① 적용범위의 차이, ② 핵심 판단 기준의 차이, ③ 인정 취지의 차이를 들 수 있다.

첫째, 우리 판례에서 악의성 법리는 피해자가 공인 및 공적 관심 사안이 문제되는 특수한 경우에 적용되는 반면, 상당한 이유 법리는 공인과 사인을 구별하지 않을 뿐만 아니라 공적 관심 사안은 물론이고 사적 사안에 대해서도 인정된다. 그러므로 상당성이 명예훼손과 관련하여 위법성을 조각하는 일반사유라면 악의성은 특별사유로서 공인 및 공적 관심 사안에 대해서만 추가적으로 인정되고 있다. 이처럼 양자는 그 적용범위에서부터 뚜렷한 차이를 보인다는 점에서 별개의 법리로서 적용된다.

둘째, 앞에서 이미 여러 차례 언급한 바와 같이 상당성 요건과 악의성 요건은 그 판단 기준들이 조금 겹치기도 하지만 핵심 판단 기준이 서로

등 참조.

30 한위수, "명예훼손에 특유한 위법성조각사유에 대한 고찰", 사법 창간호(2007.9), 69; 문병찬, "명예훼손과 판례상의 면책심사기준", 재판과 판례 제13집(2005.1), 51; 권태상, "공직자에 대한 명예훼손", 이화여자대학교 법학논집 제19권 제1호 (2014.9), 76-77 등 참조.

다르기 때문에 구별되어 적용될 수 있다. 무엇보다도 실제로 우리 법원이 일반적으로 두 법리를 구분하여 적용해 왔다는 사실이 중요하다. 두 법리를 구분하였던 예로 2004.2.27. 선고 2001다53387 판결을 들 수 있다. 여기서 대법원은 위법성 조각 여부와 관련하여 상당성 요건과 악의성 요건을 구분하여 판단한 후 "이 사건 인터뷰의 방영은 <u>피고들이 그 내용이 진실이라고 믿은 데에 상당한 이유가 있는 것이거나 공직자의 업무처리의 공정성 여부에 관한 언론의 감시와 비판기능의 중요성에 비추어 허용될 수 있는 범위 내의 것으로서 그 위법성을 인정할 수 없다고 할 것이다.</u>"고 결론 내렸다. 이처럼 두 요건을 분리하여 판단한 경우로 볼 수 있는 판결은 적지 않다: 2003.9.2. 선고 2002다63558 판결; 2005. 1.14. 선고 2001다28619 판결; 2006.5.12. 선고 2004다35199 판결; 2013.2.14. 선고 2010다108579판결; 2013.6.28. 선고 2011다40397 판결; 2014.6.12. 선고 2012다4138 판결 등.[31]

셋째, 두 법리는 그 인정 취지에서도 차이가 난다. 상당한 이유 법리는 명예훼손으로 인한 손해배상책임을 인정할 때 피고가 진실성 요건을 입증해야 하는 무거운 부담을 경감시켜 주기 위해서 인정한 것이다. 반면 악의성 법리 도입의 주된 목적은 국민과 언론의 감시 · 비판 · 견제 기능을 강화하여 표현의 자유를 더 많이 보호하고자 하는 데 있었다. 다시 말해, 악의성 법리가 적용되는 것은 피고의 입증책임의 경감 그 자체와는 직접적인 관련성이 없다. 오히려 피해자인 원고가 공인의 경우 가해자에 의한 사실의 적시가 '악의적이거나 현저히 상당성을 잃은 공격'일 것을 요구하는 것은 "<u>원고가 이 사건 기사를 스스로 반박할 수 있는 매체를 가지고 있어서 이를 통하여 이 사건 기사로 인한 왜곡된 여론의</u>

---

31 일반적으로 피고도 원고가 명예훼손으로 인한 손해배상청구를 원인으로 하는 소를 제기하는 경우 피고 자신이 한 발언의 내용이 진실이라고 믿을 만한 상당한 이유가 있다는 점과 그러한 발언이 악의적이거나 현저히 상당성을 잃은 공격이 아니라는 점 때문에 위법성이 조각됨을 구분하여 항변한다.

형성을 적절히 막을 수 있었다는 사정"[32]을 중시한 것으로 피고가 아닌 원고의 사정을 고려한 측면도 있다.

(나) 상당성 판단 기준으로서의 악의성

악의성 요건이 상당성 요건과 구분되지 않는다고 하는 견해에 따르면 "'악의적이거나 현저히 상당성을 잃은 공격이 아닌 한' 그 의혹제기를 하는 사실을 진실이라고 믿었음에 상당한 이유가 있었다[…]"[33]고 볼 여지가 있다고 한다. 다시 말해, 악의성 요건은 상당한 이유 법리를 적용하기 위한 하나의 판단 근거라는 것이다. 그리고 이를 잘 나타내는 예로서 2005.5.27. 선고 2004다69291 판결을 든다. 대법원은 이 판결에서 "이 사건 발표의 내용이 진실이라는 증명이 없다고 하더라도 피고가 이를 진실이라고 믿은 데에 상당한 이유가 있는지 여부"를 판단하는 것과 관련하여 "정당의 정치적 주장에 관하여는 […] 그것이 구체적 정황의 뒷받침 없이 악의적이거나 현저히 상당성을 잃은 공격이라고 보이지 아니하므로 그 위법성을 인정할 수 없다고 봄이 상당하다."고 한 원심의 판단이 정당하다고 하였다. 이런 논리에 의하면 대법원은 피고의 행위가 악의적이지 않다는 점으로 미루어볼 때 그 내용이 진실이라고 믿을 만한 상당한 이유가 있고, 이로써 위법성이 조각된다는 점을 인정한 것이다. 결국 악의성 요건의 독자성을 부인하는 입장에서는 대법원이 상당한 이유 법리를 적용하면서 상당성의 판단 기준으로서 악의성까지 포섭하였다고 해석하는 것이다.

또 하나의 예로 대법원 2013.6.28. 선고 2011다40397 판결을 들 수 있다. 우선 원심판결[34]을 보면 악의성 요건이 상당한 이유 이론의 판단 근거로 고려되었음을 알 수 있다. 원심은 상당성 요건을 판단한다고 하면서도 막상 언론보도의 내용 및 표현방식 등을 고려하며 "어느 정도의

---

32 대법원 2015.5.28. 선고 2012다29618 판결.
33 신평, 명예훼손법, 청림출판(2004), 310.
34 서울고등법원 2011.4.26. 선고 2010나68581 판결.

단정적인 어법 사용에 의해 수사적으로 과장 표현된 경우라고 하더라도 구체적 정황의 뒷받침 없이 […] 악의적이거나 심히 경솔한 공격으로서 현저히 상당성을 잃은 것으로 평가되지 아니하므로, 결국 피고의 이 사건 발언은 위법성이 인정되지 않는다고 할 것이다."고 하였는데, 대법원도 이 사건의 발언이 "악의적이거나 심히 경솔한 공격으로서 현저히 상당성을 잃은 것이라고 평가할 수 없으므로 위법성이 인정되지 않는다."고 하며 원심의 판단이 정당한 것으로 수긍이 간다고 판시하였다.

(다) 평가

2000년대 이후 상당한 이유 법리는 악의성 법리의 영향으로부터 완전히 자유롭지만은 않았다. 악의성 요건의 독자성을 부정하는 견해에서 제시하는 바와 같이 우리 법원은 실제로 몇몇 판결에서 상당성을 판단하는 데 피고의 악의성을 중요한 기준으로 고려하였다. 이와 같은 사실 자체를 부정하기는 힘들다. 그러나 이 사실에만 근거하여 악의성 법리가 상당성을 판단하는 데 부수적인 의미를 갖는다고 단정할 수는 없다. 상당성과 악의성을 뚜렷하게 구분하지 않는 판결은 소수에 불과하기 때문이다. 악의성 요건과 상당성 요건의 관계와 관련하여 일정한 불확실성이 존재하는 것이 사실이지만 일반적으로 우리 법원이 취하는 입장에 기초하여 판단한다면 우리 판례에서 악의성 법리의 독자성을 부인한다는 것은 정확하거나 객관적인 평가가 아니다. 일률적으로 주장하기보다는 일반적으로 우리 법원이 악의성 법리와 상당한 이유 법리를 구분하여 적용하면서도 예외적으로는 상당성 판단을 위해 악의성을 중요하게 고려한 바도 있다고 평가하는 것이 가장 적절하지 않을까.

(3) 공공성

악의성 법리의 독자성과 관련하여 생각해 볼 또 다른 요건으로 표현행위의 공공성을 들 수 있다. 일반적으로 명예훼손과 관련하여 요구되는 공공성 요건은 피고의 명예훼손적 발언이 공공의 이익을 위하여 이루어졌으며 공공의 이해에 관한 사안인 경우 충족된다. 특히 공공성의 판단 기준이 표현의 방법과 밀접한 관련이 있기 때문에 악의성 요건과 구별될 수 있는지의 문제가 발생할 가능성도 존재한다. 이와 관련하여 대법원이 선고한 2000.5.12. 선고 2000다5510 판결을 살펴볼 필요가 있다.[35]

이 판결에서 대법원은 "'오로지 공공의 이익을 위한 것일 때'라 함은 적시된 사실이 객관적으로 볼 때 공공의 이익에 관한 것이어야 할 뿐만 아니라 행위자도 공공의 이익을 위하여 그 사실을 적시한 것이어야 하며 적시된 사실이 공공의 이익에 관한 것인지의 여부는 당해 적시사실의 구체적 내용, 당해 사실의 공표가 이루어진 상대방의 범위, 그 표현의 방법 등 그 표현 자체에 관한 제반 사정을 감안함과 동시에 그 표현에 의하여 훼손되거나 훼손될 수 있는 명예의 침해 정도 등을 비교·고려하여 결정하여야 하고, 행위자의 주요한 목적이나 동기가 공공의 이익을 위한 것이라면 부수적으로 다른 사익적 동기가 내포되어 있었다고 하더라도 공공의 이익을 위한 것으로 보아야 하지만, 타인을 비방하는 것이 주된 목적이나 동기가 된 경우에는 그에 의한 명예훼손 행위가 공공의 이익을 위한 것이라고 인정될 여지가 없다고 할 것이다."

여기서 대법원은 공공성 요건을 매우 넓게 인정하는 입장을 보였다. 원고를 비방할 목적이 피고의 주된 동기인 경우에만 공공성을 인정할 여지가 없다고 판시하였다. 언뜻 보면 공공성과 악의성은 서로 배타적인 요건으로 동시에 충족될 수 없다고 생각할 수 있지만 반드시 그렇지는 않다. 이 판결에서 대법원이 밝혔듯이 타인을 비방하더라도 이런 태도가 가해자의 주된 목적이 아니라면 악의적이거나 현저히 상당성을 잃은 공격이면서도 공공성 요건을 충족할 수 있다는 해석이 가능하다. 적어도 대법원 판례 가운데 둘의 관계를 특별히 문제 삼는 등 이를 직접적으로 판단한 경우는 아직 없는 것으로 보인다. 그러므로 공공성 요건을

---

35 비록 이 판결은 악의성 법리가 도입되기 전에 선고되었지만 악의성과 공공성의 관계를 검토하는 데에는 여전히 유용하다.

이유로 악의성 법리의 독자성을 부인할 여지는 적다고 판단된다.

(4) 소결

대법원의 관련 판결들에 기초하여 판단하건대 우리 명예훼손법에서 악의성과 상당성 사이에는 적어도 직접적이고도 밀접한 관련성이 없다고 할 수 있다. 또한 악의성과 공공성 요건의 관계도 특별히 문제가 되지 않는다. 결국 우리 대법원은 원칙적으로 악의성 요건을 상당성 요건 및 공공성 요건과는 별개의 요건으로서 이해하고 적용하고 있다는 평가가 가능하다. 다만 일부의 판결로 인하여 악의성 법리의 독자성에 대해서 불확실성이 존재하는 것은 사실이다. 그러므로 우리 법원은 이와 관련하여 판례의 일관성 그리고 더 나아가 법적 예측가능성을 위한 노력을 보일 필요가 있다.

IV. 결론에 갈음하여: 악의성 법리의 타당성과 그 한계의 보완

지금까지 우리 법원이 악의성 법리를 어떻게 적용하여 왔는지, 우리 판례에서 그 위상은 어떠한지를 분석하고 그와 관련된 논의를 전개하였다. 아래에서는 이상의 내용을 간단하게 정리하고, 동시에 우리 법체계상 명예의 보호와 표현의 자유에 대한 보장 사이의 균형을 달성하는 데 개선할 점을 논의하는 것으로 결론에 갈음하고자 한다. 특히 악의성 법리의 타당성, 그리고 악의성 법리가 갖는 한계의 보완에 초점을 맞추기로 한다.

1. 악의성 법리의 타당성

우리 법원이 악의성 법리에 기초하여 위법성조각사유를 인정하는 것은 명예훼손적 행위가 공적 관심 사안과 관련이 있거나 피해자가 공인인 경우이다. 이처럼 대법원이 악의성 요건을 도입한 것은 무엇보다도 공인 및 공적 관심 사안에 대해서 정당이나 언론사 등의 정당한 감시와 비판 기능을 보호하여 언론 및 표현의 자유에 대한 제한을 완화하기 위해서였다. 또한 우리 판례에서 드러나는 악의성 요건의 핵심은 원고에 대한 피고의 태도이며, 법원은 이를 피고가 사용한 표현의 방식이나 성격에 근거하여 판단해 왔다.

그런데 앞에서 살펴본 바와 같이 원고에 대한 피고의 태도를 본질로하고 있는 코먼로상 악의는 미국에서 징벌적 손해배상의 요건일 뿐 표현의 자유를 두텁게 보호하여 언론사 등의 감시 기능을 강화하는 것과 직접적인 관련이 없다.[36] 미국에서는 명예의 보호와 표현의 자유 사이의 균형을 유지하는 데 사실확인에 대한 피고의 태도가 결정적인 의미를 갖기 때문에 코먼로상 악의는 명예훼손에 따른 전보적 손해배상과무관하다. 바로 이런 이유로 연방대법원은 Sullivan 판결에서 "정부 또는 공직자들에 대해서 격렬하거나 신랄한 또는 경우에 따라서는 불쾌할

---

[36] 우리 대법원이 현재 적용하고 있는 악의성에 대응하는 요건을 미국 불법행위법에서 굳이 찾는다면 아마도 '정신적 고통의 고의적 야기(Intentional Infliction of Emotional Distress, 이하 IIED)'와 관련하여 인정되는 요건 중 하나일 것이다. IIED에 기한 손해배상책임이 인정되기 위해서 요구되는 요건으로 피고의 행위가 '터무니없고(outrageous) 수인한도를 넘을(intolerable) 것'이 있는데 바로 이 요건의 본질이 피고의 원고에 대한 태도인 것이다[Karen Markin, The Truth Hurts: Intentional Infliction of Emotional Distress as a Cause of Action Against the Media, 5 Comm. L. & Pol'y 469, 476 (2000); Harris v. Kreutzer, 624 S.E.2d 24, 33 (Va. 2006)]. 그런데 IIED와 관련하여 피고가 원고에 대해서 보여 주었던 태도를 중시하는 것은 보호 대상이 정신적 평온(emotional tranquility)이기 때문이다 [Andrew Meerkins, Distressing Speech After Snyder - What's Left of IIED, 107 Northwestern University Law Review 999, 1031 (2013)]. 피고의 표현이 그 방식이나 성격상 지나치거나 피고의 동기가 악의적인 경우에는 원고의 정신적 평온이 훼손되어 손해배상을 청구할 수 있게 되는 것이다. 바로 이런 이유로 미국에서 명예훼손과 관련해서는 직접적으로 고려되지 않는 피고의 원고에 대한 태도가 IIED의 경우에는 중요한 사정이 된다.

정도로 날카로운 공격이 있을지라도 사회적 사안에 대해서는 제약 없이 당당하고 열린 마음으로 논쟁을 해야"[37] 함을 강조한 것이다.

그렇다면 우리나라에서 명예훼손에 의한 손해배상책임과 관련하여 악의성 법리가 적용되는 것은 부당한 것인가? 반드시 그렇지는 않다. 우리 사회에서 명예의 보호와 표현의 자유가 차지하는 위상은 미국과 근본적으로 다르다. 이는 두 나라의 헌법에서 명백하게 드러난다. 미국이 수정 헌법 제1조에서 선언하고 있을 정도로 표현의 자유에 대한 보호를 강조하고 있는 반면 우리 헌법은 언론·출판의 자유를 보장하면서도 동시에 "언론·출판은 타인의 명예나 권리 또는 공중도덕이나 사회윤리를 침해하여서는 아니 된다. 언론·출판이 타인의 명예나 권리를 침해한 때에는 피해자는 이에 대한 피해의 배상을 청구할 수 있다."(제21조 제4항)고 규정하고 있어 언론·출판의 자유와 명예의 보호 사이에서 일정한 균형을 유지할 것을 강조하고 있다. 그러므로 미국과 달리 우리나라에서는 표현의 자유가 절대적인 보호의 대상이 될 수 없고 명예훼손으로 인하여 발생하는 손해에 대해서 그 배상을 어느 정도 보장해야 한다. 특히 우리나라에서 언론사나 정당이 하는 발언의 사회적 파장이 매우 크다는 현실을 비롯하여 그들이 공인 및 공적 사안에 대해서 감시자의 역할을 수행하더라도 그 보도 또는 성명에서 사용하는 표현에 아무런 제한을 두지 않을 수 없다는 점을 고려하면 공인이나 공적 관심 사안에 대해서 악의성 법리를 적용하는 것은 의미 있는 일이다. 이런 점에서 우리 명예훼손법상 악의성 법리의 타당성은 긍정될 수 있을 것이다. 다만 악의성 법리 도입의 주된 취지가 공인(공적 관심 사안)에 있어 표현의 자유에 대한 제한을 완화하여 정당이나 언론사 등의 정당한 감시와 비판 기능을 보호하는 데 있음에도 악의성 법리가 이를 실현하는 수단이 되

---

37 "… debate on public issues should be uninhibited, robust, and wide-open, and that it may well include vehement, caustic, and sometimes unpleasantly sharp attacks on government and public officials."[376 U.S. 254, 270 (1964)].

지 못하는 점은 아쉽다. 언론사나 정당이 공직 사회 또는 사회 일반에 대한 감시와 견제의 기능을 제대로 하기 위해서는 자제력보다는 신중성을 보이는 것이 더 필요하다. 다시 말해, 언론사나 정당이 사회적으로 중대한 사안에 대해서 의혹을 갖는 경우 잠재적인 피해자의 감정을 고려하여 최대한 중립적인 표현을 사용하는 것도 필요하겠지만 이보다는 관련 의혹에 대한 사실을 확인하는 데 요구되는 노력의 정도를 상대적으로 완화해 주어 법적 책임에 대한 지나친 부담 없이 우리 사회의 감시자로서 그 역할을 충실하게 수행하도록 하는 것이 중요하기 때문이다.

2. 악의성 법리가 갖는 한계의 보완

다행히 악의성 법리가 도입된 본래 취지를 살리는 방법이 없지 않다. 정당이나 언론사 등의 정당한 감시와 비판 기능을 보호하기 위해 상당한 이유 법리를 조금 달리 적용하는 방안을 생각해볼 수 있다. 악의성과 달리 상당성 요건은 피해자가 공인 및 공적 관심 사안이 문제되는 경우뿐만 아니라 사인 또는 사적 영역의 경우에도 일반적으로 인정되는 위법성조각사유이다. 그런데 상당한 이유 법리를 일반적으로 적용하면서도 공인(공적 관심 사안)과 사인(사적 영역)을 구분하여 전자의 경우 상당성에 대한 입증책임을 경감하면 어떨까? 피고가 공인이거나 명예훼손적 사실의 적시가 공적 관심 사안에 해당할 경우 상당성에 대한 입증책임을 다소 완화하게 되면 명예훼손으로 인한 법적 책임으로부터 상대적으로 자유로운 언론 및 정치 환경을 조성할 수 있을 것으로 생각된다. 그리고 이럴 경우 표현의 자유가 극대화되어 사회적으로 중대한 문제에 대해서 정당한 감시가 이루어질 수 있을 것이다. 이처럼 공인(공적 관심 사안)에 대해서 상당한 이유 법리를 차등적으로 적용하는 것은 미국 연방대법원이 Sullivan 판결에서 현실적 악의 법리를 인정한 배경과도 공통된 측면이 있으며[38] 우리 대법원이 앞서 살펴본 2000다37524, 37531

판결에서 상당성에 대한 입증책임을 완화하고자 하였던 입장과도 관련이 있다. 비록 우리 대법원이 악의성 법리를 도입하게 되면서 이러한 입장으로부터 선회하긴 하였으나 2000다37524, 37531 판결에서 취했던입장에 대해서 다시 한 번 생각해 볼 필요가 있다. 악의성과 상당성은계속해서 구분가능한 별개의 요건으로 남을 수 있을 뿐만 아니라 서로다른 기능을 담당할 것이기에 공인(공적 관심 사안)에 있어 지금처럼 악의성 요건을 그대로 인정하면서 상당성에 대한 입증책임을 완화하더라도 별다른 문제가 발생하지 않을 것으로 보인다. 게다가 명예의 보호 주체 또는 보호 범위에 따라 상당성에 대한 입증책임을 달리 인정하게 되면 악의성 법리의 도입 취지가 달성될 수 있는 것은 물론 표현의 자유에대한 보호가 강화되는 세계적 추세를 따르면서도 국민의 법감정에 부합하는 우리만의 명예훼손법을 발전시킬 수 있을 것이다.

정리하자면 우리 법원은 악의성 법리와 상당한 이유 법리를 구분하여적용함으로써 판례의 일관성을 추구하고, 이와 동시에 상당한 이유 법리를 보호 주체 및 범위에 따라 그 적용을 달리하는 방식으로 악의성 법리의 한계를 보완해 나가는 것이 바람직할 것으로 판단된다. 적어도 이러한 제안이 앞으로 우리 명예훼손법에 관하여 이루어질 논의에 조금이라도 기여할 수 있길 기대해 본다.

---

38 이런 이유에서 우리나라의 상당한 이유 법리와 현실적 악의 법리 사이에 유사성이 존재한다는 견해로는 배병화, "공익보도에 의한 명예훼손과 면책사유: 상당성이론과 현실적 악의이론을 중심으로", 민사법연구 제13집 1호(2005), 51; 박선영, 언론정보법연구 I, 법문사(2002), 191 참조.

한국 감옥의 현실과 '열린 감옥'

정승환*

Ⅰ. 세 가지 장면

#1. 배식구

2008년 9월 법무부는 교정시설 수용실의 '배식구' 높이를 바닥으로부터 45㎝에서 80㎝로 높이는 내용의 '법무시설 기준규칙' 개정안을 마련하겠다고 밝혔다. '배식구'란 교도소나 구치소 수용실 출입문 아래쪽에 있는 네모 형태의 구멍으로, 수용자들에게 배급되는 음식을 들이는 곳이다. 출입문을 열고 음식을 들여 주면 행여 수용자들이 수용실을 임의로 벗어나는 등의 사고를 일으킬까 염려되어 출입문을 열지 않고 그 아래쪽의 조그만 구멍으로 음식물을 집어넣는 것이다. 그동안 인권단체 등에서 낮은 배식구가 수용자들에 대한 대표적 인권 침해 사례라고 지적해 왔기 때문에 이 구멍의 높이를 허리 높이로 올려서 음식물을 배식할 때 수용자들이 허리를 숙여야 하는 불편을 덜어 주려는 것이 당시 규

---

*   고려대학교 법학전문대학원 교수.

칙 개정의 취지였다. 이는 1909년 사법권을 일제에 빼앗긴 이후 국내 교정시설의 표준이 돼 온 일제 감옥의 잔재를 100년 만에 바꾸는 것이라고 법무부는 덧붙였다. 허리 높이 이상으로 배식구를 설치하면 수용자가 팔을 밖으로 내밀어 자물쇠 등을 열 수 있다는 염려 때문에 배식구위치를 문 아래쪽에 두었었는데, 최근에는 잠금 장치가 디지털화되어 수용자들의 편의를 위해 높이를 조정하기로 했다는 것이다. 다만 신형 배식구는 예산 문제 때문에 기존 수용시설에는 적용되지 않고 앞으로 지어지는 수용시설에만 설치할 것이라고 하였다.[1]

10년 전의 이 뉴스는 한국의 교정시설이 얼마나 폐쇄적이며 경직되게 운영되고 있는지를 보여 주는 사례이다. 일제에 의해 근대적 형태의 감옥이 도입된 지 100년이 지났지만[2] 감옥의 원형은 100년 전에서 조금도 벗어나지 못하고 있다. 배식구 위치가 허리 높이에 있으면 수용자가 배식구로 팔을 내밀어 수용실 출입문의 잠금장치를 열 수 있다는 염려는 설득력 없는 변명에 불과하다. 심지어 법무부는 규칙 개정을 검토하겠다면서도 "일부 재소자들이 지금까지 해 왔던 방식에 편안함을 느껴 배식구의 위치를 아래로 고수하고" 있으며, "배식구를 허리 높이로 할 경우 전달 과정에서 음식물이 쏟아질 가능성"이 있다는 등의 이유로 규칙 개정에 대한 폭넓은 의견 수렴이 필요하다고 하였다.[3] 100년 동안 굳어진 강고한 편견이 쉽게 무너지지 않는 것이다.

법무부에서 이유를 뭐라고 하든 낮은 위치의 배식구는 수용자들에게 모멸감을 준다. 배식구의 위치를 높이더라도 수용자들의 불편과 자존감

---

1   연합뉴스 2008.9.16. 보도: https://news.v.daum.net/v/20080916164402967?f=o
2   한국 감옥의 역사에 대해서는 정승환, "서구 행형의 역사와 한국의 행형", 「형사정책연구」 제13권 제1호(2002.3), 179면 이하 참조.
3   뉴시스 2008.9.16. 보도: https://news.naver.com/main/read.nhn?mode=LSD&mid= sec&sid1=102&oid=003&aid=0002282127

손상은 근본적으로 피할 수 없다. 진정으로 수용자의 인권과 편의를 고려한다면 배식구를 없애고 출입문을 연 다음 음식물을 배식하거나 수용자들이 수용거실이 아닌 공동식당 등에서 식사할 수 있도록 하여야 한다. 수용거실 안에서 식사를 하면 식기를 화장실에서 세척해야 하는 경우가 많다. 2004년 이후 법무부에서 이러한 문제를 해결하기 위해 수용거실 안에 싱크대를 설치하는 개선안을 추진하였지만[4] 현재 대부분의 교정시설에서는 수용거실 안에 식기를 세척할 수 있는 시설을 따로 두고 있지 않다. 설령 싱크대를 설치하였다 하더라도 좁은 수용실에 싱크대를 두는 바람에 공간이 더 비좁아지는 부작용을 낳고 있다. 일부 교도소와 구치소에는 수용자들의 거실이 모여 있는 '사동'의 입구에 식당과 싱크대 시설이 갖추어져 있기도 하다. 그러나 막상 이러한 시설을 사용하지 않는다. 이른바 '보안', 즉 질서유지와 도주방지 등을 위해서이다. 사동 입구에 있는 식당의 사이, 그리고 식당과 외부의 사이는 견고한 창살과 철문으로 막혀 있다. 그럼에도 불구하고 보안을 이유로 잘 만들어 놓은 시설도 사용하지 않고 있는 것이 한국 감옥의 현실이다.

#2. 과밀수용

2016년 12월 29일 헌법재판소는 "교정시설의 1인당 수용면적이 수형자의 인간으로서의 기본 욕구에 따른 생활조차 어렵게 할 만큼 지나치게 협소하다면, 이는 그 자체로 국가형벌권 행사의 한계를 넘어 수형자의 인간의 존엄과 가치를 침해하는 것이다."라고 판시하였다.[5] 헌법재

---

4 2004.6.27. 연합뉴스 보도: https://news.naver.com/main/read.nhn?mode=LSD &mid=sec&sid1=102&oid=001&aid=0000686014 참조. 기사에 의하면 "그동안 수용자들은 수용실 안 비좁은 화장실에서 용변과 함께 세면, 세탁, 식기 세척 등을 함께 해결해 위생문제는 물론 수용자의 기본적 인권조차 무시하고 있다는 지적을 받아 왔다."고 한다.

5 헌재 2016.2.29. 2013헌마142 결정.

판소의 결정에 의하면 "이 사건의 경우, 성인 남성인 청구인이 이 사건 방실에 수용된 기간 동안 1인당 실제 개인사용 가능면적은, 2일 16시간 동안에는 1.06㎡, 6일 5시간 동안에는 1.27㎡였다. 이러한 1인당 수용 면적은 우리나라 성인 남성의 평균 신장인 사람이 팔다리를 마음껏 뻗기 어렵고, 모로 누워 '칼잠'을 자야 할 정도로 매우 협소한 것"이었다. 이 결정에서 박한철 등 4인의 재판관은 "불가침의 인간의 존엄과 가치를 천명한 헌법 제10조, 수형자의 기본적 처우 보장을 위한「형의 집행 및 수용자의 처우에 관한 법률」,「법무시설 기준규칙」,「수용구분 및 이송·기록 등에 관한 지침」, 관련 국제규범, 외국의 판례 등에 비추어 볼 때, 국가는 수형자가 수용생활 중에도 인간으로서의 존엄과 가치를 지킬 수 있도록 교정시설 내에 수형자 1인당 적어도 2.58㎡ 이상의 수용 면적을 확보하여야 한다. 다만, 교정시설 확충과 관련된 현실적 어려움을 참작하여, 상당한 기간(늦어도 5년 내지 7년) 내에 이러한 기준을 충족하도록 개선해 나갈 것을 촉구한다."는 보충의견을 제시하였다.

2017년 10월 노회찬 의원은 국회 법제사법위원회의 국정감사 현장에서 신문지 2장을 펴고 그 위에 누웠다. 노 의원은 2016년 12월 헌법재판소가 서울구치소의 과밀수용 문제에 대해 위헌 결정을 내린 사실을 지적하면서 "당시 6.38㎡에 6명이 수용됐는데 1인당 평균 1.06㎡에 불과했다"고 말했다. 그리고 노 의원은 "1.06㎡를 숫자로 말하니까 감이 잘 안 오는데 일간신문의 2장 반이 조금 안 된다"며 신문지를 붙인 종이판을 깔고 그 위에 누운 것이다. 이에 덧붙여 노 의원은 "구치소에서 수용자에게 지급하는 일인용 매트리스가 있는데 매트리스 면적이 이것의 2배"라면서 "6명이 수용되면 6개가 지급되는데 안에 다 깔 수가 없어 3개를 깔고 산다."고 지적하기도 했다.[6]

---

6 경향신문 2017.10.19. 보도: http://news.khan.co.kr/kh_news/khan_art_view. html?artid=201710191508001&code=910100

2017년 12월을 기준으로 한국에서 교정시설의 1일 평균 수용인원은 57,298명이다. 2013년에는 1일 평균 수용인원이 47,924명이었는데 2014년 50,128명; 2015년 53,892명; 2016년 56,495명으로 증가하더니 5년 사이에 1일 평균 수용인원이 1만여 명 가까이 폭발적으로 증가한 것이다.[7] 교정시설의 수용규모는 늘지 않고 있는데 수용인원만 급격히 증가하여 수용정원 대비 수용인원의 비율은 120%에 육박하고 있는 실정이다.[8] 2018년 8월 부산고등법원은 과밀수용되었던 수용자에 대해 수용일수에 따라 각각 150만과 300만원의 국가배상을 선고하였으며, 2018년 5월을 기준으로 과밀수용과 관련한 국가배상소송 23건이 진행되고 있다. 2010년 형법의 개정으로 유기징역의 상한선이 15년에서 30년으로 대폭 확대되고 양형기준이 중벌 위주로 변경되면서 수형자들의 형기가 길어진 것과 강성 위주의 형사정책이 야기한 과밀수용의 문제는 더 이상 묵인할 수 없는 현실적, 법률적 문제를 낳고 있다.

#3. 개방교도소

2018년 9월 법무부장관은 한 신문과의 인터뷰에서 "새로운 형태의 개방교도소를 만들어 경범죄를 지었거나 나이가 어려 교화 가능성이 큰 경범죄자를 따로 수감하겠다"며 "사회적응 훈련도 강화해 재범률을 낮추겠다."고 말했다.[9] 징역 3년 미만의 생계형 범죄자를 따로 수감하고 외부 작업장(기업) 출퇴근을 허용하는 전문 개방교도소 신설을 추진하겠다는 것이다. 재범 가능성이 크지 않은 범죄자를 사회에 다시 안착시

---

7 법무부 교정본부 통계자료: http://www.corrections.go.kr/HP/TCOR/cor_04/cor_0404/cor_404010.jsp

8 2018년 현재 전국의 교정시설은 교도소, 구치소, 지소 등을 포함하여 모두 53개 시설이 운영되고 있으며, 교정시설의 전체 정원은 약 47,790명이다. 자세한 것은 법무연수원, 「2017 범죄백서」, 법무연수원, 2018, 369면 참조.

9 중앙일보 2018.9.13. 보도 "경범죄자만 수감, 직장 출퇴근 허용 … 개방교도소 연다": https://news.joins.com/article/22966461

키고 재범으로 인한 사회적 비용도 줄이겠다는 목적에서다. 국내 개방
교도소는 1988년에 지은 천안개방교도소가 유일하다.[10] 220명 정원의
이 교도소에는 2018년 10월 현재 2범 이하이면서 형기가 3년 이상인 장
기 수형자 144명이 수용되어 있는데, 가석방이 예정되어 있고 가석방
예정일을 기준으로 남은 형기가 1년 6개월 미만인 수형자들이다.[11] 이
들은 교도관의 관리를 받으며 주중에는 교도소 바로 옆 작업장에서 일
하고 주말에 인근 시내에 나가 사회 적응력을 키운다. 법무부에 의하면
장관이 밝힌 경범죄 전문 개방교도소는 수감 대상자에서 운영 방식까지
'개방'의 의미가 획기적으로 달라진다고 한다. 수감 대상자는 3년 미만
의 초·재범 수형자 중 절도 등 생계형 범죄자와 1년6개월 내 가석방이
예정된 수형자가 될 전망이고, 이들이 교도소 안에서 숙식하되 일반 사
회인처럼 외부 기업에서 일하고 출퇴근하도록 할 계획이다. 북유럽식
'하프웨이 하우스(halfway house)'와 비슷한 개념의 개방이 한국 교도소
에 도입된다는 것이다.

　장관이 발표한 내용과 법무부의 계획이 앞으로 어떻게 실현될지는 지
켜봐야 할 일이지만, 2018년 현재 교정시설에서는 개방시설이 '시범적
으로' 운영되고 있다. 앞에서 말한 천안개방교도소 외에 안양교도소 등
5개 시설에 천안개방교도소의 사회적응훈련원과 유사한 '소망의 집'이
운영되고 있으며, 아산과 밀양에는 지역사회의 기업에서 기숙사를 제공
하여 재소자들이 밤에 기숙사생활을 하고 낮에는 그 기업체에서 일하는
'희망센터'가 운영되고 있다. 다만 안양교도소 등 5개 시설의 '소망의 집'

10　천안개방교도소는 1994년부터는 가석방 예정자 생활지도소로 운영되었고, 2002년
　　에는 과실범 전담수용시설로 변경되었다가 2005년 이후에는 과실범 및 범죄 정도
　　가 가벼운 일반수형자를 수용하였으며, 2009년부터 '사회적응훈련원'이라고 하여
　　형기가 3년 이상이면서 가석방 예정인 수형자(이들 중에는 살인 등으로 10년 이상
　　의 형을 선고받은 수형자도 있다)의 사회적응을 준비하는 시설로 운영되어 왔다.
11　법무부 교정본부 통계자료.

은 전체 수용정원이 58명인데 41명이 수용되고 있으며, '희망센터'의 수용정원은 30명인데 24명이 수용되어 있다.[12] 천안개방교도소를 비롯한 전체 '개방시설'의 정원은 308명으로 2018년 10월 현재 기결 수형자 33,958명의 0.9%에 해당하는 인원에 불과하다. 그나마 정원의 60%인 185명만 실제 수용되어 있다.

세 가지 장면이 보여 주는 한국 감옥의 현실은 교정시설 내부의 운영 방식이 지극히 폐쇄적이고 경직되어 있으며, 개방적 처우는 최소한의 인원에 대해 '시범적'으로만 시행되고 있는 모습이다. 이러한 상황은 한국에서 교정시설 처우의 목표가 통제와 관리 위주의 이른바 '보안'에 집중되어 있고, 개방적 처우에 대해서는 교정공무원들과 사회의 인식이 매우 부정적이기 때문이다. 그러나 세계적으로 폐쇄적 감옥 운영의 폐해가 드러나고 이에 대한 대응방안으로 개방적 감옥 운영이 도입된 지 50여 년이 지난 지금 한국 감옥의 이러한 현실은 지극히 답보적이다. 이 글에서는 한국 감옥의 폐쇄적 현실을 지배하고 있는 '보안' 이데올로기의 문제를 지적하고, 국제기준을 바탕으로 한국 감옥이 이른바 '열린 감옥'으로 나아가기 위해 필요한 것이 무엇인지를 논의하려 한다.

II. 감옥에서 '보안'과 '재사회화'

1. '보안'과 '재사회화'의 목적

감옥에 사람을 가두는 일의 목적 또는 기능은 '보안'과 '재사회화'로

---

12 구체적으로 천안개방교도소를 제외한 개방시설의 2018년 10월 기준 정원과 수용 인원은 '소망의 집'의 경우 안양교도소 10명/5명, 춘천교도소 10명/5명, 창원교도소 8명/6명, 청주여자교도소 20명/17명, 순천교도소 10명/8명이고, '희망센터'의 경우 아산은 20명/15명, 밀양은 10명/9명이다. 법무부 교정본부 자체 자료.

구별된다. 미결수용자 또는 수형자를 구금하는 일차적 목적은 수사 또는 재판의 대상이 되는 자의 신병확보와 유죄가 선고된 자의 재범방지를 위한 사회로부터의 격리이며, 이러한 목적이 '보안'의 목적 또는 기능이다. 더불어 근대 이후의 자유형의 집행, 즉 행형에서는 단순한 격리 또는 구금에 그치지 않고 수형자를 교육하여 사회에 복귀하게 하려는 '재사회화'를 목적으로 설정하고 있다.

그런데 이러한 보안과 재사회화의 목적은 흔히 반비례관계에 놓인다. '보안'이든 '재사회화'든 궁극적으로는 범죄로부터 사회를 보호하려는 것이라는 점에서 서로 일치하는 부분이 없지 않지만 이는 장기적 측면에서 본 것이고, 단기적 측면인 행형의 단계에서 보면 두 목표는 서로 갈등하는 긴장관계에 있는 것이다. 왜냐하면 재사회화를 위해서 요청되는 개방처우나 행형의 완화조치가 공공의 안전에 대한 직접적이고 현실적인 위협이 될 수 있기 때문이다.[13] 즉, 개방처우 등의 적극적인 재사회화 조치들은 수형자의 확대된 자유가 행형시설은 물론 공공의 안전을 위협할 염려가 있을 때 한계에 부딪치게 되며, 거꾸로 행형시설이나 공공의 안전에 대한 요청은 재사회화를 위한 조치들을 제약하는 요소가 되기 때문에 '보안'과 '재사회화'는 쉽사리 조화될 수 없는 두 마리 토끼이다.

2. '보안'의 목적이 지배하는 현실

그런데 한국의 감옥에서는 '보안'의 목적이 압도적으로 지배하고 있다. 재사회화의 목적과 보안의 목적이 충돌할 때 현실은 언제나 보안이 우선되는 것이다. '보안' 때문에 재소자들은 하루 종일 비좁은 거실에서 생활하면서 그 안에서 식사해야 하고 좁고 비위생적인 화장실에서 식기세척과 세면, 빨래를 해야만 한다. '보안' 때문에 하루에 한 번뿐인 운동시간도 불과 30분에 불과하고, '보안' 때문에 보통의 수형자에게 외부병

---

13 양화식, "행형에 있어서 재사회화 목적(하)", 「교정」 1992, 11월호, 43면 이하 참조.

원에서의 치료는 그림의 떡에 불과하다.[14] '보안' 때문에 수형자들은 교도소 외부로의 외출과 휴가를 꿈도 꾸지 말아야 한다. 구금시설 내의 교정공무원 구성에서도 '보안' 관련 직원의 비율이 절대 다수이며, 서열과 승진에서도 언제나 '보안' 계통의 교정공무원이 우선이다. 수형자의 교정교화를 위한 교회직, 분류직의 직원은 그 수도 턱없이 부족하고 소관업무를 수행할 때에도 '보안'의 문제를 먼저 생각해야 한다. 교회직 직원이 수용자를 상담하고자 할 때에도 먼저 보안과의 허락을 받아야만 하는 것이다. 교도관직무규칙 제6조(직무의 우선순위)는 "수용자의 도주·폭행·소요·자살 등 구금목적을 저해하는 행위에 대한 방지조치는 다른 모든 근무에 우선한다."고 규정하여 교도관의 직무에서 보안이 최우선의 지위에 있음을 천명하고 있다.

3. '재사회화' 목적의 법리적 우위

이러한 현실에서 문제되는 것은 "격리" 또는 '보안'이 행형의 독자적 목적이 될 수 있는가 하는 것이다. 범죄자를 사회로부터 격리하여 더 이상의 범죄로부터 사회를 보호하는 것은 행형이 갖는 본질적 기능이다.[15] 그러나 '기능'과 '목적'이 혼동되어서는 안 된다. 단지 수형자를 격리하는 것이 미래지향적 개념인 '목적'으로 이해될 수는 없다. 이는 형벌이론과 밀접한 관련을 맺는다. 즉, 형벌의 본질을 응보로 이해하는 입장에서는 어떤 목적도 추구하지 않고 발생한 범죄에 대해 형벌로써 응징하는 그 자체가 목적이 되므로 행형의 본질적 목적은 자유박탈 그 자체

---

14 외부병원에서 치료받기 위해 이송하기 위해서는 재소자 1인당 교도관 한두 명이 동행해야 하고, 재소자는 계구에 묶인 채 병원의 대기실에서 기다려야 하며, 입원하더라도 침대에 발목을 계구에 묶어 두어야 한다. 이러한 문제 때문에 구금시설도, 병원도 수용자의 외부치료를 기피하고 있다.

15 이호중, "수형자의 법적 지위의 이론적 논증", 경원대학교 법학연구소「법학논총」제2호(1995), 227면; 정진연, "행형의 재사회화목적과 보안과제",「교정연구」제13호(2001), 174면 참조.

에 있다. 그러나 형벌로써 일정한 목적을 달성하려고 하는 목적형주의의 입장에서는 자유형은 범죄인의 격리를 통한 사회방위와 함께 범죄인의 보호 및 개선을 목적으로 하며, 행형에서도 이러한 목적을 추구한다. 오늘날 응보를 형벌의 유일한 목적으로 선택하는 형벌이론은 없으며, 근대적 의미의 행형이 단순한 구금행형을 넘어 교육, 또는 개선 등의 일정한 목적을 지향한다는 것은 행형의 역사와 오늘날의 행형이론에서 일반적으로 승인되는 내용이다. 따라서 범죄인의 자유를 박탈하여 사회로부터 격리하는 것은 교육 또는 개선, 나아가 재사회화를 위한 수단으로 이해되어야 한다.[16]

「형의 집행 및 수용자의 처우에 관한 법률(형집행법)」 제55조에서도 "수형자에 대하여는 교육·교화프로그램, 작업, 직업훈련 등을 통하여 교정교화를 도모하고 사회생활에 적응하는 능력을 함양하도록 처우하여야 한다."고 하여 재사회화의 목적을 수형자 처우의 기본원칙으로 선언하고 있다.

4. 재사회화의 현대적 의미

재사회화의 목적을 행형의 우선되는 목적으로 설정하더라도 재사회화 목적 그 자체의 문제점을 간과할 수는 없다. 오늘날 재사회화의 목적은 규범적, 경험적으로 심각한 문제를 지니고 있다. 규범적 측면에서 재사회화의 목적은 '자유박탈에 의한 자유의 교육'이라는 근본적 모순, 범죄자를 강제로 '개선'하는 것의 헌법적 정당성의 문제, 수형자를 정신적·인격적 결함이 있는 존재로 전제하는 데서 비롯되는 인도적 문제점, 국가가 개인의 사회화를 대리한다는 사회국가적 법모델의 문제점, 범죄

---

16 송광섭, 「범죄학과 형사정책」, 유스티니아누스, 1998, 432면; 정영석·신양균, 「형사정책」, 1997, 494면; 이윤호, 「형사정책」, 박영사, 1996, 532면; 이수성·조준현, 「형사정책」, 방송대출판부 1998, 346면; 허주욱, 「교정학」, 일조각, 1998, 102면.

의 원인을 수형자 개인의 문제로 한정하는 범죄학적 한계 등을 지적받고
있다. 경험적 측면에서는 재사회화의 행형이 성공하지 못하여 여전히 출
소자의 재범률이 높다는 점이 치명적 문제점으로 드러나고 있다.[17]

이와 같은 규범적, 경험적 문제점을 극복하고 보완하기 위해 재사회
화의 목적은 오늘날 아래와 같은 의미로 이해되고 있다.

1) "소극적 개념"의 재사회화

재사회화목적이 가진 규범적 문제 가운데 "자유박탈을 통한 자유의
교육"의 모순과 국가의 지나친 간섭에 의해 정신적 자유까지 침해함으
로써 발생하는 인도적 문제점을 최소화하기 위해서는 우선 재사회화의
기대수준을 낮추어야 한다. 이른바 "소극적 개념의 재사회화"로 그 의미
가 변경되어야 한다는 것이다. 즉 국가가 행형의 시간에 수형자를 재교
육하여 완전히 재사회화시키겠다는 적극적 목표를 설정하는 것이 아니
라, 재사회화를 "자유박탈에서 오는 해악을 최소화하는 기능"으로 축소
해석해야 한다는 것이다.

2) "강제없는 교육"

나아가 재사회화이념에 대한 비판 중 가장 중점적이었던 "국가가 성
인인 시민을 교육할 권한이 있는가"의 문제를 해결하기 위해서는 재사
회화처분의 강제성을 배제하고 처우를 받는 수형자의 자율을 최대한 존
중하는 "기회제공형"의 행형이 되어야 한다. 국가는 어떤 절대적 존재가
아니며, 가치상 중립이어야 한다. 또한 수형자의 사회복귀를 위한 국가
의 역할 역시 형법의 성격과 마찬가지로 단편적이라는 것을 생각하여야
한다. 국가 외에도 각종 사회단체, 그리고 개인적 차원에서 사회복귀를
위한 노력은 달성될 수 있다.[18] 그러므로 행형과정에서 재사회화를 위

---

17   자세한 것은 배종대/정승환, 「행형학」, 홍문사, 2002, 57면 이하 참조.
18   한영수, 「행형과 형사사법」, 세창출판사, 2000, 46면.

해 최대한 수형자를 돕는다는 차원으로 행형의 목표를 설정해야 할 것이다. 이것은 이른바 '강제없는 교육'[19]을 실현해야 한다는 것과 연관된다. 행형시설의 처우는 재사회화에 대한 도움을 제공하는 것이 그 역할이지만, 그 역할은 여기에 그쳐야 하며, 수형자가 그것을 거부할 때 어떠한 불이익이 발생하여서는 안 된다는 것이다. 수형자는 치료의 객체도 아니며, 그도 자신의 인격을 존중받을 권리가 있다.

3) 사회내 처우와 개방행형의 확대

"자유박탈을 통한 자유교육"이라는 모순을 해결하기 위한 가장 근본적인 방법은 자유박탈을 하지 않는 것이다. 즉 행형의 이전 단계에서 자유박탈을 최소화하고 '최후수단화'하여야 한다. 그리고 행형의 단계에서는 '처우의 사회화와 개방화'[20]가 요청된다. 사회와 단절되어 있는 폐쇄적 행형시설은 '개선'보다는 '보안'에 더 적합한 장소이다. 수형자는 사회에서 떨어져 있음으로 인해 오히려 자신이 다시 사회에서 살아가며 맞닥뜨리게 될 여러 문제상황을 해결할 능력이 더 낮아질 수 있다. 그러므로 행형은 최대한 적극적으로 수형자가 사회적 접촉이 실현될 수 있는 방향으로 실현되어야 한다. 즉, 자유형의 집행으로 신체의 자유나 거주이전의 자유는 제한을 받게 되지만, 그것이 전체 사회적 관계를 청산하고 단절할 것을 의미하는 것은 아니어야 한다.[21]

III. 재사회화를 위한 행형의 구성원칙

이와 같은 현대적 의미의 재사회화 목적이 행형에서 구현되기 위해서

---

19 이에 대해서는 Kunz, Soziales Lernen ohne Zwang, ZStW 1989, 75면 이하 참조.
20 이러한 개념에 대해서는 정진연, "교정처우의 사회화와 개방화", 「교정연구」 제8호(1998), 97면 이하 참조.
21 한영수, 앞의 책(주 18), 53면.

는 보다 구체적인 생활의 구성원칙이 설정되어야 한다. 재사회화는 그 의미의 폭이 다양하기 때문에 재사회화를 위한 구체적 실천원칙이 명확하지 않다면 똑같은 행형당국의 처분이라도 보는 관점에 따라 재사회화를 위해 필요불가결한 조치가 될 수도 있고 수형자의 기본권을 필요이상으로 침해하는 강권적 개입이 될 수도 있다. 그러므로 재사회화를 위한 행형의 구체적 형성원칙, 또는 구성원칙을 설정하는 일이 필요한 것이다. 재사회화의 현대적 의미와 국제인권기준, 그리고 외국의 입법례를 고려하여 수용자 생활의 기본원칙을 설정하면 아래와 같다.

1. 유사성의 원칙

1) 개념

유사성의 원칙은 자유를 박탈하는 기본적인 처벌을 제외하면 수용자의 생활조건은 일반인의 그것과 유사하여야 한다는 원칙이다. 이는 또한 행형에서의 생활조건과 일반적 생활조건 사이의 차이를 가능한 한 줄여야 할 행형기관의 의무를 의미한다.[22] 수용시설의 담장 밖으로 나가지 못하지만 적어도 담장 내에서는 최대한 일반인과 동등한 생활조건이 주어져야 한다는 것이다. 유엔의 피구금자 처우에 관한 최저기준규칙(이하 "최저기준규칙"으로 줄임) 제60조는 "수감생활과 자유 속에서의 생활 사이의 차이들이 수형자의 책임관념이나 인간으로서의 존엄성을 감소시킨다."고 지적하면서 "시설의 당국은 그러한 차이들을 최소화하도록 노력하여야 한다."고 규정하고 있다. 유럽형사시설규칙 제65조에서도 "형사시설의 관리체계는 감금의 해악을 최소화하고 수용자들의 자존심이나 책임감을 감소시키는 수형생활과 일반생활과의 차이를 최소화

---

22 Calliess/Müller-Dietz, Strafvollzugsgesetz, 8. Aufl., München 2000, 69면; Kaiser/Kerner/Schöch, Strafvollzug, 4. Aufl., Heidelberg 1992, 164면; Laubenthal, Strafvollzug, 2. Aufl., Berlin u. a. 1998, 78면 이하 참조.

하도록 구성되고 운영되어야 한다."고 규정하고 있다. 또한 독일행형법 제5조 제1항은 유사성의 원칙을 명문으로 선언하고, 수용시설 내의 생활이 일반인의 생활과 유사하게 조성되도록 하는 의무를 행형관리들에게 부여하고 있다.[23]

2) 보안의 목표와의 관계

유사성의 원칙은 전체 행형의 구성에서 "질서와 안전"은 제한적 의미만을 가질 것을 요구한다. 행형법에는 재사회화의 목적이 행형의 목적으로 규정되어 있지만 행형의 실제에서는 시설 내의 안전과 질서를 유지하고 도주를 방지하려는 "보안행형"이 지배적 목적이 되고 있는 것이 현실이다. 행형시설의 다른 모든 활동은 이러한 "보안"의 목표보다 후순위에 놓인다. 심지어 이를 "과잉안전"이라 칭하는 견해도 있다.[24] 그러나 전체 행형이 매우 적은 수의, 도주와 폭동의 위험이 있는 재소자에게 초점을 맞추어 형성되어서는 안 된다. 이러한 경우를 위해서는 교도경비대 등의 조직으로 충분할 것이며 이러한 조직조차도 보충성, 비례성의 원칙 아래 꼭 필요한 경우에 한해 행형에 개입하여야 한다. 행형에서 보안의 목적이 지배하면 수형자의 모든 생활에 대한 통제가 불가피하고 이는 수형시설 밖에서의 생활과 매우 이질적인 요소로 구성될 수밖에 없다. 수용자에 대한 전적인 통제에 의해 이루어지는 "총체적 지배기구(totale Institution)" 내에서 인위적으로 조성되는 사회가 일반적인 사회생활과 유사할 수는 없는 것이다. 재사회화를 지향하는 처우행형에서는 처우의 목적과 보안의 목표가 충돌할 때 처우의 목적이 우선되어야 한다는 것은 이미 앞에서 논의한 바와 같다. 행형이 재사회화를 지향한다면 일상생활에서 낯선 수많은 억제장치들을 줄여 나가야 한다. 행형시

---

23 Art, 5 Gestaltung des Vollzugs (1) Das Leben im Vollzug soll den allgemeinen Lebensverhältnissen soweit als möglich angeglichen werden.
24 Calliess/Müller-Dietz, 앞의 책, 69면 참조.

설이 갖는 "총체적 지배기구"의 성격을 축소해 나가야 한다는 것이다.

3) 적용되는 분야와 한계

그런데 유사성의 원칙에서 문제되는 것은 행형시설 내의 생활이 지향해야 할 "일반적인 생활관계"의 기준이 어디까지인지가 매우 모호하다는 것이다. 행형시설 밖의 일상생활은 다양하기 이를 데 없기 때문에, 어떤 일상생활을 행형시설 내 생활의 기준으로 삼아야 하는지가 불확실하다는 것이다. 따라서 유사성의 원칙은 행형시설 밖의 일상생활 가운데 어떤 특정한 생활의 기준을 지향하는 것으로 이해돼서는 안 된다. 그것은 오히려 행형에서의 삶의 조건이 수형자의 인간의 존엄에 합당하고 일반적으로 승인된 사회적 규범에 합치하는 것이어야 하며, 행형에서의 생활과 일반적 사회생활의 차이점 가운데 수형자의 자존심이나 자긍심을 침해할 수 있는 부분은 최소한으로 축소하여야 한다는 의미로 해석되어야 한다.[25] 이와 관련하여 고려하여야 할 분야로는 죄수복 등 복장과 개인용모의 통제문제, 구금공간의 구성 및 개인소지물의 허가범위, 신문·TV의 구독·열람과 접견 및 서신교환, 그리고 귀휴 및 개방행형의 허용여부 등의 문제들이다.[26]

한편으로 행형시설 내의 생활이 일상생활과 유사하게 되는 데는 한계가 있을 수밖에 없다. 무엇보다 일반인을 보호해야 하는 행형의 또 다른 과제가 중요한 한계로 등장한다. 즉, 수형자는 자유박탈의 특별한 필요에 근거하는 제한조치들에 대해서는 유사성원칙의 한계를 인정하여야만 한다. 다시 말하면 "제도로서의 행형이 붕괴되거나 행형의 목적이 심각하게 위태해질 수 있는" 경우라면 유사성의 원칙은 그 한계를 수긍하여야 한다는 것이다.[27] 그런 의미에서 독일행형법 제3조 1항도 수형생

---

25   Laubenthal, 앞의 책(주 22), 78면 참조.
26   기타의 자세한 적용영역에 대해서는 Calliess/Müller-Dietz, 앞의 책(주 22), 70면 이하 참조.

활이 일상생활과 "가능한 한" 유사하여야 한다고 규정하고 있다.

2. 해악상쇄의 원칙

1) 개념

유사성의 원칙이 현실에서 달성가능하지 않다는 한계에 대한 인식에서 귀결되는 것이 해악상쇄의 원칙("nil nocere"-Prinzip), 또는 반작용의 원칙이다. 이는 자유박탈이 가져오는 해악을 최대한 상쇄하도록 행형을 구성해야 하는 행형기관의 의무를 말한다.[28] 수형생활을 일상생활과 유사하게 하는 것이 불가능하다면 행형의 담당자들은 최소한 구금과 함께 동반되는 부작용들을 상쇄해야 할 과제를 갖는다. 재사회화행형이 갖는 "자유박탈을 통한 자유교육"의 모순을 상쇄하거나 최소한으로 축소하려는 노력이 행형의 지향점이 되어야 한다는 것이다.

유엔의 최저기준규칙 제57조는 이와 같은 취지의 "고통증대의 금지"를 규정하고 있다. "구금형 및 범죄자를 외부와 격리시키는 그 밖의 처분은 자유를 박탈하여 자기 결정의 권리를 빼앗는다는 사실 자체로서 고통을 주는 것이다. 따라서 행형제도는 정당한 격리나 규율유지에 수반되는 경우를 제외하고는 그 상황에서의 고유한 고통을 가중시켜서는 안 된다."는 것이 그 내용이다. 또한 유럽형사시설규칙 제64조에서도 "감금은 자유박탈 그 자체에 의해 형벌이 된다."고 하면서 "감금의 조건이나 형사시설의 관리체계가 감금 자체의 고통을 악화시켜서는 안 된다."고 규정하고 있다. 독일 행형법 제5조 제2항은 "자유박탈의 해악적 효과는 상쇄되어야 한다."[29]고 하여 이러한 국제기준을 입법화하였다.

---

27 BVerfGE 33, 13면; 40, 284면 참조.

28 Calliess/Müller-Dietz, 앞의 책(주 22), 71면; Laubenthal, 앞의 책(주 22), 79면.

29 Art. 5 Gestaltung des Vollzugs (2) Schädlichen Folgen des Freiheitsentzugs ist entgegenzuwirken.

2) 자유박탈이 수반하는 해악

a. 지위의 변화와 박탈감

행형은 수형자에게 "범죄자"라는 낙인을 찍는 과정을 의미할 뿐 아니라 모든 것이 박탈되는 상황을 의미한다. 구금되는 순간 수형자는 그가 속했던 모든 사회적 관계들과 그동안 지녔던 모든 사회적 지위를 잃고 수형자로서의 새로운 지위와 역할을 부여받는다. 신체검사, 개인소지물 압수, 죄수복 착용 등의 절차로 이루어지는 수감과정은 "자기정체성의 박탈"과 "탈인격화"의 과정을 의미한다.[30]

그리고 수형기간 동안 수형자는 모든 면에서 통제당함으로써 자율성을 상실한다. 행형시설에서의 자유박탈은 행동의 자유를 제한하는 데 그치지 않는다. 일상생활의 모든 시간과 행위를 통제하는 규칙들 때문에 삶의 모든 분야가 엄격한 통제 아래 놓인다. 마침내는 한 사람의 성인(成人)으로서의 역할을 빼앗기고 아무것도 자기 스스로 자기책임 아래 할 수 없는 무기력과 무능력을 학습한다.[31] 이러한 자율성의 상실은 또한 개인적 영역의 상실에 의해서 야기된다. 늘 감시당하고 늘 동료수형자들과 함께 해야 하는 데서 오는 "혼자 있을 수 없음"의 문제가 그것이다. 행형은 수형자에게 그가 원하지 않는, 그렇지만 피할 수 없는 상호작용을 강제한다.[32] 원하든 원하지 않든 맞닥뜨릴 수밖에 없는 동료수형자들과의 관계 때문에 때로는 갈등을 넘어 불안감을 느끼기도 한다.

나아가 이성(異性)과의 접촉이 단절되기 때문에 성(性)적인 박탈감을 경험하며, 가족과의 이별은 가장 심각한 박탈감을 가져다 준다. 뿐만 아니라 강제로 조직되는 행형의 일상에서 수형자들은 지적·정서적 공허

---

30 Goffman, Asyle. Über die soziale Situation psychiatrischer Patienten und anderer Insassen, 4. Aufl., Frankfurt 1981, 31면; Schneider, Kriminologie der Gewalt, Stuttgart 1994, 109면 이하; Wagner, Das absurde System. Strafurteil und Strafvollzug in unserer Gesellschaft, 2. Aufl., Heidelberg 1985, 112면.

31 Schneider, 앞의 책, 110면.

32 Hohmeier, Haftdauer und Resozialisierung, In: MSchrKrim 1977, 437면.

를 겪을 수밖에 없다. 더구나 장기 수형자들에게는 시간의 요소가 긍정적인 어떤 것이 아니라 형벌이라는 특별한 부담으로 느껴지며, 머지 않아 상황이 나아질 것을 기대할 수 없기 때문에 장래에 대한 전망의 결핍 또한 심각한 문제로 등장한다.[33]

b. 대체문화와 "감옥화"

다음으로 문제되는 자유박탈의 해악은 수형자들이 행형시설 내의 "대체문화(Subculture)"에 적응하여 행형법이 목적하는 대로 "사회화"되는 것이 아니라 "감옥화"된다는 점이다. 모든 사람들이 부정적 경험과 갈등을 자기방어의 메커니즘으로 극복하려고 하는 것처럼, 수형자들 또한 감금으로 인한 총체적 부정의 상황을 개별적으로 다양한 방어기술을 통해 극복하려 한다.[34] 수형자들이 구금으로 인해 모든 것이 박탈된 상황을 극복하려는 방어기술 중의 하나는 부정적인 수형자대체문화[35]의 일탈적 규범들을 습득해 나가는 것이다. 즉, 행형시설 내에는 독특한 규범과 특별한 은어, 그리고 독자적 조직을 갖는 '대체문화적 대항질서'가 존재하며, 수형자들은 그 가운데 나름의 비공식적인 지위를 부여받아 그 역할에 익숙해진다는 것이다.

수형자들 사이에 존재하는 이러한 대체문화의 생성조건에 대해서는 두 가지 설명이 존재한다.[36] 먼저 박탈이론은 행형시설이라는 총체적 지배기구에 의해 모든 것이 박탈되는 수형자들의 상황에서 그 원인을 찾는 견해가 있다. 이에 따르면 일탈적 대체문화는 행형시설의 총체적 지배에 대항하는 자기방어의 수단으로 이해된다. 대체문화적 규범과 행위양식을 받아

---

33 Laubenthal, 앞의 책(주 22), 82면.

34 자세한 것은 Goffman, 앞의 책(주 30), 43면 이하, 65면 이하 참조.

35 나름대로의 덕목과 관습 등을 가진 "수형자대체문화" 또는 보다 일반적 표현으로 "재소자하위문화"의 현상에 대한 연구는 20세기 중반 미국의 행형에서 중요한 주제였다. 아직 우리에게는 이에 대한 연구가 많지 않다: 자세히는 이백철, "교정시설 내의 사회화와 하위문화", 「교정연구」 제2호(1992), 73면 이하 참조.

36 이에 대해 자세한 것은 이백철, 앞의 글, 80면 이하; Laubenthal, 앞의 책(주 22), 84면 이하 참조.

들이는 것은 행형시설 내의 심각한 억압의 요소들을 감축시키고 나름대로
의 자존심을 회복하려는 목적에서 나오는 적응전략이라는 것이다. 이와
다른 견해인 이른바 문화적 전달이론(kulturelle Übertragungstheorie) 또는
수입이론("Importation Model")은 수형자들의 대체문화를 행형시설의 총
체적 지배에 대한 반응으로만 이해하지 않는다. 대체문화의 생성은 오
히려 재소자들의 잠재적인 사회적 자기정체성에 의해 결정된다고 한다.
즉 수형자들은 수감되기 이전에 이미 그들의 행위를 결정하는 가치의
체계를 갖고 있으며, 행형시설 내에서 비슷한 사회적 배경을 지닌 사람
들을 만나 그들의 잠재적 문화를 발현시킨다는 것이다. 말하자면 행형
시설 내의 대체문화는 행형시설 밖에서 이미 잠재해 있던 것이 '수입'된
다는 것이다.

　행형시설 내의 대체문화가 어떤 조건에서 생성되는가에 대해서는 좀
더 연구가 필요하겠지만 그에 대한 규명은 여기서 논의하고자 하는 주
제가 아니다. 중요한 것은 그러한 문화가 존재하며 수형자들이 행형기
관이 요구하는 규범을 따르는 것이 아니라 나름의 대응방식에 따라[37] 수
형생활에 적응해 나간다는 점이다. 행형기관의 합법적 규범을 잘 따른
다 하더라도 그것은 "재사회화"되기 위한 것이 아니라 행형시설 내의 행
위전범을 습득하여 감옥에서 잘 지내기 위한, 즉 "감옥화(Prisonisierung)"
되기 위한 것이라는 데 문제가 있다. 그러므로 결국 행형시설에서 이루

37　수형자들이 행형에 적응하는 방식을 유형화한 한 연구에 따르면 수형자들은 그들의
　　적응방식에 따라 다음의 네 가지 유형으로 분류된다: 첫째, 친사회적(prosoziale) 유
　　형은 행형기관의 규범을 지향하고 이에 순응하고, 이것은 그들의 수형생활에 도
　　움이 된다. 둘째, 의사사회적(pseudosoziale) 유형, 또는 정치적 유형은 행형기관
　　의 합법적 규범과 수형자들의 대체문화의 양자를 오가며 이득이 되는 쪽을 선택
　　한다. 셋째, 비사회적(asoziale) 유형은 두 가지 규범을 다 거부하고 폐쇄적으로
　　생활하며 행형시설 내에서 가능한 사회적 관계를 최소화하려 한다. 넷째 반사회
　　적(antisoziale) 유형은 행형기관의 규범을 전적으로 거부하고 대체문화만을 수용
　　하며, 의리, 연대, 충성 등을 강조한다: 1960년대 미국의 Schrag에 의한 연구.
　　Laubenthal, 앞의 책(주 22), 85면 이하 참조.

어지는 것은 자유 가운데서 범죄하지 않고 살아가는 좋은 사회인으로의 교육이 아니라 "좋은 수형자로의 교육"이며, 이는 자유박탈이라는 행형의 존립조건이 갖는 근본적 한계요 해악인 것이다.

3) 해악의 상쇄를 위한 대응방안

행형관리의 입장에서 보면 수형자들의 대체문화는 한편으로 그들 나름의 규범에 따라 시설 내의 사고를 억제하고 질서를 유지하는 순기능을 갖기도 한다. 그러나 그보다는 감옥을 "범죄학교"로 만들고 행형기관의 교육프로그램을 무용화할 뿐만 아니라, 석방 후에도 사회의 또 다른 대체문화에 편입하게 함으로써 정상적인 재사회화에 어려움을 더하는 역기능이 더 많기 때문에[38] 행형기관은 이와 같은 해악들에 적극적으로 대응하여 이를 상쇄하기 위한 대안을 마련해야 한다. 수형자들의 대체문화가 구금으로 인한 박탈상황을 극복하려는 불가피한 대안으로 생성되는 것이라면 "유사성의 원칙"에 따라 행형의 이질적, 억압적 요소들을 가능한 한 배제하는 것이 그러한 일탈적 문화의 생성을 억제하는 데 도움이 될 것이다.

3. 개방의 원칙

1) 개념

수형자를 감금하여 처벌하되 사회로부터의 완전한 단절, 완전한 고립을 피하고 감금에서 오는 폐해를 최소화하기 위해서는 행형이 개방되어야 한다. 한편으로는 행형에서 개방적 처우가 확대되어야 하며, 다른 한편으로는 행형이 사회를 향해 열려 있고 사회가 행형에 참여하여야 한다. 한마디로 감옥의 빗장을 열어 사회와 감옥이 서로 소통하게 한다는 것이다.

---

38 '재소자하위문화'의 순기능과 역기능에 대해서는 이백철, 앞의 글(주 35), 82면 이하 참조.

2) 국제적 기준과 추세

이러한 개방의 원칙은 오늘날 국제적 대세이다. 이는 재사회화 목적의 문제점을 극복하고 폐쇄적 행형이 초래하는 재정적 부담을 완화하려는 의도에서 비롯된 것이다. 유엔의 최저기준규칙 제61조는 "수형자의 처우는 사회로부터의 배제가 아니라 사회와의 계속적인 관계를 강조하는 것이어야 한다. 그러므로 사회의 여러 기관은 가능한 한 어디서든지 수형자의 사회복귀사업에 관하여 시설 직원을 원조하기 위하여 참여해야 한다. 사회사업가는 모든 시설과 연계하여 수형자와 가족 및 유용한 사회기관 사이의 모든 바람직한 관계를 유지하고 발전시키는 임무를 맡아야 한다"고 규정하여 수형자와 사회의 단절을 방지할 것을 요구하고 있다. 수형자와 사회를 단절시키지 않기 위해서는 행형에서의 개방이 필수적이다. 최저기준규칙은 제63조 제2항에서 "개방시설은 도주에 대한 물리적 보안조치 없이 피구금자의 자율을 신뢰하는 바로 그 사실에 의하여 신중하게 선발된 수형자의 사회복귀에 가장 유익한 상황을 제공한다"고 규정하여 이를 확인하고 있다. 개방적 행형은 감금의 해악을 상쇄하기 위한 가장 좋은 방법이기도 하다. 행형 선진국에서는 이미 개방적 행형이 자리 잡은 지 오래다. 핀란드에서는 개방교도소와 폐쇄교도소를 동일한 수로 운영하여 수형자들이 행형성적에 따라 개방교도소와 폐쇄교도소를 옮겨 다닐 수 있도록 하고 있으며, 스웨덴에서는 25%의 수형자가 개방시설에 수용되어 있다.[39] 독일 행형법 제12조 제2항은 "수형자는 그가 특별히 개방행형의 요건에 적합하며, 자유형의 집행으로부터 도주하거나 개방행형의 가능성을 범죄행위에 악용할 우려가 없을 때에 그의 동의를 받아 개방행형시설이나 개방처우구역에 수용되어야 한다"[40]고 규정하여 개방행형을 우선시하고 있다.

---

39   법무부 교정본부 자체자료.

40   Art. 12 Geschlossener und offener Vollzug (2) Gefangene sollen mit ihrer Zustimmung in einer Einrichtung des offenen Vollzugs untergebracht werden,

IV. '열린 감옥'을 위하여

1. 감옥 안이 열린 감옥

'열린 감옥'을 추구하는 이유는 구금으로 인한 폐해, 폐쇄적 감옥 운영으로 인한 부작용을 최소한으로 하는 것이 수형자의 '감옥화', '탈사회화'를 막는 것이기 때문이다. 따라서 먼저 해야 할 것은 감옥 안에서의 생활이 열린 생활이 되도록 감옥을 운영하는 것이다. 현재 한국의 감옥처럼 3중, 4중으로 갇힌 상태에서 하루에 한 번 30분의 운동시간을 제외하고 온종일 비좁은 수용거실에서 여러 재소자와 함께 생활해야 하는 상황은 재사회화를 돕는 것이 아니라 '탈사회화'를 촉진할 뿐이다. 감옥과 사회를 구별하는 마지막 담장을 제외하고 나머지 감옥 내의 공간에서는 재소자들에게 최소한의 자유가 허용되어야 한다. 모든 재소자에게 감옥 내 생활의 자유를 제공하는 것이 어렵다면 처우별 등급에 따라 최고등급의 재소자에게만이라도 그러한 자유가 허용되어야 한다.

2007년 12월에 전부개정되어 2008년부터 시행된 「형의 집행 및 수용자의 처우에 관한 법률(형집행법)」 제57조 제2항은 교정시설을 경비등급에 따라 1. 개방시설, 2. 완화경비시설, 3. 일반경비시설, 4. 중(重)경비시설의 네 단계로 구별하였다.[41] 그리고 법무부의 「교정시설 경비등급

---

wenn sie den besonderen Anforderungen des offenen Vollzugs genügen und insbesondere nicht zu befürchten ist, dass sie sich dem Vollzug der Freiheitsstrafe entziehen oder die Möglichkeiten des offenen Vollzugs zu Straftaten missbrauchen werden.

41 형집행법 제57조 제2항에 의하면 1. 개방시설은 "도주방지를 위한 통상적인 설비의 전부 또는 일부를 갖추지 아니하고 수형자의 자율적 활동이 가능하도록 통상적인 관리·감시의 전부 또는 일부를 하지 아니하는 교정시설", 2. 완화경비시설은 "도주방지를 위한 통상적인 설비 및 수형자에 대한 관리·감시를 일반경비시설보다 완화한 교정시설", 3. 일반경비시설은 "도주방지를 위한 통상적인 설비를

별 수형자의 처우 등에 관한 지침」[42] 제4조는 '수형자 처우의 원칙'을 "개방처우급·완화경비처우급 수형자는 자율과 책임의식 함양 및 사회복귀지원을 위한 처우를 중점으로 하고, 일반경비처우급·중(重)경비처우급 수형자는 준법정신 함양을 위한 엄정한 형집행에 따른 처우를 원칙으로" 하는 것으로 규정하고 있다. 또한 같은 지침 제5조 제2항에서는 "경비등급에 따른 단계별 처우에 있어서 개방시설·완화경비시설 등의 경우에는 처우환경 및 사회적응능력 배양에 중점을 둔 차별화된 처우를 실시하며, 자율적 활동을 보장하여 수형자 스스로 동기를 부여할 수 있도록 한다."고 명시하고 있다.

이와 같이 경비등급별로 교정시설을 구별하고 그 등급에 따라 수형자들의 처우를 달리하는 내용의 입법이 이루어진 것은 과거의 교정시설보다 완화된 교정시설의 처우를 위한 것이었다. 즉, 수형자들이 처음에는 일반경비시설에 수용되어 그 등급에 맞는 처우를 받고, 그 후 교정시설에서의 생활태도와 성적에 따라 완화경비시설에서의 처우를 받으며, 마지막에는 개방시설에서 사회복귀를 위한 준비를 하는, 글자 그대로의 '누진(progressiv)시스템'을 지향하는 것이었다. 중경비시설의 경우는 교정시설의 질서와 규율을 어기는 행위를 반복하는 수형자를 예외적으로 수용하는 시설로 기획된 것이었다.[43]

그러나 현실을 보면 거의 모든 교정시설이 일반경비시설이고 완화경비시설은 운영되지 않고 있다. 개방시설은 위에서 본 것처럼 전체 수형

갖추고 수형자에 대하여 통상적인 관리·감시를 하는 교정시설", 4. 중(重)경비시설은 "도주방지 및 수형자 상호 간의 접촉을 차단하는 설비를 강화하고 수형자에 대한 관리·감시를 엄중히 하는 교정시설"에 해당한다.

42   법무부예규 제1193호, 2018.7.2, 일부개정.
43   필자는 몇몇 연구자와 함께 법무부의 2007년 형집행법 전부개정안에 대한 초안을 작성하여 제출하였다. 그 초안과 경비등급별 교정시설 구별의 취지에 대해서는 신양균 외, 「행형법 개정시안」, 전북대학교 연구용역 보고서, 2005.4. 참조.

자의 1%도 안 되는 수형자를 수용할 수 있을 뿐이며, 중경비시설이 일부 운영되고 있다. 일반경비시설에서는 처우등급 1등급인 모범수들조차 구금 공간 전체는커녕 자신의 수용거실이 있는 사동에서도 활동의 자유를 갖지 못한다. '자율적 활동을 보장하여 수형자 스스로 동기를 부여할 수 있는' 환경이 아예 제공되지 않는 것이다. 최근에 신축된 영월교도소에서 '시범적으로' 자율활동을 보장하고 있을 뿐이다.

이렇게 교정시설 내에서 움직일 수 있는 공간이 극히 제한되어 있기 때문에 과밀수용의 문제가 가중되고 있다. 수용거실의 수용정원을 초과하여 비좁은 상황일지라도 낮시간에 운동장이나 교육장 또는 휴게공간 등을 자유롭게 이용할 수 있다면 과밀수용의 어려움이 덜할 것이지만 그러한 자유가 전혀 없기 때문에 더 힘든 것이다. 하루의 운동시간이 30분으로 제한되고 그나마도 주말에는 운동이 불가능한 것은 운동을 위해 거실을 나갈 때부터 자율적 이동이 허용되지 않고 교도관이 항상 인솔해야 하는 규정 때문이다. 일부 모범수들만이라도 교도관 동행 없이 시설 내에서 이동할 수 있다면 교도관들의 업무부담도 줄고 재소자들의 운동시간도 늘어날 수 있을 테지만 '보안'의 염려 때문에 아무것도 할 수 없고, 재소자들의 물리적, 정신적 공간은 더욱더 좁아지고 있다. 개방교도소를 따로 운영한다는 법무부장관의 계획이 언제 현실로 이루어지고 그것이 얼마나 지속될지 불확실한 상황에서 그보다 먼저 추진되어야 할 일은 교정시설 내에서 일부만이라도 자유를 확대하는 일이다. 사회로부터 범죄자를 격리하는 감옥의 높은 담장을 낮출 수 없다면 감옥의 담장 내에서라도 일정한 자유를 허용하여 '수형자 스스로 동기부여를 할 수 있는' 환경을 제공해야 한다. 낮은 곳에 뚫린 '배식구'로 식사를 받아먹고 화장실 변기 옆에서 식기를 세척할 것이 아니라 식사시간에는 거실을 나와서 공동의 식당에서 함께 식사하고 그곳에 마련된 싱크대에서 식기를 닦을 수 있어야 한다. 화장실 변기 옆에서 쭈그리고 앉아 몸을 씻는 것이 아니라 사동 입구의 샤워실을 이용할 수 있어야 한다. 그것이

'유사성의 원칙'이 요구하는 최소한이다.

2. 감옥 밖으로 열린 감옥

법무부가 계획하는 개방교도소, 그리고 지금 매우 적은 수의 수형자가 경험하고 있는 '소망의 집'과 같은 사회적응훈련원에서는 작업을 위해 외부로 통근할 때 수형자들이 자율적으로 출퇴근하며, 생활관에서 운동장 등 여가활용시설로 이동할 때 교도관의 인솔 없이 이동하는 등 이동의 자유를 보장할 것이라고 한다. TV시청과 인터넷 및 휴대폰 이용도 원칙적으로 자율에 맡길 것이며, 주말귀휴 등 정기적인 휴가제도를 적극적으로 실시하고 가석방 비율을 확대적용할 계획도 검토되고 있다.[44]

이러한 계획이 실현되어 개방처우를 받는 수형자들이 확대된다면 이는 한국 감옥의 역사에서 유례를 찾기 힘든 획기적인 일이 될 것이다. 수형자들도 언젠가는 사회로 돌아갈 것이며, 그들이 교정시설에 입소하기 전에 맺었던 사회적 관계들을 계속 유지하는 것이 사회복귀의 필수적인 전제라 할 것이다. 그러나 수형자들은 대부분 수형기간 동안 가족과 단절되어 결국 그들의 가정이 해체되기 일쑤이고, 직장 등 사회적 유대관계를 모두 상실한다. 결국 형기를 마치고 사회로 나가더라도 다시 사회생활을 할 수 있는, 즉 '재사회화'될 수 있는 사회적 연결망이 거의 없기 때문에 감옥으로 다시 돌아갈 수밖에 없는 경우가 많다. '감옥화'되는 것이다.

이러한 '감옥화'를 막기 위해 필요한 것은 감옥에 있는 동안 사회적 관계를 계속 유지하도록 정기적인 휴가의 기회를 갖거나 가족이 찾기 쉬운 교정시설에 수용되는 것이다. 그러나 한국의 감옥에서 수형자가 '귀휴', 즉 휴가의 기회를 갖기는 거의 불가능하고, 가족과의 만남을 위한

---

44 법무부 교정본부 자체자료.

시설인 '가족만남의 집'을 이용할 수 있는 수형자도 극소수에 불과하다.[45] 이 모든 개방처우가 그저 '시범'적으로만 시행되고 있을 뿐이다.

이에 반해 독일의 행형법은 정기적 휴가제도를 명문으로 규정하고 있다. 즉, 독일행형법 제13조 제1항은 '행형의 완화'를 위한 조치로 1. 교정시설 밖에서의 정기적인 작업을 수행하는 것과 2. 일정 기간 교정시설을 벗어날 수 있도록 허용하는 것이 가능하다고 규정하고 있으며,[46] 제14조 제1항은 수형자들에게 연간 21일의 휴가가 보장될 수 있다고 규정한다. 나아가 같은 조 제2항에 의하면 수형자가 6개월 이상 교정시설에서 수용된 후부터 휴가가 보장되어야 하고, 제3항에 의해 무기징역형의 수형자도 구속기간을 포함하여 입소한 후 12년이 지난 후에는 휴가가 가능하다. 그리고 같은 조 제5항에 따라 수형자의 휴가기간은 형기에 포함된다.[47]

---

45 2015년의 귀휴 실시인원은 999명이며, 2016년의 귀휴 실시인원은 1,084명으로 전체 수형자의 약 2.9%만 귀휴의 '혜택'을 얻을 수 있었다. 그나마 대부분은 부모의 초상 등 특정한 사유가 있는 경우로서, '휴가'로서의 성격을 갖는 귀휴는 거의 없다. 또한 2016년에 가족만남의 집을 이용한 수형자는 1,431명으로 이 또한 전체 수형자의 4.5% 정도에 불과하다. 법무연수원, 범죄백서 2017, 408면 이하 참조.

46 Art. 13 Lockerungen des Vollzugs (1) Als Lockerung des Vollzugs kann insbesondere angeordnet werden, dass Gefangene 1. außerhalb der Anstalt regelmäßig einer Beschäftigung unter Aufsicht (Außenbeschäftigung) oder ohne Aufsicht Vollzugsbediensteter (Freigang) nachgehen dürfen oder 2. für eine bestimmte Tageszeit die Anstalt unter Aufsicht (Ausführung) oder ohne Aufsicht Vollzugsbediensteter (Ausgang) verlassen dürfen.

47 Art. 14 Urlaub aus der Haft (1) Den Gefangenen kann Urlaub aus der Haft bis zu 21 Kalendertagen im Vollstreckungsjahr gewährt werden. 2 Art. 13 Abs. 2 gilt entsprechend. (2) Der Urlaub soll in der Regel erst gewährt werden, wenn die Gefangenen sich mindestens sechs Monate im Strafvollzug befunden haben. (3) Zu lebenslanger Freiheitsstrafe verurteilte Gefangene können beurlaubt werden, wenn sie sich einschließlich einer vorhergehenden Untersuchungshaft oder einer anderen Freiheitsentziehung zwölf Jahre im Vollzug befunden haben oder wenn sie in den offenen Vollzug überwiesen oder hierfür geeignet sind. (5) Durch den Urlaub wird die Strafvollstreckung

한편 가석방은 교정시설의 과밀수용을 해결할 수 있는 방법 중 하나로 검토되지만 한국에서 가석방의 비율은 매우 낮을 뿐만 아니라 가석방된 수형자의 형기이수율도 매우 높다.[48] 가석방에서 무엇보다 문제되는 점은 수형자에게 가석방의 신청권도 없고 가석방의 심사 과정에서 수형자가 의견을 진술할 기회도 없다는 점이다. 가석방은 수형자의 의사와 상관없이 교도소장이 신청하며, 가석방의 결정과정 또한 투명하지 않다.[49] 보통의 수형자에게는 가석방을 기대하는 것이 사실상 불가능한 것이다.

귀휴와 가석방은 개방처우의 최소한의 내용이다. 그러나 그조차도 매우 제한적으로만 시행되는 것이 한국 감옥의 현실이다. 법무부의 계획처럼 개방교도소가 신설되어 많은 수의 재소자들이 사회로 출퇴근하는 일이 실현될지는 미지수이지만, 그보다 앞서 감옥의 문을 사회로 향해 조금 열고 수형자들이 사회로 나아가는 끈을 이어갈 수 있도록 하는 휴가나 가석방제도를 확대한다면 이는 단기적으로는 과밀수용의 문제를 어느 정도 완화할 수 있는 대책이 될 것이고, 장기적으로는 감옥의 폐해를 해소하는 방편의 하나가 될 수 있을 것이다.

V. 마무리

로마의 법률가 울피안(Ulpian, ?-222/224 A.D.)은 "감옥은 사람을 지키

---

nicht unterbrochen.

48 2013년의 경우 가석방된 인원 6,201명 중에서 형기의 70%를 채우지 않고 가석방된 인원은 한 명도 없었으며, 70~79%의 형기 이수자 470명, 80~89%의 형기 이수자 3,806명, 90~99%의 형기 이수자 1925명이었다. http://www.sisapress.com/journal/article/140868 참조.

49 이에 대해 자세한 것은 정승환/신은영, "가석방의 사법처분화 방안 연구", 「형사정책」 제23권 제2호.(2011.12), 228면 이하 참조.

는 곳으로 유지되어야 하고 형벌의 장소로 사용돼서는 안 된다"[50]고 하였다.[51] 조선왕조실록 예종 편에는 예종 1년(1469년) 10월 8일에 예종이 형옥을 맡은 관리들에게 옥사를 지체하지 말라고 명하는 과정에서 "옛사람이 이르기를, '사람들은 땅에 금을 그어 감옥이라고 하여도 들어가려하지 않고, 나무를 새겨 형리라고 해도 상대하지 않으려 한다.'라고 하였으니, 헛된 말이 아니다."고 하는 대목이 나온다.[52] 또한 다산 정약용은 조선시대 감옥의 폐해를 고발하면서 "이런 폐단을 없이 하려면 다만 한 가지 방법이 있으니 그것은 사람을 가두지 않는 것뿐이다"고 하였다.[53]

감옥이 근대적 의미에서 형벌의 장소로 사용된 것은 불과 200여 년 전의 일이다. 감옥은 본래 형벌의 장소가 아니라 재판을 위해 범죄혐의자를 구금하는 장소였다. 사람을 감옥에 가둘 때의 폐단은 예나 지금이나 변함이 없다. 형벌로서의 감옥이 시작된 유럽에서는 이미 1970년대에 폐지주의의 연장선상에서 감옥폐지운동이 벌어지기도 했다.[54] 그 운동의 현실적 결론이 '열린 감옥'이다. "가두되 가두지 않는다"는 것이다. 감옥에 대한 폐쇄적 인식이 여전히 공고하고 감옥 안에서조차 조금의 자유도 허락하지 않는 한국의 현실에서 '열린 감옥'은 한낱 몽상일 수도 있지만, 한국에서도 이제 열린 감옥의 시대를 고민해 봐야 할 때이다.

---

50 "carcer enim ad continendos homines non ad puniendos haberi debet."
51 Krause, Geschichte des Strafvollzugs. Von den Kerkern des Altertums bis zur Gegenwart. Darmstadt 1999, 13면에서 인용.
52 예종실록 제8권.
53 정약용, 다산연구회 역주, 역주 목민심서 V, 1985, 6-7면.
54 이에 대해서는 정승환, 폐지주의의 형사정책적 의미, 고려법학 제55호(2009.12), 159면 이하 참조.

〈저자 약력〉

김태진

미국 New York University School of Law(LL.M.)
고려대학교 법학과 졸업
고려대학교 법학전문대학원 교수, 변호사

명순구

프랑스 Paris 1 대학교(법학박사)
고려대학교 법학전문대학원 교수

박경신

미국 University of California, LA(UCLA) 로스쿨(J.D.)
고려대학교 법학전문대학원 교수

박세민

영국 Bristol 대학교(법학박사)
고려대학교 법학전문대학원 교수

박정연

고려대학교(법학박사)
고려대학교 법학전문대학원 연구교수

안효질

독일 München 대학교(법학박사)
고려대학교 법학전문대학원 교수

이대희

미국 Wisconsin 대학교(법학박사)
고려대학교 법학전문대학원 교수

이상돈

독일 Frankfurt 대학교(법학박사)
고려대학교 법학전문대학원 교수

이제우

러시아 쌍트 페테르부르크 국립대학교(Saint-Petersburg State University) 법학박사
강남대학교 부동산건설학부 조교수

정승환

독일 Tübingen 대학교(법학박사)
고려대학교 법학전문대학원 교수

조영선

고려대학교 법학과 졸업
사법연수원 21기
고려대학교 법학전문대학원 교수

파안연구총서 공감 02

법적 이슈 공감하기 2018
-
초판 인쇄 2018년 12월 21일
초판 발행 2018년 12월 31일
-
저 자 명순구 · 김태진 · 박경신 · 박세민 · 박정연 · 안효질
　　　　 이대희 · 이상돈 · 이제우 · 정승환 · 조영선
발행인 이방원
-
발행처 세창출판사
　　　　신고번호 제300-1990-63호
　　　　주소 03735 서울시 서대문구 경기대로 88 냉천빌딩 4층
　　　　전화 02-723-8660 팩스 02-720-4579
　　　　이메일 edit@sechangpub.co.kr
　　　　홈페이지 www.sechangpub.co.kr
-
값 21,000원

ISBN 978-89-8411-809-6 93360